扎根

人類義務宣言緒論

L'ENRACINEMENT

Prélude à une déclaration
des devoirs envers l'être humain

西蒙．韋伊 Simone Weil
編者——卡繆 Albert Camus　譯者——梁家瑜、郭亮廷、周伶芝、楊依陵

義務與責任名詞釋義：

Duty、obligation、responsibility在哲學上有很清楚的區別。

Duty在哲學上被視為本份或義務，是一種身為人就該做的事，也與韋伊的無條件道德義務最為接近。

Obligation雖然也可譯成義務，但在哲學上卻被視為是社會底下特定制度針對特定身分的強制性要求，且通常前面可加上moral或political或legal來區分，例如道德義務、當兵是國民的政治義務、遵守契約是法律義務。這個詞通常不會單獨一個字使用或指涉無條件、凡人就有的義務，也因此有時會接近中文的「責任」。

Responsibility有兩個意思，一是在特定情況的特定人士應該要有所回應（respond），與身分有關，二是有關事情結束後的咎責，尤其是指因果關係上造成的人該被咎責的部分。

哲學用語跟一般日常用法時常不同，倫理學上談康德義務論時，只用duty，或deontology，但不會用obligation。韋伊是康德以降最接近他的義務論者，且她本人也使用devoir來指最抽象層次的義務，並用obligation指人生在世的具體事項。

根據以上考量，本書書名為求貼近作者的意思，翻譯成為「人類義務宣言緒論」。

葉浩、梁家瑜　謹上

人類義務宣言緒論 1

目錄

1 全集註：韋伊原稿如此，而最一開始的標題是「為一份關於人類義務的宣言而寫」。

2 譯註：〈靈魂的需求〉、〈拔根〉兩篇的篇名，皆為卡繆所加。

導讀一

一本等候讀者以靈魂回應的著作

國立政治大學政治學系副教授　葉浩

一九四三年八月二十四日，英國南方肯特郡某個小鎮上有一女子心臟停止跳動，享年三十四，而根據驗屍報告，其死因為：在心智失常之下以拒絕進食的方式自殺。逝者是法國思想家西蒙．韋伊（Simone Weil），生前充滿傳奇，死因也從此成謎。九個月前她才為了加入法國抵抗運動而來到倫敦的「自由法國」(Free French）總部，四個月前確診罹患肺結核，卻不聽從醫囑正常飲食，反而執意與英吉利海峽對岸的祖國同胞共苦，不但每天食量不超過維琪法國政府所配給的一日額度，還夜以繼日地振筆疾書。

《扎根》一書是從韋伊的最後手稿編輯而成，於一九四九年正式出版。讀者可從文字當中感受到一種迫切感，且與「飢餓」有關，但那不是針對生理需求的回應，而是來自靈魂的根本需求。正如本書開宗明義地說道，人的身體與靈魂都有基本需求，必須獲得滿足，道理簡單如飢渴就必須飲食。但讓韋伊感到真正迫切的是，人們似乎總是忘了回應靈魂的根本需求，甚至以為那必須以生理需求的滿足作為前提，因此把後者當作首要之務。

本書基本上是一份關於「靈魂的需求」清單，以此為標題的第一部包括：秩序與自由、服從與責任、平等與等級、榮譽與懲罰、安全與風險、私有財產與公有財產、言論自由與真理。筆者在順序上做了微調並分為六組，因為每一組當中的兩種需求對許多人來說經常是彼此對立，但看在韋伊眼裡卻是互補，或說如果在適當的平衡之下能相輔相成。

相對於頗為抽象的第一部，分別以「拔根」和「扎根」為標題的第二部和第三部則扣緊法國的歷史脈絡，並以「如何為一個民族注入靈性的激勵？」作為思考的主軸。事實上，《扎根》也是韋伊欲提交給法國流亡政府的一份報告，包括了對於法國何以願意與敵人合作、最後甚至接受納粹控制的診斷，以及戰後法國應當如何重建的處方。

簡而言之，人們視為進步的現代文明，對韋伊來說其實是一個「失根」的病態世界。工人失業、農民失去土地，人與人彼此疏離甚至和自然環境、歷史傳統全都失去了連結，最後導致多數人精神上失去依據、道德上萎靡不振，甚至讓人把某些政客當作救世主來崇拜，到最後卻引發戰禍、生靈塗炭。於是，重新扎根成了一種時代之必要。不過，她也說道：

扎根或許是人類靈魂最重要亦最為人所忽視的需求。這是最難以定義的事物之一。當個人透過真實、活躍且自然地參與群體的存在，便有其根，這一群體生動地保存著某些過去的寶藏和未來的預感。

韋伊在本書後半提出了相當多的具體措施來讓法國重新扎根，包括了社會、政治、教育各方面的改革，琳瑯滿目，但目的不外是為了去除她認為的底下四個主要障礙：我們對於偉大的錯誤概念；正義感的衰落；我們對金錢的偶像崇拜；宗教啟示在我們身上的匱乏。

此處的「我們」指的當然是韋伊和祖國人的總稱。這不但反映了她的自身分認同，由此也可見《扎根》一書的撰寫本身就是她在個人層次的重新扎根。但本書的真正關切對象是人類整體，不是法國人；此外，人們最該去扎根的地方也不是國族或特定歷史傳統，而是上帝安排的宇宙秩序本身。

進一步解釋，首先，韋伊曾在幼年時因為看見沒襪子可穿的士兵而跟著拒穿襪子，甚至在得知他們吃不飽、穿不暖而拒絕有糖分的食物。學生時代，她積極參與政治運動，不但認同馬克思主義也相信工人革命，甚至有「紅色貞女」(vierge rouge）之稱。巴黎高師畢業之後開始在高中教哲學的期間，亦曾熱切地接待過托洛斯基（一九三三年），但隨後卻認定社會主義的倡議者似乎過於離地，根本不懂得工人的真正生活與感受，因此親自進入工廠去體驗工人生活長達一整年（一九三四～一九三五）。雖然最後是以身心俱疲收場，但隔年隔年又跑去西班牙參加反法西斯抗爭。據此，我們可以說，韋伊其實是一個行動派，真正想要與之同苦的對象則一直是受苦受難的人，不分國籍或地域。

同樣值得注意的是韋伊明顯隨親身體驗而改變的思想。一方面，工廠經驗讓她更加意識到了精神食糧對於付出勞力的工人之重要性，因此親自去開課教導工人閱讀古希臘文學，也讓她對「苦難」(affliction）有了更深的體會，理解到人們唯有在當中才能體會到十字架上的耶穌，才能放棄各種我執的想法並開始讓上帝親自帶領——換言之，磨難正是通往領會另一個更真實的世界，也就是真理或上帝本身之路。

另一方面，西班牙經驗也讓她意識到了軍事行動並非解決社會問題的良藥，尤其是在她的軍團處死一位神父與一位十五歲少年之後，良心的拷問最後將她跪下來向上帝禱告並領受了基督降臨的密契經驗。姑且不論她與基督的對話細節，這經驗讓她確信了柏拉圖式世界觀，也就是在我們的日常現實世界之外，有一個更加真實的領域，人類知覺感觀觸及不到。以她在本書的話說，那是一個「永恆的、普遍的、無條件的領域，有別於受條件所限的現實領域，那裡存在著不同的觀念，與人的靈魂最隱祕的部分相連」。

上述兩個從經驗當中萃取出來的想法，對韋伊來說就是宗教啟示。兩者的共同指向是：人的內心深處有上帝存放的一顆「純粹美善」之種子，人世間的苦難無法將它摧毀，反而可以開啟通往那永恆的彼岸之路，然而唯有病態、違反天性的人才想要苦難，所以不該等待或主動想去追求，只能在降臨那一刻不以任何的謊言或遁詞來自欺與逃避——換言之，當人們不受制於世俗價值觀把連結兩個世界的靈魂封閉起來的時候，就可能意外地領受到那裡傳來的訊息，理解到人類的永恆命運以及與各種關於靈魂所需的事物。

讀者想必已經察覺到了作者經常被稱為神祕主義者、先知或聖人的理由。撇開神祕的部分，至少這意味著任何讀者若在此刻就把通往那一個永恆世界（或說柏拉圖的「理型世界」）的門關上，那將無從進入韋伊的思想世界，更何況對她來說拒絕宗教啟示本身是一個重新扎根的障礙。

無論如何，讓我們先關上一扇誤解韋伊之門。《扎根》的副標題是「人類義務宣言緒論」，而「義務」（devoir／duty）根據作者的界定就是源自那一個「超乎塵世之上」的真實領域並呼應著「人類的永恆命運」。事實上，本書也是為了挑戰法國天主教哲學家馬里旦（Jacque Maritain）在一九四二年出版的《人權與自然法》而寫。馬里旦是當代最重要的自然法學者之一，對法國流亡政府相關人士有重大影響力，二戰之後更擔任了法國駐梵蒂岡大使以及聯合國教科文組織的法國代表，不僅讓教宗保祿六世稱為「導師」與「聖人」，在聯合國人權委員會草擬《世界人權宣言》期間也多次主持會議並做出發言，對與會人士有決定性的影響。

韋伊和馬里旦的主要爭議圍繞在「權利」（droit／right）的根本屬性，及其與義務的關係，而究其根源則在於人的神聖性之上。首先，韋伊從人類身上具有一個超越此世的永恆命運之事實，推出一項人人當盡的義務：那就是尊重。然而她強調「此一義務的中介，只能是人類在世的需求」。借用柏拉圖的語言來說或許比較好懂，正如椅子的理型雖然絕對完美，但卻只能在我們的時空當中才能成為實在，根植於永恆世界的「尊重」就是一個理型，而實現它的方式就是在人世間採取具體的作為來表達對人的尊重，尤其是以能滿足人類根本需求的實際作法與行動，才能履行此一義務。也因此韋伊才說，尊重只能以「間接」的方式才能實踐。

然而，權利卻不是如此。根據韋伊的理解，權利是一種源自人與人彼此約定而產生的人為觀念，不但可隨立約者的意願而改變，在性質上更是屬於一種交易。換言之，權利乃有條件的要求，且不穩固，一但人們不願意遵守約定了，就失去了規範力量。甚至，韋伊進一步說，當人們援引權利說時，都是為了向人爭取或索求，而非意圖給予或付出；此外，正如擁有言論自由的人不一定會拿這權利來說真話，且投票權也曾經讓希特勒取得政權，權利的行使不能保證通往好的後果，然而義務本身即是一種善，因此履行義務從不會在道德上或政治上出錯。猶記上面提及扎根的障礙包括了對金錢的偶像崇拜以及正義感的衰弱，想單憑人權來重建法國，對韋伊來說等同進一步強化藏在權利論述背後那將人連根拔起的商業邏輯和自利傾向，無異於向鬼拿藥單。

不意外，韋伊認定世界從法國大革命開始就走錯了方向，馬里旦卻想把這一條路走到底。但馬里旦在韋伊眼裡還犯了另外兩個錯誤。第一是他把人權奠基在「人的位格」

（personne／personality）之上。對韋伊來說，那等同將人的神聖性理解為與「神」無關的人格特質之上。真正讓人神聖的，不在於人的本身，不管那包不包括死後仍在的靈魂或人人身上背負的「上帝形象」，而是人心深處那一顆純粹美善的種子，它源自於上帝且連結了塵世與永恆，也引導人心走向那不屬於人世間一切（impersonnelle／impersonal），亦即嚮往神聖領域和上帝。

馬里旦的第二個錯則在於他主張權利優先於義務，且作為人類創造者的上帝，對人類有主權但沒道德義務。韋伊既反對不帶義務的權利說，也不認為這些概念可套用在上帝身上，更不認同馬里旦把上帝當羅馬皇帝來看待的理解。這說法當然也延續了上一個錯誤，把上帝將入人格當中（不管那是「天父」還是「萬王之王」），但上帝的神聖之處在於祂的神格，就是真美善的本身。更重要的是，那徹底弄錯了權利與義務的順序，不論是因果關係上或道德上。

對韋伊來說，馬里旦的錯誤更加凸顯了真理的重要性，也印證了言論自由不一定讓人通往真理，以及一位作者的社會責任。鑑於這一切都是先後順序、輕重緩急的問題，韋伊想強調的等級皆序也因此更有道理，畢竟，正確的秩序也就是真理。這正是《扎根》一書的主旨。不願意正視那一個永恆領域或該領域和人類生活世界應有的關係與次序，代價將是陷入一個分不清楚權利與義務的思想混亂狀態，也會讓人淪為只看重肉身，讓靈魂淪為一種關於人類性格或精神的修辭。

雖然韋伊未能活到親眼見識《世界人權宣言》定稿及其後續發展，但她堅持後天下之樂而樂所寫下的這本「人類義務宣言」，可謂是先天下之憂而憂之作。韋伊的確是西蒙．波娃（Simone de Beauvoir）的高中同學，也和漢娜．鄂蘭（Hannah Arendt）、羅莎．盧森堡（Rosa Luxemburg）一樣是猶太女思想家，且和刺殺希特勒失敗的潘霍華（Dietrich Bonhoeffer）或已受封為聖人的艾蒂特．史坦茵（Edith Stein）都是獨樹一幟的基督徒哲學家，但她更是《扎根》一書的作者。在這個人人皆能以權利之名來進行各種索求或卸責的喧囂世界中，幾乎沒有什麼東西逃得過商業邏輯之際，閱讀本書似乎比韋伊當年的迫切更加迫切。

這是一本叩問靈魂的書，也唯有以靈魂來回應才算是相稱。

導讀二

亡國感？復國感！——西蒙．韋伊的《扎根》

英國薩塞克斯大學國際關係學系博士候選人　梁家瑜

西蒙．韋伊（Simone Weil，1909～1943）在生前與死後的形象都獨樹一格：作為工人運動者，她對蘇聯的批判招來托洛斯基（Leo Troisky）本人的回應[1]；作為西蒙．波娃的同窗，波娃與沙特在戰後法國思想界引領風騷時，她已不在人間。儘管如此，韋伊的魅力持續啟發了一代又一代的西方知識分子，最近的例子是阿岡本（Giorgio Agamben）。這樣的魅力來自於她矛盾的形象，一方面是她死後友人編輯出版的《重負與神恩》（一九四七）中展現的，思想籠罩著神祕氣息的韋伊；另一方面，則是在她死後卡繆編輯出版的作品集（收錄於「希望叢書」）中展示的，深刻思考現代政治的韋伊，本書《扎根：人類義務宣言緒論》（一九四九）正是其中第一本著作。本文無法為這本卡繆稱為「若不考慮，便不可想像歐洲的重建」的著作提供深入的剖析，只能

1　見韋伊，《壓迫與自由》（臺北：商務，二〇一八）。

為讀者手中這本臺灣繁體字譯本在此時此刻的出版，提供一點其現實意義上的說明。

韋伊寫作此稿時身處一九四三年初的倫敦，該城在一九四〇年夏秋之間剛經歷過二戰期間最大規模的空戰，期間德義兩國空軍為德國對英國的登島作戰計畫，與大英國協暨法國、捷克斯洛伐克、波蘭等納粹占領國的空軍，展開了截擊與轟炸。在歐亞大陸的另一岸，日本則已於一九四一年將戰爭擴大到歐洲各國的亞洲殖民地，以及太平洋上的美國勢力範圍。在抵達倫敦之前，身為猶太裔法國公民的韋伊已於一九四二年帶著雙親前往紐約，但又隻身進入英國，加入法國流亡政府「自由法國」。正是為了阻止韋伊更進一步偷渡回法國加入地下抵抗運動，戴高樂的流亡政府才要求韋伊為戰後重建法國寫一份綱領[2]。韋伊的工作成果，便是這本《扎根》。

《扎根》原稿標題是《人類義務宣言緒論》，韋伊極有可能是為了計畫流亡紐約的歐陸知識分子所議論方酣的「重擬普世人權宣言」。韋伊一反啟蒙以來歐陸政治思想對「權利」的重視，重提更古典的「責任」概念。韋伊這麼做，是為了在這份「法國復國建國綱領」中，提出更深刻的問題，即：為什麼法國應該復國？法國為何值得復國？只有回答了這兩個問題，我們才能更進一步問：法國應該做什麼，才值得復國？

針對上述問題，韋伊首先釐清：人類的權利都有賴於其他人類的承認，但人類的義務無需這樣的承認——因為不盡義務人便會死，例如飲食的義務。韋伊主張：人類集體存在的價值，正在於幫助個人與集體盡義務，而這些義務包含的不只是物質上的、也包含了精神上的需求。

為此韋伊草擬了十五項人類精神的需求，前十四項兩兩相對，並一起總括到第十五項需求：扎根。一個無法提供共同體成員這些需求的社會，便是個無法盡義務、也無法幫助成員彼此盡義務的社會，這樣的共同體只能消滅，不論是自我消滅，或是被外力消滅。正是因此，韋伊在討論到法國的復國之前，花了大量篇幅討論法國的亡國——她認為早在被德國征服之前，法國早已拔根了數百年，而法國「奇怪的戰敗」[3]，只不過是拔根的自然結果。

法國是怎麼拔根的？韋伊認為，這首先來自於征服，而法國是個建立在擴張之上的國家；再者，來自於對帝國榮耀的偶像崇拜[4]；最後，來自於靈性的墮落，因為對此世帝國榮耀的崇拜自然導致對彼岸真理的蔑視。對權利的重視無法回答個人與集體存在的價值，但這個價值是權利的前提。德國的入侵確實是踐踏了法國的權利，但如果法國人已無意捍衛這權利，那還有誰能捍衛？而拔了根的法國，在這之前卻已經找不到自身權利的根基何在，因此面對德國的軍事力量，便摧枯拉朽地倒塌了。

2 韋伊著作全集出版後，我們可知此稿並未完成，與《壓迫與自由》末篇一樣。韋伊在一九四三年夏天的過世，可說是當代政治思想家當中的懸案：身染肺結核的她，拒絕接受比德國占領區法國人配額更多的食物，以致衰弱致死。

3 此語出自法國年鑑學派史學家布洛克（Marc Bloch，1886～1944）的最後一本書：《奇怪的戰敗》（*L'Étrange Défaite*）（臺北：五南，二〇一八）。

4 值得注意的是，韋伊在這點上也包含了法國與歐美的海外殖民，視之為對其他民族的拔根。

基於這個認識，韋伊在法國的「最黑暗的時刻」中，卻看到了希望的微光。韋伊看到了征服法國的德國一樣經歷了拔根：「第三帝國」本身就是拔根的結果——德國在普法戰爭後世人恐懼的目光中拔根。而不復存在的法國，卻可以成為靈性的激勵的來源，因為不存在於這個世界的，正好連結於另一個世界——靈性的世界。不是帝國的偉大，而是真理與美，才讓法國值得存在，值得復國。為此，就得重新發掘並喚醒法國人心中對於法國之可愛的記憶，讓法國人願意投身重建這樣一個追尋真理與美的共同體。因此，國家不是我們的母親，而是我們的孩子，只有如此，人民才會不斷地呵護、守護她。

作為一個未曾征服過他者、卻不斷被征服的島嶼，臺灣認識諸多其他帝國的榮耀，卻或許對自己的拔根不夠認識。「失根的蘭花」曾經是島嶼中學教科書的選文，但七十年來島嶼上哪個族群未曾經歷拔根——被拔根、又拔別人的根？一個眾多被拔根的族群所組成的共同體，如何面對下一次的征服？相反地，在數十年來島嶼民主化後的政治紛擾中，誰在緬懷帝國的榮耀，誰又在延續著靈性的墮落？各方爭鬥的核心，不正出於對重新扎根的不同渴望嗎？

此刻世局變換之際，臺灣在新冠疫情期間，初次體驗到為世界做出些微貢獻得到的正面回應。如果我們將這樣的經驗詮釋成一場實用主義的交易，那便浪費了這次百年一遇的靈性扎根的機會。交易是一次性的，但一個消失了會讓舉世痛感惋惜的共同體，才有在被消滅後重新復活的希望。而世人會為了什麼而惋惜呢？當然不是口罩或晶片，而是一種人類可能性的象徵。

臺灣人民是成為世人的激勵，或是國際關係教科書中亡國的範例，這端看臺灣人民如何認識與擁抱自己被拔根的歷史，並在此刻種下一顆人類靈性的種子。若然如此，我們便可告別亡國感，思想復國。

最後，僅以拙文紀念所有在香港與中國[5]被拔根的人們。

5 本書簡體字版（北京：三聯，二〇〇三）譯者徐衛翔在〈譯後記〉中含蓄表示當時中國的拔根相較法國如何「不好說」（269～270），如今或許一樣值得重視。

一九四九年法文版編輯說明

卡謬曾寫道：「在我看來，若不考慮西蒙．韋伊所提出的需求，要想像歐洲的重生是不可能的。」

《扎根》，這份《人類義務宣言緒論》，是一九四三年西蒙．韋伊在她過世之前沒有多久的時候所寫的。因此這本書被視為她的靈性證詞，並非毫無道理。

西蒙．韋伊在書中檢視了個人與集體的關係。她指出了現代世界的缺陷、當代社會的解體，並為人類──特別是勞動者──草擬了在平衡的整體中達到協調合一的條件。

英文版序

T．S．艾略特

唯一能與西蒙．韋伊的作品長久相伴的序文——正如同法國哲學家居斯塔夫．提朋（Gustave Thibon）先生為《重負與神恩》（*La Pésanteur et la Grace*）所寫的那篇序——那就是認識她的人所寫的文字。她的讀者會發現自己迎面撞上的，是一個麻煩、暴烈而又複雜的人；而那些曾經有幸與她長期討論或通信的人，特別是那些在她生命最後五年中的特殊條件下認識她的人，則能給我們某些幫助，這些幫助在未來將永遠不失價值。但是這些資格我全都沒有。我寫這篇序言的目的，首先是要表明我的確信，即本書作者及這本特定作品的重要性；再者，我想提醒讀者，要避免做出輕率的判斷與粗略的分類——說服讀者克制自己的偏見，同時忍耐西蒙．韋伊的偏見。一旦她的作品為人所認識與接受，這樣的一篇序言就該變得多餘了。

西蒙．韋伊的所有作品都是在她死後才出版的。《重負與神恩》是提朋先生從她大量的筆記中摘選而成的文集，也是她在法國面世的第一本書，僅管在內容上令人讚嘆，但形式上卻多少有誤導之嫌。若是和巴斯噶（Blaise Pascal）相比（西蒙．韋伊有時會嚴苛地談到這位作家）可能是說過頭了。在書中片片斷斷的摘文中，顯現出深刻的洞見與驚人的創見，也暗示了她的心靈中偶然閃爍的靈光。讀過了《期待上帝》（*Attente de Dieu*）與本書後，我明白到自己必須試著了解作者的性格，而一再反覆閱讀，對於這樣的了解而言不可或缺。在試圖了解她的過程中，我們絕對不可分心，忖度自己在哪些點上同意或是不同意她到什麼程度，這在第一次閱讀的時候太容易發生了。對於這位天賦近乎聖徒的天才女性，我們在她的人格面前，只能單純地敞開自己。

或許「天才」並不是個正確的字眼。唯一一位和她談過她的信念與懷疑的神父說過：「我相信她的靈魂遠遠高於她的天分。」這是用另一種方法指出：我們沒辦法用同意或反對來表達初次接觸西蒙·韋伊的經驗。我無法想像任何人會同意她的所有觀點，或是不強烈地反對她的某些看法。但同意或反對是次要的，重要的是接觸一個偉大的靈魂。西蒙·韋伊或許是個生前就已經成為聖人的人。就像某些進入這種狀態的人一樣，和我們相比，她有更大的困難要克服，也有更大的力量得以克服這些困難。一個可能成為聖人的人，也可能是個麻煩的人：我懷疑西蒙·韋伊有時候也難以承受自己。人們會不時震驚於那近乎超人的謙卑與看似放肆的傲慢之間的反差。我在這裡引用了法國神父說過的一句富含深意的話。他說自己想不起任何「西蒙·韋伊在討論過程中讓步」的例子，「儘管她善良地渴望著客觀性。」這句評語讓我們能重新認識許多她已發表的作品。我不相信她會以自己的辯才為樂，並展示在論辯中壓倒他人的力量——我倒是懷疑巴斯噶在書信中，與這種自溺的距離近得危險。相反地，她熱切地活出她一切的思想，以至於要放棄任何一個觀點，都得改變她整個人的存在：這個過程不會毫無痛苦，也不會發生在一場對話當中。更別論在年輕人、以及那些像西蒙．韋伊一樣，讓人感受不到幽默感的人身上，自負（egotism）與無私可能會非常相似，讓我們將後者誤認為前者。

然而，宣稱西蒙．韋伊的「靈魂遠遠高於她的天分」，如果這句話給人貶低其非凡才智的印象的話，卻是一種誤解。確實她可能不夠公正，有失極端；確實她有些驚人的偏斜與誇張。但那些造成讀者的耐心缺乏的斷言，並非來自於任何才智的缺陷，而是來自於其性格的過度。她來自於一個不乏知識才能的家庭，她哥哥是個出色的數學家；而她的腦袋也完全配得上使用它的靈魂。但至於理智，尤其是在專注於纏擾西蒙．韋伊的那些問題時，就只能緩慢地成熟，而我們別忘了，西蒙．韋伊死亡時年僅三十三歲。我認為特別是在《扎根》中，她在政治與社會思想上的成熟是相當可觀的。但她要長成的是一個偉大的靈魂，我們不應把她當成一個五十或六十歲的人來批判她三十三歲時的哲學。

在這樣一位作者的作品中，我們非得預期會遇上矛盾不可。西蒙．韋伊作為以下三種身份是最徹底的：法國人、猶太人與基督徒。她是個愛國者，願意為她的同胞而欣然受命，回到法國去受難與受死：她不得不死，部分原因似乎是某種自我苦行的結果，她拒絕接受比法國一般人的官方配給更多的食物，因此在一九四三年死於英國肯特郡阿什福德鎮的一間療養院裡。同時，如本書所顯示的，她也是個將當代法國的缺陷與靈性軟弱看得一清二楚的愛國者。她是個基督徒，擁有在聖餐禮[1]中對我們的主的熱情委身，但她拒絕受洗，而她的大部分作品都包含了對教會的強烈批判。她是個認真的猶太人，為了猶太人在德國所受的折磨而深感痛苦，但她也以一個希伯來先知的全部嚴厲來譴責以色列。先知，據說，是在耶路撒冷被人用石頭打死的：而西蒙．韋伊則在好幾方面都暴露於石刑底下。在她的政治思想中，她似乎對右派和左派而言都是嚴厲的批評者；同時她既比大部分自稱為保守主義者的人更真誠地熱愛秩序與等級，又比大部分自稱為社會主義者的人更真誠地熱愛人民。

至於她對羅馬教會的態度，以及她對以色列的態度，在這篇前言的篇幅中，我只希望能提出一點觀察。這兩種態度不單是相容的，而且是一致的，應被當成同一種態度。事實上，正是她對以色列的拒斥，讓她成為了一個非正統的基督徒。她對（除了少部分之外的）整個《舊約聖經》（*Old Testament*）的拒絕（在她所接受的部分當中，她也分辨出迦勒底[2]和埃及的影響的痕跡），讓她與馬克安派[3]異端非常類似。她拒絕了以色列的神聖使命，也同時拒斥了基督教會的基礎，但這導致她靈性上巨大的痛苦。我必須肯定地表示，在她的作品中，沒有任何改革宗的痕跡，因為對她而言，基督教會只能是羅馬教會[4]。然而，教會中有許多事情她視若無睹，或是奇異地保持沉默：她似乎對於聖母瑪利亞沒有任何想法，至於天主教的聖人們，她只在乎那些著作吸引她注意的聖人——像是聖托馬斯．阿奎那（〔St. Thomas Aquinas〕[5]她並不喜歡他，或許是因為不夠熟悉）和聖十字約翰（〔San Juan de la Cruz〕她很崇拜這位，因為他在靈性方法上的深刻認識）。

初看之下，她在某方面和當前那些（大多有模糊的自由派改革宗背景的）知識分子有某種共通之處，這些人只有透過東方的神祕主義，才能找到通往宗教生活的道路。她對於所有希臘的事物（包括祕傳教派〔mysteries〕）抱持著無限的熱情。對她而言，以色列沒有啟示可言，但迦勒底人、埃及人和印度人卻有大量的啟示。她的態度表面上可能和普救派[6]近得危險——這派人主張終極而隱密的真理只有一個，所有宗教都展現出這個真理的某些痕跡，而我們追隨的是這幾個大宗教中的哪一個，則是無關緊要之事。然而，值得讚賞與感恩的是她藉由熱愛我們的主的位格，避開了這個錯誤。

---

1 譯註：Sacrament of the Altar，是天主教、路德宗與聖公會對於聖餐禮（Eucharist）的別稱。

2 譯註：Chaldaeans，指現今伊拉克與科威特地區古時候的居民，他們在公元前七世紀奪取了巴比倫尼亞的王位，建立了迦勒底王朝，即新巴比倫王國，並在尼布甲尼撒二世時期占領耶路撒冷。

3 譯註：Marcionite，指信仰馬克安主義者。馬克安主義（Marcionism）是黑海地區商人馬克安於一四四年所創，相信二元論，被早期教父指責，並於第一次尼西亞會議確立聖經正典時，被判為異端。如今被視為是諾斯底主義（靈知派）的一部分。

4 譯註：指天主教，亦稱大公教會。

5 譯註：聖托馬斯．阿奎那（約1225～1274），中世紀神學家與哲學家，著有《神學大全》與《哲學大全》。

6 譯註：universalists，普救派，一種十八世紀時在美國成立的基督教教派，主張救贖是包含全人類的。基督教的早期教父中也有人提過類似的觀點。

我認為，在她對猶太與基督信仰的批判中，我們必須試著為我們自己做出三個區分，並自問：這當中有多少是正當的？有多少是嚴重的缺點，必須予以反駁？以及，就錯誤而言，有多少是在她卓越而熱情的人格尚未成熟的基礎上，可以從輕看待的？我們的分析可能大不相同：但為了我們自己，我們非得提出並回答這些問題不可。

我不知道她是個多好的希臘語學者，也不知道她對於東地中海文明史讀得如何。我不知道她是否能用梵語閱讀《奧義書》（*Upanisad*）；或者，如果她可以用梵語閱讀，對於這個不單是高度發達、更成為一種思維方式的語言，我並不知道她掌握得多好。因為對一個歐洲學生而言，越是勤奮地投身此中，困難就越形艱鉅。但我認為，在這個領域內，她並未展示出一個歷史學者的心靈。在她對希臘與「東方智慧」的讚揚中，一如在她對羅馬和以色列的貶抑中，在我看來，幾乎都有種固執的成分。她在某一方只看到她所欽慕的；在另一方面，她卻不加區別地予以拒斥。因為她不喜歡羅馬帝國，她就討厭維吉爾（Virgil）[7]。她的傾慕，即使沒有受她的厭惡所驅使，至少也因而強化了。看到擴張的、帝國主義式的民族（例如歐洲的羅馬人或是在美洲的西班牙人）碾碎在地文明時所表現出來的殘暴，我們可以同情她對此感到恐怖。但當她為了加強對羅馬的譴責，而試圖為橡木賢者[8]的文化辯護時，我們感受不到自己對於那個已然消逝的社會極為有限的知識，能夠為她的臆測提供任何基礎。我們可以分享她對於教會殘酷鎮壓阿爾比派異端[9]的厭惡，但同時猜想這個普羅旺斯地區的奇特文明是否尚未走到耗盡生產力的地步。如果在英吉利海峽與地中海之間，有六、七個不同的繁盛的文化，而不是只有一個我們稱之為法國的地方，今天的世界會不會是一個更美好的地方？西蒙．韋伊由這個洞見出發，但她的情緒邏輯，卻讓她推而廣之到近乎無意義的地步。我們可以辯稱：對我們而言，「如果事件的進程有所不同，世界會是什麼樣子？」這問題是全然不可知的；或者，「羅馬人的征服導致西歐的拉丁化，這是件好事還是壞事？」這問題是無從回答的。然而，絕不能因為她這種遠離現實的幻想，就將她「扎根」的根本概念就此作廢，也不能忽視她所警告的：過度集中化的社會所產生的邪惡。

這本書是在西蒙．韋伊人生中的最後一年左右寫成的，當時她受雇於倫敦的法國總司令

7　譯註：全名為指普布利烏斯．維吉利烏斯．馬羅（Publius Vergilius Maro，前70～前19），古羅馬詩人，傳世著作有《埃涅阿斯記》，記述羅馬建城的故事。

8　譯註：Druids，古代凱爾特民族（包括高盧、不列顛、愛爾蘭等地）的教士階級，在凱爾特社會中具有崇高的地位，職責包括司法、祭祀、醫術、占卜與文藝，奉橡樹為聖木。他們享有特權，但卻不可世襲，唯憑學習能力表現，同時教義只憑口授記憶，不留文字。近代復興的新德魯伊信仰（Newo-druidism）與此並無直接關係，只能說是受此傳說啟發，故此處將 druides 譯為「橡木賢者」。中國當代學者劉小楓在〈《王制》與大立法者之「德」〉一文中，將橡木賢者譯為「儒生」，這樣的比賦並非毫無爭議。

9　譯註：Albigensian，又稱清潔派、卡特里派（Katharoi），中世紀基督教派別，原生自巴爾幹半島的摩尼教與東來基督教派的混合，在一一七九年被教宗亞歷山大三世宣布為異端，一二〇九～一二二九年遭遇十字軍鎮壓。

部，據我的理解，這是來自於她提交的一份報告，內容是關於解放[10]後該實行什麼樣的政策。眼前的問題讓她考慮得更加廣泛，但就連在關於自由法國[11]在戰爭期間以及解放後應該立刻採取什麼樣的計畫的那幾頁文字中，她所展現出來的先見之明與判斷上的成熟，也具有永恆的價值。我認為，在她已發表的作品中，這本書很可能是最接近她自己可能會選擇發表的形式。

我所講述的，主要是在她的所有著作中都會遇見的幾個特定概念，並強調了某些她的錯誤與誇張之處。我決定這麼做，是因為我相信對許多讀者而言，當他們第一次遇見某些主張可能會激起智性上的懷疑或是情緒上的痛苦時，也許會讓他們無法更進一步認識這個偉大的靈魂與才華洋溢的心靈。西蒙．韋伊需要讀者的耐性，正如同她無疑地也需要最傾慕她、欣賞她的朋友們的耐性。但在她激烈的好惡之外，在我舉出的那些不必要推而廣之的論點之外，我在眼前這本書中特別發現的是，一種平衡的判斷，一種避開極端的智慧，這些出現在任何如此年輕的人身上，都是令人驚奇的。或許在她和居斯塔夫．提朋的對話中，她藉由與這個有智慧而平衡的心靈接觸，獲得的益處比她自己所知道的更多。

作為一個思考政治的人，一如在任何其他方面一樣，西蒙．韋伊都是無法歸類的。她的同情所具有的悖論性（paradoxicality），是促成其均衡的原因。一方面，她熱情地擁護平民，特別是受壓迫者——被人的邪惡與自私所壓迫的人，以及被現代社會的無名力量所壓迫的人。她曾經在雷諾汽車的工廠工作過，她也曾經當過農場工人，以求分享城鎮和鄉村人民的生活。另一方面，她在本質上就是個離群索居的人，以及一名個人主義者，深深恐懼著她所謂的集體——現代集權主義所創造的怪獸。她在乎的是人的靈魂。她對人類權力與人類責任的研究，揭露了某些陳腔濫調當中的謬誤，儘管這些陳腔濫調現在依然流行，在戰爭期間甚至被當成道德興奮劑。關於她的敏銳、平衡與判斷力，一個並非最不引人注目的例子，是她對於君主制原則的檢視；而她對法國政治史的回顧，同時是對法國大革命的指責，也是對於王權復辟之可能性的有力駁斥。她既無法被歸類為反動派，也不能被歸類為社會主義者。

這本書屬於政治人物很少會讀、大部分也不太可能讀得懂、或是知道該如何應用的關於政治的緒論。這類書不會影響當代事物的進行，因為對於已然投入這個事業、並獻身於市場行話的男男女女而言，這種書總是來得太遲。這本書屬於那種年輕人在失去閒暇時間之前、在思考的能力被拉票與立法集會摧毀之前，應該仔細閱讀的書本；屬於那種我們只能盼望在另一個世代的心靈中，產生明白可見的效果的書。

T．S．艾略特

一九五一年九月

10 譯註：Liberation，指的是法國從納粹德國手中重獲獨立。

11 譯註：Free French，指戴高樂所領導的抵抗運動。

第一部

靈魂的需求

義務的觀念優先於權利的觀念，權利從屬於、也相對於義務。一項權利並不因其自身而有效，而是因其所對應的義務。一項權利的具體實現並不是來自於擁有它的人，而是來自於其他人承認自己對於此人有某種應盡的義務。義務一但獲得承認就是有效的，就算不被任何人承認，一項義務依然完整存在。而一項權利若是不被任何人承認，就幾乎什麼也不是。

說人一方面有種種的權利，一方面有種種的責任，這是說不通的。這些字眼表達的只是觀點的差異而已。權利與義務之間的關係，是客體和主體的關係。一個人就其自身而言，他有的只是責任，其中包含了某些對他自身的責任。從他的觀點來看，其他人有的只是權利。當其他人承認對他有某些義務，從他們的觀點來看，就換成他有權利了。一個獨自活在宇宙中的人，不會有任何權利，但他還是會有義務。

由於權利的觀念屬於客觀的層面，因此它和存在（existence）與現實（réalité）的觀念密不可分。當義務下降到事物的層次時，權利才會出現，因此在某種程度上，權利總是包含對於事物的狀態與個別情境的考量。權利總是連同某些條件一起出現，只有義務才有可能是無條件的。義務是超越一切條件之上的，因為它超乎此世之上。

一七八九年的人並不認識此一領域的實在性，他們只認識屬於人性的事物。這是為什麼他們會從權利的觀念出發。但同時，他們又想提出一些絕對的原則。這種矛盾令他們陷入一種語言和觀念的混淆，對許多人來說，也是當前政治和社會的混淆。在永恆的、普世的、無條件的領域中，居住著不同的觀念，與人的靈魂最隱祕的部分相連，和受條件所限的事實的領域並不一致。

義務只和人類有關。僅管集體本身毫無義務，但是構成、服務、指揮、或是代表某個集體的所有人類都有義務，無論是在他們生活中與集體相關的部分，還是獨立於集體的部分。

共同的義務與所有人相聯，儘管這些義務根據情況，對應於不同的行動。沒有任何人在什麼情況下，能夠逃避義務而無罪，除非在兩種真實的義務互不相容的情況下，人們才會被迫放棄其中之一。

一種社會秩序有多不完美，可由它包含了多少上述的情況來衡量。

但即使在這種情況，如果義務不單是在事實上被放棄，而且還被否認，那也是有罪的。

義務的對象，在屬人的領域中，永遠是人的存在本身。有些義務以全人類為對象，只因為他是人，無須追加任何條件，也不管是否有任何人承認他是人。

這份義務並不是基於任何實際的情況，也不是基於任何法律原則、任何習俗、任何社會結構、任何權力關係、任何過去的遺產，或任何假設的歷史動向。因為沒有任何實際情況能夠催生一項義務。

這份義務並不是基於任何約定（convention）。因為約定可以隨著立約者的意願而修改，但是在義務底下，任何人改變意願都不能對義務做些微地修改。

這份義務是永恆的。義務呼應的是人類永恆的命運，也唯獨人類個體有永恆的命運，人類集體則沒有。也就是說，人類集體沒有什麼永恆的直接義務。只有作為個體的人類才有永遠該盡的本分。

這份義務是無條件的。如果義務有什麼基礎，這個基礎也不屬於我們的世界。在我們的世界裡，義務無須基礎。相對於其他屬人的事物，【塵世的】義務的獨一無二之處，就是它不屈從任何條件。

這份義務沒有理由（fondement），但卻有普遍良知的同意作為確認。一些流傳至今的古老文獻，向我們表達了這份義務。在所有各不相同的情況下，所有沒有被私利或激情戰勝的人，都承認這份義務。憑藉這份義務，我們才能衡量進步。

對於此一義務的肯認，在我們所謂的基本權利（droits positifs）裡面，表達得含糊而不完善，而不完善的程度又依據情況而有所不同。基本權利與義務相牴觸的程度有多大，其不正當性（illégitimité）的就有多大。

雖然這份永恆的義務呼應了人類永恆的命運，命運卻不是義務的直接目的。人類的永恆命運不可能是任何義務的目的，因為義務並不附屬於外在的行動。

每個人都有著永恆的命運這件事實，所帶來的義務只有一項：那就是尊重。只有當尊重以真實而不虛假的方式被確切的表達，此一義務才算得到了履行而達成此一義務的過程，只能是人類在世的需求。

人類的良知在這一點上從來沒有分歧。幾千年前的埃及人認為，一個人的靈魂在死後無法得救，如果他連這句話都說不出口：「我不曾令任何人挨餓[1]。」所有基督徒都知道，有天耶穌本人會對他們說：「我餓了，你們不給我吃[2]。」所有人都參與其中而進步的，首先是通往這樣的一種人類社會的狀態，即人們不再挨餓的狀態。無論我們對任何人提出這樣的問題，也沒有人會認為當一個食物充裕的人，發現家門邊有個快要餓死的人時，卻什麼也不給的就這樣跨過去是無罪的。

因此，在還能伸出援手的情況下，不能讓人受挨餓所苦，這是種對人類的永恆義務。這是最理所當然的義務，可以拿來當作範例，來為對所有人應盡的永恆義務列一張清單。為求謹慎起見，這份清單必須依照上述飢餓的例子類推而來。

因此，人類應盡的義務清單，必須對應於類似飢餓這樣活生生的、根本的人類需求。

在一切需求當中，有些是生理上的，例如飢餓。要列舉這些需求並不難。這些需求關係到保護我們免受暴力的侵害、居住、衣著、溫飽、衛生，以及生病時的醫護。

1　全集註：出自《埃及亡靈書》（*The book of the Dead*）。

2　校註：〈馬太福音〉25：42。

另外一些需求，關係到的並不是肉體的生命，而是道德的生命。然而，這些需求和前者一樣是世俗的，與領會人類永恆的命運所需的智性並無直接關係。這些需求就像身體需求一樣，是塵世生活的必需品。也就是說，假如它沒有被滿足，人就會慢慢地變成行屍走肉，接近於行將就木的狀態。

比起身體需求，這些需求更難被承認和列舉出來，但所有人都承認這些需求的存在。征服者在被征服的人民身上加諸的一切暴行，像是屠殺、製造傷殘、有組織有預謀的飢荒、奴役或大規模的集中營關押，一般都會受到同樣的非難，儘管自由或祖國並非生理的基本需求。所有人都能意識到，某些暴行雖然傷不了人的身體，卻能傷害人的生命。因為這樣的暴行所剝奪的，是人的靈魂生活所需的食糧。

這些義務，不管是無條件的還是相對的、是永恆的還是變動的、是直接還是間接關乎人類事物的，全都衍生自人類的生活需求，無一例外。儘管看起來不那麼直接關係到特定個人的義務，其實之於人類它們都扮演著類似食物的角色。

我們必須尊敬麥田，並不是因為麥田本身，而是因為麥田供給人類糧食。

依此類推，我們必須尊重集體（collectivité），無論是什麼樣的集體——祖國、家庭、或是別的——不是尊敬這些集體本身，而是尊重它們為某些人提供了精神的食糧。

這份義務實際上會依據不同的情況，而要求不同的態度和行動。但就其本身而言，義務對所有人來說絕對是一致的。

特別是，對於在某個特定集體之內與之外的人，他們的義務是絕對一致的。

出於許多原因，人類對於集體的敬意，可以提升到很高的程度。

首先，每個集體都是獨一無二的，即便被摧毀，也無法被取代。一袋麥子總是可以被另一袋麥子替代，但是一個集體供給成員的精神糧食，全天下找不到等價之物。

再者，集體因其在時間上的延續性，使它的影響及於未來。集體不只能滋養世上的生靈，也能滋養尚未出生、在今後的世紀降臨世間的人。

最後，正是出於這種時間上的延續性，集體扎根（réenracinement）於過去。集體具有一種獨特的儲藏功能，可以保存死者所聚集的精神寶藏，它也具有一種獨特的傳遞功能，可以作為死者向生者說話的媒介。此世最珍貴的寶藏，莫過於和人類永恆的命運直接相連，那是對此一命運徹底領悟的前人所世代相傳的光芒。

基於以上原因，當集體陷入危機，對集體的義務也可能導向全然的犧牲。不過，也不能就此推論說，集體高於個人。正如同救助某人脫離危難的義務可能導向個人徹底的犧牲，但這並不表示那名被救助者在任何方面更為優越。

一個農民為了耕田，在某些情況下願意承受疲勞、疾病，甚至死亡。但他內心始終明白，這麼做無非是為了麵包。同樣地，就算是在犧牲到底的時刻，人對其集體的責任，也僅止於他對糧食所感受到的敬意。

但角色顛倒是時有所聞的。某些集體無法作為靈魂的糧食，反倒去吞食靈魂。這種情形代表的是社會病了，而首要的義務就是要試著治療它；在某些情況下，甚至必須採用外科手術的方法。

在這點上也是一樣，無論對集體內部或外部的人來說，義務都是一致的。

有時候，集體無法供給它的成員足夠的精神食糧。這種情況下，就必須改善該集體。

最後，有一些死去的集體，儘管沒有吞食靈魂，卻也無法餵養靈魂。假如確定這些集體真的已死，而不只是暫時失去知覺，在這種情況下，必須銷毀這些集體。

首先要做的研究是需求的研究，這些需求之於靈魂的生命，一如營養、睡眠和保暖這些需求之於身體的生存。我們必須試著列舉並定義這些需求。

千萬不要把這些需求跟欲望、性致、幻想、癖好混為一談。同時必須區分本質與衍生物（accidentel）的差異。人需要的不是米或馬鈴薯，而是營養；不是木柴或煤炭，而是取暖。對於靈魂的需求也一樣，必須辨別彼此不同卻價值相等的滿足感，對應的是同樣的需求。還必須分別靈魂的食糧與毒藥，畢竟毒藥偶爾會給人足以充當食糧的幻覺。

缺乏這樣的研究，會使得執政者雖然立意良善，卻行事草率。

以下是一些提示。

秩序

靈魂的第一項需求，最貼近靈魂的永恆命運的，是秩序，也就是一張社會關係交織的網絡，其中沒有人會為了執行某些義務，而被迫違反其他不容妥協的義務——因為只有這種情況，才會讓靈魂承受到來自外在環境的精神暴力。一個人若是只因死亡或苦痛的威脅而停止履行某項義務，他還可心安理得，受傷的只是他的身體。但是，當一個人的周遭環境以諸多嚴格的義務來要求他做到各種互不相容的行為，讓他無從自辯，那受傷的就是他對善的愛。

今天，義務之間混亂與不相容的程度，已經到達了頂點。

誰要是讓義務之間的互斥加劇，誰就是混亂的挑撥者。誰緩解這種互斥，誰就是秩序的生產者。誰為了簡化問題而否認某些義務，誰就是在心中和罪惡結盟的。

不幸的是，我們沒有減緩這種互斥的方法。我們甚至不確定，存在有種其中所有義務彼此相容的秩序，這樣的想法不是一種虛構。當義務落實到實務層面，如此多重而各自獨立的關係涉入其中，互斥似乎比相容來得更合乎常情。

然而，宇宙的例子日復一日明擺在我們眼前，宇宙裡有無限的機械運動，在各自的軌道上共構一種秩序，包容各式各樣的變異，秩序本身卻是穩固的。所以我們愛這個世界的美，是因為我們感覺在美的背後有某種智慧，我們想要擁有這種智慧，以餵飽我們對善的渴望。

在比較淺顯的層次上，真正美的藝術品提供了一個整體（ensemble）的例子，其中彼此獨立的元素在交會時，以無從理解的方式構成了獨一無二的美。

總而言之，對不同義務的感受，總是帶有一種對善的欲望，這種欲望是獨特、穩固、表裡一致的，對於從搖籃到墳墓的所有人來說都一樣。這種永遠在我們內心深處騷動的欲望，令我們無法安於各種義務互不相容的處境。我們會藉由謊言來遺忘義務的存在，或者會藉由盲目的掙扎來逃離義務。

凝視藝術品的真跡，更進一步凝視世界的美，再更進一步凝視我們所嚮往的、未知的善，能夠助我們一臂之力，持續地思索我們的首要對象，即人類的秩序。

暴力的煽動家認為機械而盲目的力量是整個宇宙的主宰，因此便膽大包天。

如果我們比他們更正確的看待這個世界，我們會發現一種更強大的鼓舞，只要我們觀察到無數盲目的力量是如何透過某種我們無法理解、卻又熱愛、並稱之為美的東西而被限制、銜接成一種平衡，被匯聚成一個整體。

如果我們讓人類真正秩序的思想常駐在我們的精神裡，如果我們想著它，就像一個我們在危急關頭必須奉獻一切的對象，我們的情況便好比一個走在夜裡，缺乏指引，卻依然不停思考應依循的方向的人。對這樣一個的旅人來說，他懷有巨大的希望。

這種秩序是最重要的需求，嚴格來說，它甚至在需求之上。為了要能夠思考秩序，我們必須認識其他的需求。

需求有別於欲望、幻想或癖好的首要特質，和食物有別於美食或毒藥的首要特質一樣，那就是需求是有限的，對應於需求的食物也是有限的。一個守財奴永遠嫌錢財不夠，但是對所有人而言，無論我們如何給他麵包，他總有吃飽的時候。食物帶來飽足感，靈魂的食糧也是一樣。

與首要特質相關的第二項特質是，需求的序列兩兩相對，每組相對的需求必須彼此相配，以取得一種平衡。人需要食物，但也需要每一餐之間有所間隔；人需要溫暖也要涼爽，需要休息也要勞動。對於靈魂的需求也一樣。

我們所謂的中庸之道（juste milieu），事實上是不要滿足彼此相對的需求當中的任何一個。中庸只是模擬真正的平衡，在真正的平衡當中，每一對彼此相反的需求都會獲得充分的滿足。

自由

人類靈魂不可或缺的一項食物是自由。自由這個詞具體的意思，指的是一種選擇的可能性。當然，它必須是一種真實的可能性。只要有公共生活的地方，就不可避免的會有出於公共利益而強加的規定，限制選擇的可能性。

可是自由的多少並不取決於限制的緊縮或寬鬆。自由在更難以測量的條件下，自有其充盈。

規則必須足夠合理而單純，這樣才能讓任何渴望規則、但專注能力平庸的人，能一方面理解這些規則所對應的實用性，另一方面理解規則非如此不可的必要性。這些規則必須源於一種權威，但這個權威不應該被視為外來者或是仇敵，而應該像其所管理的一員般被愛。規則必須足夠穩定、足夠精煉、足夠普適，讓思想有辦法一次融會貫通，才不必在每次下決定的時候，都像在規則之間四處碰壁。

在這些條件下，立意良善之人的自由，無論在實際上如何受限，但在意識上都是完整的。因為一旦規則和這些人的存在本身融為一體，那些被禁止的可能性便不會出現在他們的心思意念當中，更遑論去壓抑。習慣也是一樣，教育養成了人習慣不吃噁心和危險的東西，一個正常人不會因此感到飲食的自由受到限制，只有小孩會覺得這是限制。

因此，那些缺乏善意的人，或心智不成熟的人，無論處於哪一種社會狀態，永遠都不會自由。當選擇的可能性多到足以損害公共利益，人就會失去自由所帶來的享受。因為人在這種情況下，要不就是以無責任、不成熟、不在乎作為掩護，而這種掩護背後只有空虛感，要不就是擔憂他人不可避免地受到傷害，而被責任感壓得喘不過氣來。就這樣，人先是錯以為他擁有自由，卻感覺享受不到這份自由，導致他誤認為自由沒有好處。

服從

服從是人類靈魂的一種生存需求。它可分為兩種：對於既定規則的服從，和對於大家公認的領導者的服從。服從預設了同意，不是對每一個接受到的命令同意，而是一次性的全面同意，除非是在良知無法讓步的狀況下，才會有所保留。所有人，尤其是做領導者的人，必須普遍認知到服從的動機主要是基於同意，而不是受罰的恐懼或獎賞的利誘，才能杜絕順從裡可能有的奴性。同時還必須認知到，發號施令者也有其服從的對象，因為每個階層的人都必須朝向一個目標，讓所有人，從上到下，都能感受到該目標的價值、乃至於崇高性。

服從是靈魂必須的食糧，人一旦被徹底剝奪了服從，就會生病。同理，任何群體，一旦受到不把任何人放在眼裡的君王所統治，則肯定是落在了病人手上。

這就是為什麼，當一個人終生都被置於社會組織的頂端，他就必須是一個象徵，而不是領袖，好比英國國王的情況；同樣地，禮儀也必須限制他，使他比起任何一個平民更覺得綁手綁腳。如此一來，實際上的領導者，儘管是領導者，上頭卻總有個更高的上位者；就另一方面而言，所有的領導者都可以在不中斷連續性的狀況下被接替，由此每位領導者都可獲得他必不可免的一份（對更高位者的）服從。

那些以恐嚇和殘暴的方式令群眾順從的人，同時奪走了兩樣人類賴以維生的食糧，就是自由和服從。因為如此一來，群眾就不再有權利，可以為自己內在對他們所信服的權威達成一致同意。那些一心想讓利益的誘惑成為服從主要動機的人，是從人的身上剝奪了服從，因為服從以同意為原則，而同意不可買賣。

千百種跡象顯示，我們這個時代的人類渴求服從已久。然而，有人卻利用這種飢渴，把人類變成奴隸。

責任

參與和責任，感覺自己有用甚至無可取代，是關乎人類靈魂生死的需求。

在這方面，徹底剝奪的情況就是失業，就算一個失業者接受援助，有吃、有穿、有住也一樣。他在經濟生活中毫無作用，而那張確保他參與政治生活的選票，對他毫無意義。

手工業者的情況也談不上更好。

這種需求要獲得滿足，一個人就必須持續地對或大或小的問題做出決定，對於無關個人利益的問題感到責無旁貸。同時，他也必須持續地貢獻他的心力。最後，他必須能夠在思想上，掌握他參與其中的集體的全部成果，即使是那些不需要他做決定、給意見的領域也一樣。為此，我們必須讓他了解這份成果，使他對此保有興趣，令他敏感於集體成果的價值和用處，以及（可能的話）甚至是偉大之處，並且務必使他清楚意識到自己有分於其中。

所有集體，無論是哪一類集體，若是無法為成員提供以上的滿足，便算是腐壞了，必須接受改造。

對於任何個性稍微強勢的人而言，參與的需求會發展到成為領導的需求。每一種活絡的在地或地區的生活、每一種教育成果和青年運動，都應該給足以勝任的任何人機會，在他一生中的某些時期有機會領導別人。

平等

平等是人類靈魂的一種生存需求。平等指的是真實地透過各種制度和習俗表達，公開、普遍、而有效地承認，對每個人都該被同等地尊重和對待，因為人之所以為人，本應受到尊重，而這份尊重不應有程度之別。

再說，人和人之間不可避免的差異，永遠不應意謂著尊重的程度差異。為了不讓人與人之間的差異帶有這種意涵，就必須在平等與不平等之間取得平衡。

平等與不平等之間的結合，由各種可能性的平等所構成，讓任何人都可以進入他能夠擔負起職責的社會階層，讓教育足夠普及到沒有人只因為他的出生而被剝奪某種能力，所有孩子的希望都是一樣的。如此一來，希望之前，人人平等，每個人年輕時為自己感到有希望，年長時為他的孩子們感到有希望。

然而，這種結合如果獨自發揮作用，而不是作為眾多的因素之一，它就無法構成一種平衡，而是隱含著巨大的危險。

首先，對一個處於社會底層、深受其苦的人來說，若是知道他的情況是因為他的無能，並知道所有人都知道這一點，這不但不會帶來安慰，反倒令人備感痛苦。因為依照個性不同，有些人會因此被壓垮，有些人會走向犯罪。

再者，這會像抽水幫浦一樣，在社會生活中不可避免地產生一種向上的吸力。如此一來，假如向下流動無法平衡向上流動，就會導致一種社會病態。當一個農場工人之子有一天確實可能當上部長，這個時候，一個部長之子就應該有一天確實可能成為農場工人。然而，除非社會壓力急劇升高到危險的程度，後者的可能性很難成真。

這樣的平等若是獨自運作且不受限制，它帶給社會生活的流動性就會瓦解這個社會。

有一些不那麼粗暴地結合平等和差異的方法，首先是比例。比例是由平等與不平等的結合來定義的，而放諸四海，比例都是均衡的獨一要素。

應用在社會均衡上，比例要求每個人肩負與他的能力、他享有的福利相應的責任，同時也要求他為其無能為力或犯錯承擔相應的風險。舉個例子，一個無能或對自己的工人犯錯的老闆，在靈魂和肉體上所受的罪，必須多過一個無能或對老闆犯錯的工人所受的罪。而且，所有的工人都必須知道這一點才行。它一方面關係到風險管理，一方面在刑法上牽涉到懲罰的概念，也就是說，社會階層在情節加重與否上，總是成為刑罰裁量主要的依據。不用說，在公共事務中職權越高者，必須負擔越沉重的個人風險。

另一種讓平等與差異相容的方法，是盡可能去除差異之中一切可量化的部分。當存在的只有本質的、而非程度的差異時，便沒有不平等可言。

當我們讓金錢成為一切或幾乎一切行為的唯一動機，成為一切或幾乎一切事物的唯一標準，我們便在各處散播不平等的毒藥。的確，這種不平等是變動的，不固著於任何人，因為錢會賺來，也會花掉，但這不平等並不因此而較不真實。

不平等有兩種，對應著兩種不一樣的興奮劑（stimulants）。一種是相對牢固的不平等，例如古代法國的不平等，這導致了對上位者的偶像崇拜——雖然參雜著被壓抑的恨——以及對其命令的順從。一種是會變動的、流動的不平等，它會激發人往高處爬的欲望。流動的不平等並不比牢固的不平等更靠近平等，兩者都一樣是有害的。一七八九年的大革命所標舉的是平等，實際上卻只是將一種不平等的形式替換為另一種形式。

當一個社會越是邁向平等，對應於這兩種形式的不平等的兩種興奮劑的作用就越小，其他的興奮劑也會因應而生。

人的各種條件之間的差異在多大的程度上不被看作高低有別，而只是彼此不同，平等就有多大。讓礦工和部長的職業僅僅是兩種不同的專業，就像詩人和數學家一樣。讓與礦工的物質條件相連的嚴酷（dureté）[3]，也被記入承擔此一條件者的榮譽中。

在戰爭時，假如一支軍隊是出於正確的信念，一個士兵會為了衝鋒陷陣而不是待在司令部，感到高興和自豪；一個將軍會因為戰役出自他的設想，感到高興和自豪；同時，士兵欣賞將軍，將軍也欣賞士兵。這樣的平衡即是平等。假如社會條件裡存在這種平衡，那就存在著平等。

這意味著在每種條件下值得考慮的標誌，都出於該條件本身，而不出於謊言。

階層制度

階層制度是人類靈魂的一種生存需求。它的基礎是對在上位者的一種尊敬、一種忠誠，而上位者所指的並不是其個人，也不是其所行使的權力，而是其象徵。他們所象徵的，是一個超乎一切個人之上的領域，它在這個世界被表現為每個人對他人的義務。一個真正的階層制度的前提是，在上位者意識到他們自身的象徵功能，並且知道只有這種象徵功能，才是他們的臣民唯一正當的忠誠對象。真正的階層制度會合乎道德的讓每個人適得其所，各司其職。

榮譽

榮譽是人類靈魂的一種生存需求。每個人所應得的尊敬，即使被有效地給予了，也無法滿足這種需求，因為對所有人而言，這樣的尊敬都是同樣的，而且不可改變；但對於個人而言，他不單是作為個人，更是作為其社會網絡（entourage social）當中的某人，而與榮譽產生關連。只有當一個人類群體，能夠在包含在他們的過去、並在外部所公開承認的偉大傳統中，提供他們的成員一定的地位，這種需求才能被充分的滿足。

例如，為了滿足職業生涯中對於榮譽的需求，每個職業所對應的群體，都應要能真的保存這項財寶，即在行使該職業時所揮灑的偉大、英勇、正直、無私、才華等的鮮活記憶。

就對榮譽的需求而言，一切壓迫都會造成榮譽的飢荒，因為被壓迫的人，他們自身的偉大傳統無法受到承認，更無社會名望可言。

征服所帶來的影響往往如此。維欽托利（Vercingétorix）[4]對羅馬人來說從來不是英雄。假

3　校註：dureté同時包含有「嚴酷」與「硬度」的意思，此處韋伊一語雙關。

4　譯註：維欽托利（前82～前46）是高盧阿爾維尼人的部落首領，曾於對抗羅馬統治的戰爭中打敗凱撒，但最終仍為凱撒俘虜，於慶祝戰功的儀式中被處決。

如十五世紀英國人征服了法國，聖女貞德必會遭人遺忘，甚至我們當中的大多數人也不會記得。如今，我們對安南人[5]和阿拉伯人談聖女貞德，但他們知道，我們對於他們的英雄和聖人一無所知；就這樣，我們令他們處於一種榮譽受損的狀態。

社會壓迫也會有相同的影響。居納梅（Georges Guynemer）[6]和梅墨茲（Jean Mermoz）[7]進到了公眾的意識中，這得歸功於航空在社會上的聲望，然而那些從礦工和漁民間迸發的、令人讚嘆的英雄事蹟，如今在礦工和漁民之間則幾乎沒有迴響。

剝奪榮譽最極端的程度，是把人分門別類後，對某些類別徹底剝奪其榮譽。好比在法國，妓女、罪犯、警員、移民與殖民地原住民族等底層無產階級（sous-prolétariat），就受到各式各樣的侮辱。但這些類別根本不應該存在。

人只有在犯罪時，才能因他的罪刑將他排除於社會尊重之外，而懲罰正是為了讓他能夠重返社會。

懲罰

懲罰是人類靈魂的一種生存需求。懲罰有兩種，紀律的懲罰和刑法的懲罰。第一種懲罰讓人在缺乏外力支持的鬥爭中筋疲力竭時，不會因他的軟弱而危及安全。然而，人的靈魂最不可缺少的懲罰，是對於罪的懲罰。一個人犯了罪，就等於把自己屏除在讓所有人彼此相連的永恆義務的網絡之外。只有懲罰能讓他重回這個網絡之中，而且只有當懲罰獲得他的同意時，這種重回才是完整的，否則就有所不足。如同對一個受飢餓所苦的人，唯一表現尊重的方式是給他吃的東西，同樣地，對於一個被法律屏除在外的人，唯一表現尊重的方式是讓他服從法律所訂的懲罰，讓他重歸於法律之下。

如果刑法只是一種透過恐怖加以約束的手段，一如常見的情況，懲罰的需求就無法被滿足。要滿足這種需求，首先，所有與刑法相關的人，必須具備一種神聖莊嚴的性格。法律的莊嚴必須擴及法庭、警察、被告、罪犯，甚至哪怕是最瑣碎的細節，只要這些瑣事有可能導致自由的剝奪。懲罰必須是一種榮譽，不只是因為懲罰消除了犯罪所帶來的恥辱，更因為懲罰被看作是一種補救的再教育，這種教育在更廣義的、為公共利益奉獻的層次上，是一種義務。同樣地，刑罰的嚴重程度必須對應的是人類義務遭受損害的品質，而不是社會安全的利益。

5　譯註：安南保護國（Protectorat d'Annam）為法國一八八四年在今天越南中部的殖民地。

6　譯註：居納梅（1984～1917）是法國第一次世界大戰期間的傳奇飛行員，曾獲得五十三場勝利，後遭德國戰機擊落，但機身和屍體殘骸均未尋獲。

7　譯註：梅墨茲（1901～1936）是法國運輸機飛行員，曾締造多相艱難的飛行紀錄，也是法國國族主義政黨「法國社會黨」（Parti social français）的創辦人之一。

警察的名譽掃地、法官的草率判決、監獄的制度、累犯者無法翻身地下降到社會底層、罪刑的劃分、將十起小小的竊盜案比一件強暴案、或幾樁殺人案受到更嚴厲的處罰，甚至還造成一罪多罰，諸如此類，都會阻礙真正值得稱為懲罰的東西，存在於我們之間。

對於過失和對於犯罪一樣，免除刑罰的條件，不應隨其社會地位提升而放寬，而應隨其社會地位下降而放寬。再說，若施加痛苦只會被當作強迫、甚至是濫權而被承受，並不構成懲罰。痛苦只有在某些時刻、即便是在事後的回憶裡，感覺到有正義陪伴，才算是懲罰。就像音樂家透過聲音喚起美的感受，刑法體系應當能夠藉由痛苦，甚至在必須的時候藉由死亡，喚起罪犯心中的正義感。就像我們說，學徒會受傷，是為了讓一門手藝進入他的身體，懲罰也是一種方法，透過肉體的痛苦讓正義進入罪犯的靈魂。

如何才能最有效的防止上層階級的人，建立免除刑罰的共謀關係，是最難解決的政治問題之一。只有當一個或許多個人肩負起責任，阻止這種共謀關係，並能保持一種狀態，不受引誘而成為共謀的一分子，這個問題才有望解決。

言論自由

言論自由和結社自由通常被相提並論。這是個錯誤。除了自然群體的情況之外，結社並不是一種需求，而是實現生活的一種權宜之計。

相反的，完全的、不受限制的言論自由，任何意見都可以直說，不受任何限制，不必有所保留，對於知性來說是一種絕對的需求。基於此，這是一種靈魂的需求，因為當知性受到壓抑，靈魂就有了殘疾。這種需要所尋求的滿足，其性質和限度，深深地銘刻在靈魂的不同能力所組成的結構之中。因為一樣東西，可以同時是有限和無限的，如同我們可以無限延伸一個長方形的長，只要它的寬依然受到限制。

知性以三種方式，在一個人的身上運作。它可以在技術性的問題下功夫，也就是為一個既定的目標尋找方法；它可以在方向的選擇上，為深思熟慮的意志提供光明；最後，它可以獨自運作，與其他能力分離，在一種純理論的思辯中，暫時拉開與行動的考量間距。

在一個健全的靈魂裡，它以不同程度的自由，輪流運作著這三種方式。在第一種功能當中，它是一位僕人。在第二種功能裡，它是破壞性的，一旦有任何不處於完美狀態的人，開始為靈魂中總是傾向於惡的那部分提供論證時，它就應該歸於沉默。但是當它在分離的情況下獨自運作時，它就必須擁有絕對的自由，否則人類便缺少了某些根本的東西。

一個健全的社會也是一樣。這是為什麼，最好是能在出版這塊領域裡，為絕對的自由劃定一個保護區，而且還必須達成共識，出版品絕不會令作者受到任何牽連，也不是為了給讀者任何意見。如此能讓各種偏好惡劣目標的論證盡其所能地展開，這些論證的展開是件有益的好事，誰都可以到處聲張他所咒罵的東西。眾所周知，這類著作並不是為了定義作者面對人生問題時的立場，而是為了透過初步的調查，針對每個問題羅列一份詳實的資料清單。法律應該保障這類作品的出版不至於造成作者任何的危險。

相反地，意圖對我們所謂的言論產生影響的那些出版品，事實上影響的是我們的生活方式，若它因此構成了一種行為，也就必須像所有的行為一樣遵守同樣的約束。換句話說，它不能對任何人造成惡意中傷，尤其絕對不應該含有對人類的永恆義務的或明或暗的否定，更別說這些義務已經受到法律的莊嚴認可。

這兩個領域的區分，一個在行動之外，一個是行動的一部分，是不可能透過法律的語言條列成白紙黑字的。但這並不妨礙兩者分得一清二楚。這些領域的分別其實很容易建立，只要有足夠強烈的意願去區分清楚。

例如，日報和周刊就毫無疑問的屬於第二個領域。所有的雜誌亦然，因為這些刊物都構成了傳播某種思考方式的光源，只有那些拋棄此一功能的刊物，才能達到那種完全的自由。

文學也是一樣。這或許也能解決二戰間掀起的、關於道德與文學這個主題的論戰。這場論戰因為一件事模糊了焦點，那就是全部有才學的人，出於專業上的團結，都集中到同一邊，而把愚夫愚婦打到另一邊。

但是廣義的來說，愚夫愚婦所持的立場並未較不理性。作家的確常常不夠光明磊落地在玩兩手策略，從來沒有作家像我們二戰期間的作家一樣，如此渴望擔任精神導師的角色，並且付諸實現。事實上，戰前的那幾年，除了學者之外，沒有人跟作家有過這方面的爭論。過去教士在國民的道德生活中所占據的地位，如今被物理學家和小說家所取代，這就足以衡量我們在價值觀上的進步。不過，若是有人去問作家，他們影響力的方向為何，他們就會不高興地躲到為藝術而藝術的神聖特權背後。

當然，例如法國作家紀德（André Gide）就始終明白，像《地糧》（*Nourritures terrestres*）或《梵蒂岡地窖》（*Les Caves du Vatican*）這樣的書，對年輕人生活中實際的舉止有所影響，並引以為傲。如此一來，就沒有任何理由在這樣的書籍前面，加上為藝術而藝術的那道不可侵犯的圍欄，然後當是當一名男孩把人推出疾馳的火車時，將他關進監獄[8]。我們甚至可以為了犯罪，而要求為藝術而藝術的特權。先前的超現實主義者其實也離這裡不遠。不幸地，那些烏合之眾一再重複到令厭煩的、關於我們的作家對我們的戰敗應負的責任所說的那些話，但很不幸地，都說對了。

如果一個作家，為了符合純粹知識的完全自由，發表了違反法律所認可的道德原則的作品，並在這之後因公共名聲而擁有影響力，我們便可以直接了當問他，如今眾所皆知的那些

8　譯註：這裡提到的男孩，指的是《梵蒂岡地窖》裡的主要角色拉夫卡迪奧（Lafcadio），他在沒有任何動機的情況下，將一個素昧平生的人推落火車致死。這種「無償行為」（acte gratuit）的虛無英雄，對一次世界大戰後的青年造成影響，他把遊戲和黑色幽默奉為生存法則的態度，更令後來的超現實主義者為之著迷。

手稿是否代表他的立場。如果他不承認，便不難懲罰他。若是他說謊，他很容易失去名譽。進而，他必須承認，當一位作家擠身具有輿論影響力的人物之列，他就不能要求無限度的自由了。同樣，雖然法律上的定義是不可能的，但事實並不真的那麼難以釐清。把法律的權威（souveraineté）以法條的形式限定在可以表達的事物範圍之內，是毫無道理的，因為法律權威的行使，也有賴於對公正（équité）的判斷。

此外，知性上對自由的根本需求，必須免於教唆、宣傳、與執念的影響。這些都是強迫的方法，屬於特殊的強迫，它們並不伴隨著恐懼或肉體的痛苦，但卻是同樣嚴重的暴力。現代技術為這種暴力提供了極為有效的工具。本質上，這種強迫是集體性的，而其犧牲者則是人類的靈魂。

國家若是使用這樣的工具，那當然有罪，除非是為了拯救公眾脫離緊急危難所需。但國家還應該進一步禁止使用此工具。例如廣告的內容，就必須受到法律嚴厲的限制；廣告量應該大規模的減少；國家也應該嚴格禁止廣告碰觸思想領域的主題。

同樣地，國家也可以對報紙、廣播節目，以及其他一切類似的媒體施壓，不只是因為眾人認可的道德原則受損的理由，更因為其談吐與思想之粗俗、品味的低劣與庸俗，會形成一種卑劣而腐敗的道德氛圍。這樣的壓力，對言論自由並不會造成絲毫傷害。比方說，就算一份報紙被查禁，編輯部的成員並不會因此失去權利，在投其所好的其他報紙上發表言論，或是在較不嚴重的情況下，一群人繼續在一起，換個名字發行同一份報紙。只不過，這份報紙將公開背負不名譽的記號，並冒著惡評持續的風險。言論自由只屬於、而且是有所保留的屬於記者，而不是報紙，因為只有記者才有形塑意見的能力。

一般而言，所有涉及表達自由的問題，都是越辯越明的，只要我們認定這種自由是一種知性的需求，而知性只存在於被當作個體考慮的人身上。知性的集體運作並不存在。故而，沒有任何群體可以正當地要求表達自由，因為任何群體對此都沒有絲毫需求。

正好相反，要保護思想的自由，就得讓法律禁止群體表達意見。因為當一個團體開始有意見了，它就會不可避免地將意見強加給底下的成員。遲早人們會發覺自己受到（嚴格的程度多少都不能算小，問題的數量多少都不能算少的）束縛，無法表達與團體相反的意見，除非離開那個團體。然而，與我們所屬的團體決裂，總是帶來痛苦，至少是情感上的痛苦。和風險一樣，痛苦的可能性對於行動來說，是必要而健康的因素，但是對於知性的運作而言，正是不健康的東西。恐懼，不論如何輕微，也會使人退怯或是僵化，全看此人的勇氣多寡，而只需輕微的恐懼就足以讓知性這部精準、極端精密又脆弱的儀器扭曲出錯。就連友誼對此都是種巨大的危險。因為只需要在表達思想之前，明言或暗示一個小小的「我們」，知性就被打敗了。當知性之光逐漸黯淡，不用多久，對善的愛也將煙消雲散。

直接又實際的辦法，就是取消政黨的存在。黨派之爭，誠如我們在第三共和時期所見，是無法饒恕的，因為一黨獨大，在黨派之爭裡是無法避免的結果，是極大化的惡。這使沒有政黨的公共生活，是唯一的可能。在二戰間，這樣的想法聽起來像是某種創新又大膽的東西。也罷，既然我們需要新玩意兒。但事實上，這不過是回到一七八九年的傳統。從一七八九年的眼光來看，甚至沒有其他的可能。十九世紀後半葉期間我們所經歷的那種公共生活，在一七八九年的他們眼裡簡直是一場夢魘──他們一定會感到不可思議，一個民意代表可以放棄（abdique）自己的尊嚴，只為了成為一個有紀律的黨員。

盧梭（Jean-Jacques Rousseau）老早清楚的指出，黨派鬥爭會自動殺死共和國，其影響他也早已預言。此刻正是推動閱讀《社會契約論》（*Du contrat social*）的好時機。的確，在當下，哪裡有政黨，哪裡的民主就死亡。大家都知道，英國的政黨有其傳統、精神與功能，很難找到足以匹敵者。大家也知道，美國最有競爭力的團體並不是政黨。一種民主，若是它的公共生活只靠政黨鬥爭來支撐，那麼這種民主，將無法制止一個以摧毀民主為目標的政黨出現。若是民主動用例外狀態的法律，民主便會將自己窒息而死。但若是它不這麼做，民主的安危將無異於一隻在蛇面前的鳥。

必須區分兩種團體（groupement），一種是利益團體，它們被允許擁有某種程度的組織與紀律，一種是觀念團體，應該嚴格禁止它們擁有組織與紀律。在當前的情況，讓人們自由結社是好事，以捍衛錢財之類的自身利益，並讓這些團體在非常狹窄的範圍內、在公權力常態性的監督下運作。但不能任由這些團體隨意碰觸觀念。思想活躍的團體與其說是團體，不如說是一個流動的階層。當一個行動被規畫出來後，沒有理由將計畫交給贊成的人之外的人執行。

例如，在工人運動中，這樣的區分便可終止一些錯亂和混淆。在戰前時期，所有的工人不停受到三種方向的撩撥與拉扯。首先是為了錢財而鬥爭；其次是大勢已去、但尚存活力的老派工會精神，他們也是帶著些許解放色彩（libertaire）的理想主義者；最後就是政黨了。在罷工的過程當中，受苦和抗爭的工人經常搞不清楚，這一切究竟是為了工資，或是因為老派工會精神的反撲，還是由於政黨主導的政治操作，其至連局外人也搞不清楚怎麼回事。

這樣的情況是無以為繼的。當戰爭爆發，法國工會差不多全完了，儘管有數以百萬計的會員，甚且正是他們斷了工會的生路。後來，因著抵抗敵人入侵的機會，長期麻木的工會才再次萌發了生機。但這無法證明工會從此有了生存能力。非常明顯，工會差不多被這兩種毒藥給殺害了，其中任何一個都是致命的。

工會若要生存，工人就不可能像在工廠裡按件計酬的工作那樣，對金錢斤斤計較。首先，因為滿腦子金錢的結果，一定是導致某種道德的死亡。再者，因為在當前的社會條件下，工會作為國家經濟命脈的一個持續發生作用的因素，將不可避免的被轉型成單一化、強制性、以科層化的方式存在的專業組織。工會就這樣成了一具屍體。

從另一面來說，同樣顯而易見的是，工會不應該和政黨走得太近。這裡有一種屬於力學定律的不可能性。同理，社會黨不應該和共產黨走得太近，因為，我們這麼說吧，後者的黨性（qualité de parti）比前者要高出太多了。

總之，對工資的執念強化了共產主義的影響，因為金錢的問題是如此活生生的牽涉到所有人，也讓所有人暴露在一種致命的無力感之中，以至於共產主義所擘畫的那種革命的、啟示錄的視野，成為求之不得的補償。假如資產階級不需要同樣的啟示錄，這是因為大量的數字有一種詩意、一種魅力，它能稍減金錢所帶來的無力感，但是當金錢只剩下零頭，他們就會被無力感完全吞噬。此外，無論如何，資產階級無分大小，都對法西斯主義感興趣這件事，證明他們也同樣的無力。

維琪政權為法國工人創造了單一化、強制性的專業組織。令人遺憾的是，它以現代的方式，給予這些組織「法人」（corporation）這個名字，但這個字事實上所指的是如此不同、又如此之美的東西。然而，幸好有這些死板的組織，承接了工會死板的那一部分活動。取消這些組織是危險的，最好是把為了謀生的金錢活動，以及工人的直接訴求，交由這些組織負責。至於政黨，就算所有的政治黨派在大體上自由的氛圍底下被徹底禁絕，也很難保證它們不會潛入地下活動。

在這種情況下，勞工工會若還真有僅存的一點火花，就應該一步一步地重新成為勞動者思想的表達窗口、勞動者榮譽的機構。法國工人運動向來有個傳統，認為自己對全人類負有責任，且工人在意一切關乎正義的事情——必要的話，也包括金錢的問題，但是金錢僅是偶一為之，並且是為了將人拖出悲慘的處境。當然，他們必須有能力以法定的方式影響各種職業團體。

或許只需進一步禁止各類職業團體發起罷工，並有條件地允許工會擁有這項權利，包括對連帶的風險負起責任、禁止任何脅迫、並保障經濟生活的延續。

至於鎖廠（lock-out）[9]，沒有理由不全面禁止。

觀念團體若是滿足以下兩種條件，便可以得到認可。其一，沒有開除團員這回事。可以透過任何方式自由招收成員，而成員毋須讚同任何明文規定的集體宣言，而且，成員一旦接納便不得開除，除非他犯下有辱榮譽的錯誤或滲透的罪行。因為這樣的罪行通常會涉及不法的組織，所以本來就該面對更為嚴厲的懲罰。

這裡面有一套真正能夠保障公共安全的標準，因為經驗表明，極權國家是由極權政黨建立起來的，而集權政黨正是透過排除思想犯罪（délit d'opinion）來締造的。

另一個條件是觀念必須真的能夠流通，以小冊子、刊物或大字報的形式具體可見的流通，讓一般層面（ordre général）的問題在其中被深入討論。意見過度一致，會令一個團體顯得可疑。

此外，所有的觀念團體都應被允許以他們認為合適的方式行事，但條件是不可觸犯法律，

9 譯註：相對於罷工是勞工藉由集體停止工作來爭取權利，鎖廠則是資方為了抵制勞工而休業。

也不可以任何紀律要求脅迫其成員。

至於利益團體，對它的監督必須以一個區分為準：因為「利益」（intérêt）這個詞有時候表達的是需求，但有時候完全是另一回事。假如是一個貧窮的工人，利益代表的就是食物、住處和暖器。但對於一個老闆而言，就完全是另一回事。如果說的是「利益」這個詞的第一層意思，公權力該展開的行動，無疑是去增進、支持、確保這些利益的維護。若與此相反，利益團體的活動就應該受到持續地監控、限制，並在必要時受到公權力的壓制。不用說，最嚴厲的限制和最痛苦的懲罰，本來最適合最有權力的人。

我們所謂的結社自由，其實只不過是各種社會團體所享有的自由。然而社會團體需要的不是自由，因為團體是工具，他們應該是僕人。自由只屬於人類。

至於思想自由，當我們說沒有思想自由就沒有思想，我們大體上說得沒錯。但更正確的說法是：當思想不存在，思想也不再自由。過去幾年之間思想自由得多，卻沒有思想。這情況有點像一個孩童，分明眼前沒肉，卻要鹽來灑一灑。

安全

安全是靈魂的一項根本需求。安全意謂著，除了某些意外且罕見而短暫的狀況影響之外，靈魂不受懼怕或恐怖的重壓。靈魂若是長久地處於懼怕或恐怖的狀態，那就會像致命的毒藥一樣，無論原因是失業的可能性、警察的鎮壓、外來征服者的逼近、等待可能降臨的入侵，或是其他任何超過人類的負荷能力的不幸。

羅馬的奴隸主會把一根鞭子掛在前廳奴隸看得到的地方，因為他知道，這幅景象會使靈魂處於半死不活的狀態，這對奴役制度而言不可或缺。另一方面，根據埃及人的說法，一個正義的靈魂，必須能夠在死後說：「我不曾令人恐懼過[10]。」

即使持續的恐懼只處於潛伏的狀態，只是令人感到一陣一陣的痛苦，它仍是一種疾病。這是一種靈魂的半癱瘓狀態。

風險

風險是靈魂的一項根本需求。缺乏風險會引發一種無力感，和恐懼一樣令人癱瘓，兩者雖不盡相同，卻程度相當。還有一些情況會導致一種缺乏明確風險的模糊焦慮，讓兩種疾病同時傳開。

風險是一種足以刺激思考反應的危險。也就是說，風險不會超過靈魂的承受能力，直到恐

10 全集註：引自〈無辜者宣告〉（Déclaration d'innocence）或〈反向宣信〉（Confession négative），《埃及亡靈書》。

懼粉碎靈魂。在某些情況下，它會限制部分的活動；在另一些情況下，當一項明確的義務促使人面對風險，風險就會具有最強烈的刺激性。

人類為了免於懼怕和恐怖的保護機制，並不意味著將風險的作廢；相反地，它意味著在社會生活的所有面向中，永遠存在著一定量的風險，因為風險的缺乏會令勇氣衰退，會讓靈魂在必要的時候，沒有絲毫對抗恐懼的內在保護能力。只不過，風險的存在必須有些條件，使其不會轉化為宿命的感覺。

私有財產

私有財產是靈魂的一項生存需求。當靈魂置身於缺乏某些物件，像是身體某部分之延伸一般的環境，靈魂就會感到頓失依靠，不知所措。所有人都不可免，會傾向於透過思考，去占有他為了工作、娛樂或生活所需，長久並持續使用的那些東西。比方一位園丁，在工作了一陣子之後，便覺得花園是他的。不過，一旦擁有的感受與法律上的財產不一致，人就會感到一種被剝奪的痛苦，並持續地威脅著他。

如果私有財產被認定是一種需求，就代表所有人都能夠擁有日常消費品以外的東西。這種需求的模式會因為環境而有很大的差異。但較好的情況是，大部分的人都能擁有自己的房子，以及房子周圍的一小塊面積，並在技術上許可的狀況下，擁有他的生產工具。土地和牲畜就是農民所擁有的生產工具。

私有財產的原則受到侵害的情況是，當農場裡的農夫和幫傭是為某個領主而工作，而他們所耕作的土地為市民所有，從土地收穫的利益供市民享用。這使得所有與這片土地相關的人，沒有人不以某種方式，成了這片土地的陌生人。土地被浪費了，不是以麥子的角度，而是以土地能夠滿足所有權的角度而言。

這種極端的情況，和另一種極為有限的、農民一家人在自己的土地上耕作的情況，在兩者之間存在著中間地帶，在這些狀態中，人對擁有的需求或多或少沒有被承認。

公有財產

分享集體利益所分享的不只是物質享受，而是一種擁有的感受，這種需求也同樣重要。這裡牽涉到的，與其說是一種法律上的支配權，不如說是一種精神狀態。在真正有公民生活的地方，每個人都會感覺自己擁有名勝古蹟、花園、慶典的輝煌展示，而這份所有人都渴望的奢侈，甚至連最貧窮的人都有分。然而，不只是國家應該提供這樣的滿足，任何類型的群體都應如此。

對於這種財產的需求來說，一座大型現代工廠是一種浪費。無論是工人、受雇於董事會的管理者、連工廠都沒見過的董事會成員、壓根忽視工廠存在的股東們，都無法從這座工廠裡為這種需求找到一丁點滿足感。

當交換和獲利的模式，造成物質和道德上的資源浪費，就該對這些模式加以改造了。原本在財產和金錢之間，沒有任何自然的聯繫。今天所建立的聯繫，只是這個體制把一切可能的動力，全數集中在金錢上的結果。這是個病態的體制，我們必須將它反向拆解。衡量財產真正的標準是，它越真實就越正當。或者更準確地說，有關財產的法律，當它越是能夠從這個世界上的各種利益裡，提煉出封藏其中的可能性，以滿足所有人對財產的共同需求，它就越完善。

因此，當今的獲利和占有的模式，必須以財產原則之名被改造。任何一種擁有的方式，若是滿足不了任何人對於私人或集體財產的需求，我們便可以合理的視之為毫無價值。

這並不代表我們必須把財產讓渡給國家，而是要試著讓財產成為名符其實的財產。

真理

對於真理（vérité）的需求，是所有需求中最神聖的，然而卻沒有人提起過它。當我們知道，就連在最知名的作家著作中，也可能陳列了多少又多嚴重的錯誤資料，會使我們連閱讀都會害怕，此後，我們閱讀時會像在一口有問題的井邊喝水一樣。

有的人白天工作了八小時，晚上還為了自我學習而用功地閱讀。他們無法抽身到大圖書館去進行查核，因此他們相信書上說的話。我們沒有權利給他們餵養錯誤。作家辯稱自己的立意良善，又有什麼意義呢？作家不必付出一天八小時的體力勞動。社會供養他們，讓他們有足夠的閒暇、竭盡全力避免一切錯誤。一個曾經引起出軌的鐵道工，再怎麼辯稱他立意良善，也很難為人所接受。

我們更有理由主張，容許那些眾所周知，容忍撰稿人若是不偶爾配合一下、刻意歪曲真相（vérité）便無法待在那裡的報紙繼續存在，是一件可恥的事。

公眾不信任報紙，但是他們的不信任保護不了他們。他們大致清楚一份報紙裡面有真相也有假象，但他們只是把新聞報導隨意地、按照自己喜好地分成這兩個類別。公眾就這樣把自己交給了錯誤。

眾所皆知，當新聞和編造謊言混為一談，這就構成犯罪。但大家都覺得這是一種無法懲罰的罪。究竟是什麼阻止我們去懲罰一項大家所公認的罪行呢？這種莫名的、無法懲罰之罪的概念是從哪裡來的呢？這是司法精神最畸形的扭曲之一。

我們難道不正是應該趁這個時侯，主張所有被判定為罪的就該受罰，並且一旦狀況發生，決心懲罰所有的罪？

一些有益於公眾身心健康的基本措施，可以保護人民免於受違背真理的傷害。

首先是必須要有一個為了保護這項權益、由特別法庭組成的機構，由聲譽卓著、有此專長的人選擔任法官。他們的任務是公開譴責一切可以避免的錯誤，並將累犯送進監牢服刑，一經證明為惡意詐欺者，則加重刑罰。

舉個例子，有個古希臘的愛好者，在馬里旦（Jacques Maritain）[11]的新書裡讀到：「最偉大的古代思想家從沒想過為奴隸制定罪[12]。」他因此要求法庭傳喚馬里旦。他會帶著流傳至今最重要的、關於奴隸制度的文本，亞里斯多德的一篇文章進入法庭。他會讓法官讀這話：「有些人斷言，奴隸制度是絕對違反自然和理性的[13]。」他會當著法官的面證明，沒有任何理由假設這裡所謂的「有些人」，不在最偉大的古代思想家之列。法庭會指控馬里旦儘管不難避免，但還是散播虛假的言論，儘管並非出於自願，卻還是構成了對於整個文明的惡意中傷。於是，所有日報、週刊和其他報紙，所有雜誌和廣播電臺，都有義務報導法庭的指控給大眾知道，必要時也報導馬里旦的回應。而在這個明確的案例中，馬里旦很難有能什麼回應。

《葛林果》[14]全文刊登據說是一位西班牙無政府主義者，在一場巴黎集會上所發表的演說，但事實上當事人在會議前的最後一刻，都還無法離開西班牙，這時候，這樣的法庭就派上用場了。這個案例裡的惡意，比二乘二等於四還要明顯，坐牢服刑恐怕也不是太嚴重。

這樣的體制應該允許任何人，只要在一篇公開發表的文章、或電臺的一個節目裡，發現一個本應可以避免的錯誤，就能夠向這樣的法庭提出控訴。

第二項措施是，應該一律禁止電臺或每天發行的報紙，進行任何種類的宣傳。我們只容許這兩種工具提供不偏袒特定立場的訊息。

上面所討論的法庭正是為了監督訊息是否公正。對於這些訊息生產中心，法庭應該審理的不只是錯誤的主張，還包括故意的省略和別有用心的遺漏。

流通思想的階層，若是有意要讓這些想法廣為人知的話，他們只應有辦週報、半月刊或月刊的權利。如果他們要引發的是思想，而不是愚昧的話，他們不需要博取更高的曝光率。

這些法庭也同樣透過監督，對於這些媒體提出確切的具有公信力的糾正，一旦歪曲事實的狀況太過頻繁，它有權撤銷這家媒體。不過，編輯群也可以換個招牌重出江湖。

11 校註：馬里旦（1882～1973），法國基督教思想家，是二十世紀阿奎納（Thomas Aquinas）哲學的代表人物，他對於《世界人權宣言》（*La déclaration universelle des droits de l'homme*）的起草有不小的影響，並於七〇年代影響了拉丁美洲的解放神學運動。韋伊這篇作品部分可視為是對馬里旦的回應。

12 全集註：雅克．馬里旦（Jacques Maritain）《人權與自然法》（*Les Droits de l'homme et la loi naturelle*），紐約，法國之家（Maison française）出版社，文明文庫，一九四二。

13 全集註：見亞里斯多德，《政治學》，I, 6, 1255。

14 全集註：*Gringoire*，發行於兩次大戰之間的一份法國右派周刊。

這一切都不會對公共的自由造成一丁點的損傷。它只為人類靈魂最神聖的需求帶來滿足，也就是免於錯誤與蒙蔽的需求。

但是，由誰來保證法官的公正性呢？一定會有人這樣反駁。除了他們自身的獨立自主之外，唯一的保障是，他們必須出生自非常不同的社會階層，他們當然也必須具備一種寬廣、透徹和清晰的知性，他們還必須受過訓練，在學校裡接受不單是法律教育，最重要的是精神性的教育，其次才是知識性的教育。他們必須習於熱愛真理。

如果我們找不到這樣一群熱愛真理的人，要滿足人民對於真理的需求絕無可能。

第二部

拔根

扎根或許是人類靈魂最重要、亦最為人所忽視的需求，這是最難以定義的需求之一。一個人有根，是透過真實、活躍且自然地參與某個集體的存在，這一集體活生生地保存著某些過去的寶藏和未來的預感。自然地參與，意即由地點、出生、職業、周遭的環境所自動引發的參與。每個人都需要擁有多重的根。每個人都需要透過他生來即為一分子的社會環境作為中介，以幾近全面地接納他自己的道德、知識和精神生活。

各種極為不同的社會環境間之影響的相互交流，和在自然環境裡的扎根相較，同樣不可或缺。可是一個特定的社會環境在接納一種外來影響時，不應該將它視作一種供給，而要視作一種可使生命本身更富張力的刺激。社會環境只有先消化這些外來供給後，才能從中汲取養份，而身為組成此一環境的個體們，亦只能經由社會環境來接收這些外來供給。當一位具有真正才華的畫家的作品進入博物館，他的獨創性也會因此受到肯定。對地球上各式各樣的族群和不同類型的社會階層而言，也應是同樣的道理。

每當有軍事征服，就會出現拔根的情況，在這個意義上，征服幾乎總是一種罪惡。當征服者在他所征服的土地上定居、成為移民，和當地人民通婚並且生根，便已是最低限度的拔根。這就是希臘的希倫人[1]、高盧的賽爾特人、西班牙的摩爾人的例子。可是當征服者變成這塊領土的占有者、同時卻依然是這裡的異鄉人，那麼對於屈服的人民而言，拔根就是一個幾近致命的疾病。當有大規模的流放出現時，一如在德國占領時期的歐洲或在尼日灣[2]，或者是當地方傳統風俗被粗暴地消滅時，一如在大洋洲上的法國領地（如果我們相信高更〔Paul Gauguin〕和亞藍．傑爾博〔Alain Gerbault〕[3]的說法），拔根的狀態便會達到最尖銳的程度。

即便沒有軍事征服，金錢權力和經濟支配仍然可以強加一種外來影響，及至引發拔根的疾病。

最後，一個國家內部的社會關係也同樣能成為導致拔根的極危險因素。如今，在我們土地上的一些地區，姑且不論征服，就已有兩種毒藥能使這一疾病傳染開來，其中之一便是金錢。金錢無論滲透何處，都能毀遍那裡的根，並以賺錢的欲望取代所有的動機。金錢不費吹灰之力就能使這欲望凌駕於其他動機之上，因為不需要多大努力，人們就會對此多加注意。沒有什麼能如同數字一樣這般簡單、這般明瞭的了。

1　譯註：希倫人（Hellènes）為希臘人的統稱。相傳希倫人是希臘神話中盜火者普羅米修斯的孫子希倫（Hellen）的後代，藉以連結起四個希臘民族：阿開亞（Achaean）、伊奧尼亞（Ionian）、愛奧里斯（Aeolian）和多利安（Dorian）人，他們先後自北方南下入侵，繼而建立起希臘文明。在此之前並無希臘的統稱，而是以各地區不同部落的名號來稱呼。

2　譯註：尼日灣，西非最大河流尼日河南端地區的總稱，因其地理位置和豐沃土壤而成為兵家必爭之地。而在一八九〇年到一九〇四年之間，更有英法德三國對此地的領域爭奪與劃分。

3　譯註：亞藍．傑爾博（1893～1941），法國航海家，也曾在第一次世界大戰時擔任飛行員，一九一〇年到一九三二年之間為網球選手。後定居於南太平洋群島，並撰寫與當地生活和文化相關的著作。

工人的拔根

有一種徹底而恆常地使人依賴於金錢的社會狀況，就是薪資，尤其是自從論件計酬的薪資迫使每個工人不得不一直把注意力集中在錢的帳目上後。拔根的疾病就是在這種社會狀況下變得最為激烈。貝賀納諾斯（Georges Bernanos）[4]曾寫過，我們的工人甚至不像福特先生（Henry Ford）[5]的工人一樣是外來移民。我們時代主要的社會困難來自於這樣一個事實，即他們在某個意義上就是【移民】。儘管地理上仍待在原地，但他們在道德上其實已經被拔根、被流放而又被重新接納，彷彿是做為能工作的肉體被容忍一般。失業，很顯然地，是次強的拔根。他們不論是在工廠裡、在他們的家裡、在那些自稱為他們做事的黨派和工會裡、在娛樂場所裡、甚至在知識文化裡，都無法感到是自己屬於其中，就算是他們試圖與之同化。

因為第二個造成拔根的因素是今日所認定的那種教育。文藝復興當時在各地引發了有教養的階層和一般大眾之間的鴻溝，不過，將文化自民族傳統分離出來的同時，至少它也將文化伸入希臘傳統之中。此後，不但未能重新建立起和民族傳統的聯繫，就連希臘傳統也被遺忘。結果就是導致出這種文化，它在一個非常受限、與世界分離的環境裡發展，在一種密閉的氣氛裡發展，這一文化在極大程度上傾向技術並受其影響，極富實用主義色彩，也因專業化而極端破碎，完全缺乏和這一世界的聯繫，以及對另一世界的開放。

在我們這個時代，一個人可以歸屬於某些所謂有教養的階層，卻同時一方面對人類命運毫無概念，另一方面也不知道，舉例而言，並非四季皆能看到所有的星座。人們通常會認為，今天一個鄉下小孩、小學生，關於這方面的所知要比畢達哥拉斯（Pythagoras）還多，因為孩子會順從地重複背誦，「地球繞著太陽轉」。但是，事實上，孩子已不再看星空了。人們在課堂上對孩子說的這顆太陽，對他而言，和他看到的那顆毫無關聯。人們拔除了圍繞於他的世界，就像人們強迫玻里尼西亞小孩一再複誦：「我們的祖先高盧人有一頭金髮。」以拔除他們過去的歷史一般。

如今我們所說的教育大眾，就是在掌握這麼一種現代文化。這一文化是在如此封閉、如此腐敗、對真理如此漠視的環境裡制定而來，並且剝奪了所有它本可具有的純然珍貴事物，這一操作過程，我們稱之為普及化，把殘渣塞進那些想要學習的不幸者的記憶之中，就像是在一口一口地餵小鳥般。

此外，為學而學的想望以及對真理的渴求，已變得非常稀少。文化的威信已變得幾近專屬社會的性質，一如一個農夫會希望有個當老師的兒子，或是老師希望有個念師範大學的兒子，

4　譯註：喬治．貝賀納諾斯（1888～1948），法國作家，曾參與過一戰，小說多描述善惡之戰，並經常透過天主教神父的角色來探討靈魂的課題。

5　譯註：亨利福特（1863～1947），美國汽車工程師與企業家，創立福特汽車公司。

而同樣地，在社交名流的圈子裡，人們會去奉承有名聲的學者和作家。考試帶給學校青少年的精神壓力，就等同於工資對那些論件計酬的工人的強迫糾纏。當一個農夫在耕田之際，卻一邊想著，如果自己是名農夫，那是因為他不夠聰明成為一位老師，那麼這個社會體系便已病入膏肓。

一些混淆不清、多多少少被錯誤認知的思想雜匯，被冠以馬克思主義（Marxismus）之名，在馬克思（Karl Marx）之後，僅剩中產階級的知識分子繼續使用，這個思想雜匯帶給工人的，也是一種完全陌生、無法吸收的東西，而且此外，這一雜匯本身也缺乏營養價值，因為人們幾乎掏空了馬克思著作裡的所有真理。人們有時還在裡面添加了品質更為低劣的科學式普及化。這一切只會致使工人的拔根狀態達到無以復加的地步。

拔根遠比人類社會裡最危險的疾病都還要危險，因為它會自我增殖。被確實拔根的人幾乎只有兩種可能的行為：他們會落入一種無異於死亡的靈魂惰性，就好比羅馬帝國時期大部分的奴隸一樣；或者他們會投入一種總是試圖要拔根的行動，通常是以最暴力的方法，針對那些還未被拔根、或只有被部分拔根的人。

羅馬人曾經是指，在城邦裡人為特意聚集起來的一群逃亡者，他們剝奪了地中海人民獨有的生活、故土、傳統、過往，以致於後世社會根據羅馬人的說法而以為羅馬人是這片土地上文明的創建者。希伯來人曾是逃亡的奴隸，但是他們對巴勒斯坦的人民不是趕盡殺絕，就是迫使他們淪為奴隸。德國人，當他們受希特勒控制時，正如他不斷對他們重複說的，他們的確是無產的民族，意即，被拔根的民族。一九一八年的恥辱、通貨膨脹、過度工業化，尤其是極為嚴重的失業危機，這些在在導致他們染上道德疾病，其程度之劇烈，致使他們對自己的行為不負任何責任。從十六世紀起，屠殺與奴役許多有色人種的西班牙人和英國人，他們是冒險家，幾乎不和自己國家的內部生活保持聯繫。法蘭西帝國的一部分也是相同的狀況，更別說帝國還是在法蘭西傳統的生命力衰落的時期所建立的。被拔根的，便要拔別人的根；扎根的便不會拔別人的根。

同樣是以革命為名義，且通常是以秩序的詞語和與宣傳相同的主題，掩蓋兩種截然對立的概念。一個是改造社會，為了讓工人可以在其中擁有自己的根；另一個則是將工人所蒙受的拔根疾病擴展到整個社會。我們絕不應該說或猜想，第二種操作過程可以做為第一種的前兆，這是錯誤的想法。這是兩個對立而不會有交集的方向。

在二戰間，第二種概念較第一種更常見得許多，無論是在工會的活躍分子還是工人群眾間皆是如此。不言自明，隨著拔根狀態的延長且蹂躪加劇，第二種概念越來越力求能占上風。不難理解，隨著時間推移，這種惡疾將變得無以治癒。

在保守派這邊，有個模稜兩可的相似性。少數人真心希望工人重新扎根，只是他們的願望伴隨著一些意象，其中大部分都無關乎未來，而是借自過去，並且是部分虛構的過去。而其他人則僅是單純地希望維持或加重無產者被迫身處的物質困境。

因此，那些真心希望良善的人，人數已經不多，其力量還因分散於兩個敵對且毫無共同點的陣營裡而被削弱。

法國的潰敗，儘管震驚四方，卻也只是表明了這個國家拔根到了什麼程度。一棵樹的根要是完全腐爛，只要一擊便會倒下。如果法國表現出比其他任何歐洲國家都要更加痛苦的景象，那是因為現代文明和其毒素在法國比在其他地方都要更早出現，僅有德國例外。可是在德國，拔根的形式是侵略性，而在法國，它的形式則是痲木與驚愕。造成這一差異的原因多少是隱而不顯的，但是，倘若我們去找，大概，還是能從中找出某些原因。相反地，面臨第一波德國恐怖浪潮後仍然能遠遠屹立不搖的國家，便是能將傳統保存得最好、最有活力的國家，也就是英國。

在法國，無產階級處境的拔根令大部分的工人陷入一種痲痺呆滯的狀態裡，也使得另一部分工人投入一種向社會開戰的態度。同樣的金錢，不只在工人的世界裡粗暴地切斷了他們的根，也在資產階級的世界裡侵蝕他們的根，因為錢財是世界性的。尤其是從一九三六年開始，因為對工人的恐懼與憎恨，遠遠超過了本可維持完整不變的對國家微弱的依戀。農夫也是，自從一九一四年的戰爭之後，差不多都已被拔根了，他們灰心喪志，因在戰爭中擔任砲灰的角色、因為他們的生活總是受到權力越來越大的金錢所支配，以及因為太常接觸到城市的腐敗而挫敗。至於智性，已幾近熄滅。

這一全國普遍的疾病採取一種昏睡的形式，唯有如此才能阻止內戰的發生。法國怨恨戰爭，因為它會威脅到人們昏睡。法國在一九四〇年五月和六月遭到的可怕襲擊的痛擊，隨後便轉身投入貝當（Henri Philippe Pétain）[6]的懷抱，好繼續在一個貌似安全的狀況下繼續昏睡。自此，敵人的壓迫將這昏睡轉變成一個如此痛苦的惡夢，痛苦到讓法國焦躁狂亂、惶惶不安地等待外來救援能將它從惡夢中喚醒。

在戰爭的效應下，拔根的病在全歐洲都如此尖銳，以致於人們完全可以合理地對此感到恐懼。唯一還能給人些許希望的跡象就是，苦難使不久前幾乎要死去的回憶，恢復了某種程度的生命，例如法國關於一七八九年的回憶。

至於在東方國家，幾個世紀以來，尤其是近五十年來，白人讓他們承受了痛苦的拔根疾病，日本便充分地表現了，這種疾病的積極形式在他們的土地上肆虐得多麼劇烈。印度支那則是消極形式的例子。印度，那裡固然仍存在著活躍的傳統，但也已經受到足夠的傳染，以致於讓那些公然以傳統之名高談闊論的人，也夢想在他們的土地上建立一個西方式的現代國家。中國非常神祕莫測。俄國，向來一半歐洲、一半東方，也是一樣。我們無法知道，好比對德國人

6 譯註：貝當（1856～1951），法國維琪（Vichy）政府時期的總理。曾於世界第一次大戰時擔任法軍總司令，帶領法國與德國對戰，而被視為民族英雄。一九四〇年擔任法國總理時，向入侵的德國投降，將政府搬遷維希，成為德國的傀儡。

而言，那使國家榮耀加身的力量，是否來自於一種主動的拔根？這是過去這二十五年的歷史首先會讓人相信的；還是說，力量特別關於人民深層的內在生命，而這是出自於數個世代的深處，並且依舊隱密，幾乎完好無損的深層內在。

至於在美洲，一如它的人口組成，幾個世紀以來，首先就是由移民所建構而成，拔根疾病極有可能發揮的主要影響，從而大大地加重其危害。

在這個近乎絕望的處境之下，我們在此世能求助的對象，只有那些在地球表面上仍保有活生生的過去的小島。這並不是說我們要贊同墨索里尼（Benito Mussolini）對羅馬帝國的大吹大擂，並試圖用同樣的方式端出路易十四。征服本無生命，當它發生的同時，就是死亡。要小心翼翼呵護保存的，是那些點點滴滴的活生生的過去，無論何處，不分巴黎或大溪地，因為在全球也所剩無幾。

只為了思考未來就迴避過去，這麼做終將徒勞。相信有此可能，這本身便是一種危險的幻覺。將未來與過去對立是荒謬的。未來不為我們帶來任何東西，不給我們任何東西，相對的，是我們為了要建造未來，必須給未來一切、給未來我們的生命本身。但是若要給予就必須先擁有，而我們並不擁有別種生命、別種活力，我們所擁有的就是從過去繼承而來並經由我們消化、吸收、重新創造的寶藏。在人類靈魂的需求裡，沒有什麼能比過去更必不可少。

對過去的愛和反動的政治方向一點關係也沒有。就如同所有的人類活動，革命從傳統中汲取它所有的活力。馬克思對此深有體會，當他將階級抗爭視作歷史闡釋的獨有原則時，他堅持要追溯此一傳統上至最遠的年代。在本世紀初，歐洲還不太有什麼運動能像法國工會運動那樣接近中世紀，這是在我們國家獨一無二的行會精神寫照。工會運動微弱的殘留，全是最極須吹旺的星星之火。

過去幾個世紀以來，無論是在國內還是國外，白種人愚蠢、盲目地四處毀壞過去。如果某些方面在這段期間裡，還是有真正的進步，那並非由於這場狂暴，而是儘管毀壞四處發生，真正的進步依然在生命尚存的少量過去的推動下發生。

摧毀的過去便永不再現，因此摧毀過去恐怕是最嚴重的罪行。今天，保存少數還存在的事物應該已近乎變成一種固執的想法。必須要阻止由歐洲殖民所一直製造出來的可怕拔根，就算其發生的形式較不這麼殘忍也要阻止。勝利之後，必須避免以更進一步的拔根來懲罰戰敗的敵人，因為一旦殲滅敵人不再可能也不再可欲，那加劇敵人的瘋狂就會是比敵人還瘋。此外，也必須在一切易於激起社會反應的政治、司法或技術的革新中，首先重視利於人類重新扎根的安排。

這並不意味要圈限社會。正好相反，流通從未如此不可或缺。扎根和接觸的增加彼此互補。例如，如果只要技術條件許可——而只需在這一方面付出稍微的努力，就能有極大的回饋——就讓散居四處的工人們，每人擁有一棟房子、一塊土地和一臺機器；又如果，反之，我們為年輕人恢復過去的周遊法國[7]，並依需求，將規模拓展至世界；如果工人們能常有機會在裝配工廠實習，他們製造的零件會在那裡和其他零件組裝，或者是，有機會去幫忙培訓學徒，再加上工資方面的有效保障，無產者的不幸處境就會消失。

我們不能用司法的手段去破壞無產者的生活條件，無論它牽涉到的是重要產業的國有化、財產私有制的廢除，還是為了達成勞資協議而授予工會權力、工廠代表，或是對僱佣的管制。所有人們提議的做法，不管它們被貼上的是革命或改革的標籤，都純粹是屬於法律制度的，而工人的不幸及其解藥並不在於法律層面。如果馬克思對他自己的思想誠實，那麼這點他是最清楚的，因為他已在《資本論》(*Das Kapital*) 裡最好的篇章闡述其真知灼見。

我們不能在工人的請願裡尋找治療不幸的藥方。當他們的肉體與靈魂（包括想像）都深陷於不幸之中，他們要如何想像任何不帶不幸印記的事物？如果他們為了擺脫這種處境而採取暴力，他們便會落入啟示錄般的夢想中，或者是在一種工人帝國主義裡面尋找補償，而這並不比民族帝國主義更值得鼓勵。

我們可在工人的請願裡尋找的是他們受苦難的徵兆。既然這些請願表達了所有或幾乎所有的拔根苦難。如果他們想要僱佣管制和國有化，那是因為他們受到完全拔根與失業的恐懼所糾纏。如果他們想要廢除私有財產制，那是因為他們已經受夠了像是被恩准入境的移民一樣，被允許進入工廠。他們於一九三六年六月[8]占領工廠的心理動力便來自於此。有那麼幾天，他們感受到一種純粹的、不含一絲雜質的喜悅，那種身處同樣場所卻如在家中的喜悅，一種不願去想明日的孩童喜悅。但卻無人能夠理性地相信明日會更好。

源自【法國】大革命的工人運動本質上是一種吶喊，與其說是反抗的吶喊，更多的是抗議的吶喊，抗議所有被壓迫者苛刻艱難的遭遇。相對於我們對一個集體運動所能寄望的，在這裡有更多的純粹性。工人運動於一九一四年結束，此後剩下的，只是一些回響，周遭社會的毒藥甚至敗壞了不幸的意義。人們必須要力圖重新找回傳統，可是卻不知道要盼望工人運動復甦。痛苦地吶喊，其聲調可以如此之美，我們卻希望不要再聽到，更人道的是，盼望痛苦可以得治癒。

工人們的痛苦羅列而成的具體清單，可以提供有待改善的項目。首先必須要消除那些十二、三歲就從學校離開、進入工廠工作的小男孩們所遭受的打擊。倘若這一打擊沒有留下一生都會作痛的傷口，有些工人反倒還會覺得走運。然而他們自己不知道的是，他們的苦難來自過往。在學校的孩子，無論是好學生或壞學生，都曾經是存在受到認可的生命，人們試著要幫助其發展的生命，為他們的內心喚來美好的情感。但日復一日，他在工廠裡變成一臺機器的附屬，甚至還不如一個物件，而人們卻一點也不擔憂他受最卑劣的動機所驅使而服從，只要他服

7 譯註：周遊法國（Tour de France），法國中古世紀的工藝學徒傳統，徒步行走法國，四處學藝、增廣見聞，以精進其技藝。然鐵路興起之後，此作法逐漸式微。同一名稱另有其意，指環法自行車賽。

8 譯註：指一九三六年法國全國大罷工事件。

從就好。大部分的工人，至少在他們生命的這一時刻，都有這種不再存在的感受，且伴隨一種內在的暈眩，而那些知識分子或中產階級，即便是身處於最大的苦難之中，也罕有機會認識到這種感受。這最初的打擊，來得如此之早，通常會留下難以磨滅的印記，會使得對工作的愛蕩然無存。

必須要改變工作時的專注狀態、促使他們去克服懶惰或疲憊的刺激之性質（今天這些刺激不外乎是恐懼和金錢）、服從的性質、對勞工的主動性、靈巧技能與反思的過低要求、讓他們以思考和情感去參與企業的整體工作之不可能、工人對於他們所製造物品的價值與社會功能和用途一無所知、工作生活和家庭生活完全分開。這張清單可以繼續列下去。

暫且不談改革的欲望，有三種因素在生產體制裡發揮作用：技術、經濟、軍事。今天，軍事因素在生產中的重要性，對應於在戰爭領導下的生產之重要性。換句話說，生產極為重要。

從軍事的觀點來看，將數千名工人塞進巨大的工業苦役營，而其中又認為夠格勝任的工人卻少之又少，這是雙重荒謬。當前軍事狀況所需要的，一方面是分散工業生產，另一方面則是最大多數的工人應是在太平時期即成為訓練有素的專業人員，而一旦有國際危機或戰爭發生時，在他們的指揮之下，人們可以立即組織大批的女人、年輕男孩、成年男子投入生產，以便立刻擴大生產規模。英國戰爭時期的生產力癱瘓如此之久，除了歸咎於缺少訓練有素的工人之外，沒有其他更好的原因。

但是既然我們無法將機器交由極為優良的專業人員來操作，那麼就應該取消這樣的操作項目，除非是為了戰爭的特殊狀況。

軍事需求和人類最美好的憧憬應該彼此相符，而非互相衝突，然而這樣的情況是如此罕見。從技術觀點來看，電力形式輸送能量的相對便利性，確實在很大程度上能實現去中心化（décentralisation）。

至於機器，它們並非改變生產體制的要點，可是，我們從目前正在使用的可控自動機器所發現的種種跡象來看，機器大概極有可能會導致最後還是要以付出勞力為代價來達成，即便我們努力嘗試。

普遍而言，比所有收束於社會主義標籤底下的措施還要具有重大影響的社會改革，應該是技術研究的概念本身之變革。直至目前為止，我們從未想像過，一位忙於新型機器之技術研究的工程師，能不以雙重目標來作為開發的考量：一方面為要求他進行研究的企業提高收益，另一方面則為消費者的權益服務。因為在同樣的情況下，當我們說到生產的利益時，說的是更多、更便宜的生產，也就是說，這些利益其實是消費的利益。我們不停地代換這兩個詞彙的使用。

至於那些將自己的勞力付出給這臺機器的工人，卻沒人考慮到他們。甚至沒有人想到這樣的考慮是可能的。人們頂多就是時不時地預先準備一些無關痛癢的安全裝置，儘管事實上，切斷手指以及工廠樓梯日日沾染鮮血的事如此頻繁發生。

然而，這微不足道的關懷卻是目前僅有的。人們沒有考慮到工人在精神上的舒適，因為這需要太大的想像力，人們甚至沒有考慮到不要傷害他們的肉體。否則，或許人們原本可以為礦工找到別種工具，而非可怕的氣壓風鎬——因為這種工具會一連八小時毫不間斷地激烈震動，礦工們卻得緊緊抓牢它。

人們也沒想過要思考，新機器在增加資方的固定資產和生產之僵化的同時，否加重了普遍的失業危險。

經過抗爭而得來的調高工資和減輕約束，於工人又有何用？假如於此同時，某些研究機構的工程師，在無任何惡意之下，發明出一些耗盡他們身心或加劇經濟困難的機器呢？而如果這些研究機構的精神並無改變，那麼經濟的局部或全面國有化，於他們又有何用？而直到今日，如同我們所知，已國有化的部分沒有什麼改變。就連蘇維埃的宣傳也從未聲稱俄國找到全新型態的機器，配得上某個無產階級的專政者來使用。

然而，如果說馬克思的研究以不可反駁的力量表現出某種確定，那是因為，如果階級關係裡的改變，沒有伴隨一種技術的、自新機器凝聚而來的變革，那麼這個改變想必仍是一種純粹的幻影。

從工人的觀點來看，一臺機器需要具備三種優點。首先，操控它時，既不會使肌肉、神經或任一器官衰竭——同樣地，也不會切斷或撕裂肉體，除了非常例外的狀況。

其次，就普遍的失業危險而言，全體的生產機器，應該要盡可能地靈活有彈性，以順應需求的變動。因此，同一臺機器應該要具備多重功能，盡可能多樣變化，甚至是在未定的程度。這也是軍事上的需要，以便能夠盡可能輕易地從和平狀態過渡到戰爭狀態。同時，多樣變化是一項有利於從工作中獲得愉悅的因素，因為這有助於避免工人非常畏懼的一成不變，以及由此而生的厭惡。

第三，在正常情況下，它應該與合格專業人員的工作相符。這點同樣是軍事上的需要，再者，這對於工人的尊嚴和精神安頓也不可或缺。一個幾乎完全由優良的專業人員所組成的工人階級便不是無產階級。

自動、可控、具有多重功能之機器的巨大發展，將能在很大程度上滿足這些需求。在此領域裡已可見一些最初的成果，可以肯定的是，這個方向有巨大的可行性。有了這樣的機器就能解除操作機器的重活。在像是雷諾公司這樣的大企業裡[9]，少有工人在工作時會流露出幸福的神情，而在那些少數的幸運兒之中，就包括了那些負責透過轉輪控制自動車床的操作員。

然而重要的是，以技術術語來提出關於「機器對於工人精神健康之影響的問題」的想法本

9　全集註：韋伊在一九三六年六月六日進雷諾汽車的工廠當女工，大約工作到八月九日（證件上是二十三日），見韋伊，〈工廠日記〉（Journal d'Usine），《勞動者的條件》（*La condition ouvrière*）。

身。一旦提出這些問題，技術人員就只能加以解決。他們已經很好地解決了其他問題。唯一需要的是，他們願意這麼做。為此，那些人們設計製作新機器的地方，不該再全然陷入資方利益的網絡之中，國家自然應當以補助來克制他們。那麼工人組織何不也透過獎助金這麼做呢？姑且不論還有其他影響和施壓的方法。如果工人工會可以變得更為活躍，那麼他們與這些從事新技術發明的研究機構之間，理當要有持續且經常地接觸。我們則可以在工程學校裡營造一種對工人友善的氛圍，為這種接觸做準備。

直到目前為止，技術人員除了著眼於製造方面的需求，從未考慮過其他面向。如果他們可以開始關注製造者的需求，生產的整體技術便會逐漸改善。

這一點必須成為工程學校和所有技術學校的教學材料，但是這種教學要有思想上的內容。能夠從現在開始著手進行關於這類問題的研究，大概就只有好處。

這類研究的主題應該很容易確立。有位教皇說過：「製造使材料升值，卻使工作者貶值。」馬克思也用了更加嚴厲的詞彙，精確地表述同樣的思想。所以重要的是，所有那些為實現技術進步而盡力的人，必須在心裡持續堅定地意識到：在那些可於現行的製造狀態中指出的各種無能之間，長久以來最不可推卻而迫切需要補救的就是這一無能，因此絕不能什麼也不做而令其加劇，絕對要盡一切努力減輕它。從今而後，這個想法必須要成為專業職責感、專業榮譽感的一部分，對任何一個有在企業裡擔負職務的人皆是如此。讓這個想法深入普遍意識之中，這將會是工人工會的主要任務之一，如果他們有能力履行此一任務的話。

如果絕大部分的工人都是技術高度純熟的專業人員，經常能夠表現創造性和主動性，對他們的機器和生產製造負責，現有的工作紀律規範便不再有任何存在的理由。有些工人可以在家工作，另一些，則可以在小工作室裡組織起來，以合作的方式工作。我們的這個時代，小工廠裡施行權威的方式要比在大工廠裡還來得更加偏執，可是這是因為小工廠仿效大工廠。而工作室並非小工廠，它將會是一種新型的工業組織，可以讓一種新的精神在此吹拂。儘管小，它們之間卻有足夠強大的有機聯繫，讓它們總體形成一個傑出的事業。在傑出的事業裡，雖然有各式各樣的缺陷，卻有一種今日工人所期望的獨特詩意。

一旦廢除了勞動的苦役營，論件計酬便不再有何弊病。工作將不再意味著對速度不惜代價的執著。對於可自由完成的工作而言，它可以是一種正常的報酬方式。順應工作將不再是指每分每秒的服從。一位工人或一群工人可以在限定的期限內完成一定數量的委託工作，並能自由選擇工作方面的安排。這和原先所知的完全是另一回事，我們原本只知道，自己得受制於一個指令而無限期地重複同一個動作，直到第二個明確的指令出現，新的支配將前來強制新的動作，而我們也無從得知這一週期將持續多久。有某種和時間的關係適用於慣性事物，還有另一種適用於有思維的創造物。人們錯就錯在混淆這兩者。

無論是否協力合作，這些小型工作室都不會變成苦役營。工人有時可以帶他妻子來看他工作的地方、他使用的機器，就如一九三六年六月時的工人們藉由占領工廠，如此快樂地做這件事一樣。孩子們可以在課後來此找他們的父親，向父親學習如何工作，在他們這個年紀，工作是最引人入勝的遊戲。再大一點，到了當學徒的時候，他們或許已經掌握一項技能，並且能夠自行選擇要在這一領域裡繼續精進，還是要再學習第二項。孩童時期的驚嘆能讓工作在整個人生裡都煥發著詩意，而非因為受到最初經驗的打擊，而終其一生都讓工作這件事蒙上惡夢的色調。如果說，即便是處於道德敗壞的現況裡，農夫需要受各種刺激持續鼓舞的情況，也遠比工人要少得許多，那麼差異或許就在於此。一個孩子可能在九或十歲的時候便已經不幸地在耕地工作，但是幾乎總有那樣一個時刻，工作對他而言就像一個專門留給大人的神奇遊戲。

如果要讓大部分的工人變得稍微幸福些，那麼不是要去解決那幾個看來重要且令人不安的問題，而是要廢除它們。除非它們被解決，否則我們會忘了它們從未被提出。不幸，是假問題的培養基，它會激起各種糾纏和強迫。平息糾纏和強迫的方式並非提供它們所要求的，而是要讓不幸消失。倘若一個人因腹部有傷而感到口渴，必須要做的並不是給他水喝，而是治癒他的傷口。

不幸的是，幾乎只有年輕人的命運是可以改變的。因此，人們應該要傾力於年輕工人的養成，首先就是學徒培訓。國家責無旁貸，因為再無其他社會組織有此能力。

沒有什麼能夠比雇主對於學徒的輕忽，可以更貼切地表現出資本家階層主要的疏失。這種情況在俄國被稱作失職罪（négligence criminelle）。人們不太懂得堅持這點，並向公眾推廣這個簡單、容易理解且無庸置疑的真理。過去二、三十年以來，老闆們都忘了考慮優良專業人士的培訓。缺乏夠格勝任的技工，同樣也是導致國家失敗的因素之一。即使是在一九三四和一九三五年，當生產陷入停頓，正值失業危機最劇烈之際，一些機械和航空工廠想要招募好的專業人士，卻仍遍尋不著。工人抱怨試用太難，可是，那是因為他們沒有接受過能使他們通過試驗的培訓。在這種情況下，我們如何能有足夠的軍備呢？況且，就算沒有戰爭，缺少專業人士的情況逐年加劇，必定會因導致經濟生活無以為繼而告終。

必須要一勞永逸地讓全法國和有關單位知道，老闆們已證明了，他們事實上無能承擔資本主義體系重壓在他們肩上的責任。他們有其職責須履行，但卻非前述的職責，因為經驗讓他們知道，這項職責對他們來說過於沉重又過於龐大。一旦理解這一點，我們便不再需要懼怕他們，而他們那邊也將停止反對必要的改革，他們將保持在他們正常職責的適度分寸裡，這是他們得救的唯一機會。正因為人們懼怕他們，才會如此經常想要擺脫他們。

老闆們會指責一個喝了開胃酒的工人無先見之明，然而他們自己的智慧也沒好到能預見：假使我們不培訓學徒，二十年後就沒有工人了，至少沒有配得上這一職稱的人。顯然他們沒有能力預先思考兩、三年以後的事。同樣極為可能的是，一個祕而不宣的癖好讓他們寧願工廠裡的工人變成一群不幸的牛馬，被拔根而且沒有任何受到尊重的頭銜。他們不知道，如果奴隸的服從更甚於自由之人，他們的反抗也必然更加猛烈。他們已有這方面的經驗，卻什麼也沒學到。

從另一觀點來看，工人工會關於學徒培訓問題的失職，同樣也是一大醜聞。他們沒有為工業生產的未來操過心，但是，工會存在的唯一理由便是捍衛正義，他們本來就應該對這些年輕小伙子的精神困境有所反應。事實上，工廠裡真正悲慘的人：青少年、女人、移民的工人、外國人或被殖民者，他們已遭遺棄。在工會生活裡，他們痛苦的問題總和所受到的關注，還不及那些已獲得不錯工資者對於調高薪資的要求。

沒有什麼能比這更好地說明，一個真正以正義為目標的集體運動，以及不幸的人都能確實地受到保護，兩者是多麼困難。不幸的人無法捍衛自身，因為不幸阻礙他們，而人們也未從外界來保護他們，因為人的天性就是傾向於不去關注不幸者的處境。

只有「天主教職工青年會」（J．O．C．）[10]關心青年工人的不幸處境。這樣一個組織的存在，或許是唯一可確定的跡象，確定基督教尚未在我們之中消亡。

一如資本家背叛了他們的使命，因為他們不僅罪惡地怠忽了人民、國家的權益，甚至也怠忽了他們自己的權益。同樣地，工人工會也因疏於保護工人行列中那些不幸的人，轉向捍衛利益，而背叛了工會的使命。能讓他們認識到這一點也是好的，為了是有朝一日，他們也許會想負起責任卻有濫用權力的念頭。工會按部就班地轉型為唯一且有職責的組織，是這一精神轉變下不可避免的自然結果。事實上，維琪政府在這一方面幾乎毫無作為。而法國總工會（C．G．

T・）[11]自身也不是受侵害的受害者，使它已有很長一段時間不再正常運作了。

國家在保衛不幸者這方面並不是特別合格。若不是受制於急迫、明顯的公共治安（salut public）需求和公眾輿論的推動，它甚至是幾近無能。

關於青年工人的培訓問題，公共治安的需求也同樣急迫與明顯。至於公眾輿論的推動，則必須予以激發，並且從現在開始，透過可靠的工會組織、天主教職工青年會、研究機構和青年運動、甚至是官方組織來發動。

俄國的一個社會民主工黨派別布爾什維克，曾經以建設工業大國來鼓舞它的人民。難道我們不能以打造一個新型的工人群眾，來鼓舞我們的人民？這樣一個目標應該很符合法國的特性。

一位年輕工人的培訓應該要超越單純的職業訓練。當然，它必須要包含教育，就如同這是提供給所有青少年的培訓。為此，學徒培訓最好不要在學校裡實行，在那裡的效果總是很差，學徒最好是立刻浸淫於生產本身。然而我們也不能將學徒培訓託付給工廠，這方面還需要許多

10 譯註：天主教職工青年會（Jeunesse Ouvrière Chrétienne），一九二五年於比利時創立，一九二七年於法國成立。而後接續於世界各地成立分會，成為一世界性組織。意在聯結工人世界的基督徒成立工會組織，以改善工人的工作環境與條件，讓工人們走進教堂，發揮宗教力量、予以幫助。

11 譯註：法國總工會（Confédération générale du travail，C・G・T），創立於一八九五年，是法國五大工會之一，法律賦予五大工會可與政府對話和談判的權利。

創新的努力。應該是要在某個能結合職業學校、工廠學徒培訓、現有類型的實習工廠，以及許多其他各個類型之種種優點的場所。

可是，一個年輕工人的培訓，尤其是在像法國這樣的國家，也必須涉及知識文化的養成和參與。必須要讓他們在思想的世界裡感到自在。

那麼是何種參與，又是何種文化呢？長久以來人們爭論不休。過去，在某些圈子，人們常常討論工人文化。另一些人則說，所謂的工人或非工人文化並不存在，文化就是文化。總之，這一觀察的總結是，把那些最聰明與最渴望學習的工人，當成腦袋不靈光的中學生一般對待。有時狀況沒那麼糟，但總體來說，卻是以我們於二戰間這個時代所理解的普及化（vulgarisation）為原則。普及化一詞和現實本身同樣可怕。倘若我們想差強人意地表達這件事，就得另找新詞。

的確，真理只有一個，而謬誤卻比比皆是；每種文化都一樣，除非是臻於完美，但這在人類社會中少之又少，一般來說，文化之中存在著真理和謬誤的混合。如果我們的文化接近完美，它便會超越社會階層。但是由於它如此中庸，它在很大程度上便是中產階級知識分子的文化，而且，好一段時間以來，它尤其是屬於公務員知識分子的文化。

如果我們想要往此方向推進分析，我們會發現，有許多真理已首先在馬克思的某些思想裡展現，然而馬克思主義者卻絕不會做此種分析，因為這首先就得要他們在鏡子前審視自己，而這一程序太讓人難受，唯有基督教特有的美德才能給人足夠的勇氣去接受。

讓我們的文化如此難以和民眾溝通的原因，並非因為文化太高，而是因為它太低。在文化裂為碎片之前，人們還下了一劑獨特猛藥，將它壓得更低。

有兩個障礙使得民眾難以進入文化。一是缺少時間與精力。民眾少有閒暇投身於智力方面的活動，而疲倦又讓能投入的力氣在程度上有所侷限。

但是這一障礙卻是無足輕重。至少它不該是造成障礙的理由，只要我們不錯把重要性加諸於時間和精力。真理照亮靈魂的程度是相應於其純度，而非依據任一種份量。金屬重要的不是重量，而是其合金的程度。在這一領域，少量的純金和大量的純金價值相當。少量的純粹真理也相當於大量的純粹真理。同樣地，一尊完美的希臘雕像相較於兩尊完美的希臘雕像，都蘊含著等質的美。

妮歐貝（Niobé）[12]所犯的罪就在於，她不懂得數量與善美無關，而她為此所受的懲罰便是子女的死亡。我們每天都在犯同樣的罪，而我們也因此受到同樣形式的懲罰。

如果一個工人，以一年的時間堅持不懈並熱切投注心力學習幾何定理，真理便會進入他的

12 譯註：希臘神話中以凡人之軀怒犯眾神的國王坦塔洛斯（Tantalus）的後代。妮歐貝為底比斯王后，生有七男七女，原本生活美滿豐足，因嫉妒勒托（Leto）女神受人敬拜，於是蔑視女神，狂傲出口嘲笑勒托只有兩個小孩，而自己有十四個美貌出眾的小孩。勒托盛怒之下，於是派出兩位子女日神阿波羅和月神阿蒂蜜絲，射箭殺光妮歐貝的十四個孩子。妮歐貝過於悲傷至化為石像，即使被巨風吹上山頭，仍日夜流淚。

靈魂，這和一位以同樣時間、同樣熱情去掌握高等數學的學生所獲得的真理是同等的。

確實，這幾乎令人難以置信，或許也不容易論證。至少這應該成為基督徒的信條，如果他們還記得，真理即是諸多純粹的善，因此福音書將之比做麵包，而需要麵包的人，得到的就不會是石頭。

物質方面的障礙——疲倦、缺乏閒暇時間、缺乏天份、疾病、身體的疼痛——阻礙人們獲得文化中低等或中等的成分，卻非文化所包含之最珍貴的善。

工人文化的第二個障礙與工人境況有關，一如其他階層，相應於一種特定的感受模式。因此，由其他階層以及為其他階層所制定的文化中，自有某種與工人陌生無關的東西。

針對此點的解藥，是致力於轉譯（traduction）。不是普及，而是轉譯，兩者大不相同。

掌握知識分子文化裡所包含的、已經少得可憐的真理，並不是為了要破壞其價值、將之改得支離破碎、讓它失去一切味道，而只是要充分表達它們的豐富，用帕斯卡（Blaise Pascal）[13]的話來說，就是要以一種能讓心靈感受的語言，傳達給那些感受性受工人境況而定型的人。

這種迻譯（transposer）真理的藝術是最本質的藝術之一，也是最鮮為人知的藝術之一。它之所以困難，是因為要實踐它，必須身處於真理的中心，毫無遮掩地全然擁有真理，並跟隨著真理所偶然呈現的特有形式。

再者，迻譯是衡量真理的一個標準。無法迻譯的便不是真理；同樣地，沒有隨視角而改變表象的客體便不是一個穩固的客體，不過是個矇騙人的假象。在思維之中也存在著三維空間。

為了向大眾傳遞文化而研究適當的迻譯方式，既有益於大眾，更可說是有益於文化。這對文化會是一極其可貴的刺激。它或許可因此走出它所受困、不流通而令人窒息的氣氛。文化將不再為專家所壟斷。因為現今它仍屬於專家們，由上而下，越往下層就被貶得更低。就如同人們把工人視作不受教的中學生，把中學生視作無比倦怠的大學生，把大學生視作患有失憶症且需要再教育的教授般，文化被視為教授們操作來製造教授的工具，然後再輪到這些被製造出來的教授去製造下一批教授。

在拔根弊病當前所有的形式裡，文化拔根並不是最不令人不安的一種。這一弊病所引發的第一個結果便是，在每一領域當中，各種關係普遍遭受斷絕，每一事物被視為自身的目的。拔根產生偶像崇拜。

關於我們文化的扭曲就舉一例，由於我們向中學生介紹幾何學時把它講述成和這世界毫無任何關係，而基於絕對合乎情理的憂慮，又必須保持幾何學論證的必然性。中學生會對幾何學產生興趣，幾乎只是把它當作一種遊戲，或大多是為了得到高分——如此之下他們又要如何從

13 譯註：帕斯卡（1623～1662），法國神學家、數學家、物理學家、音樂家、教育家、氣象學家。與法國數學家費馬（Pierre de Fermat，1601～1665）的通信討論，創始數學統計基礎的機率論。一六五四年後專注於沉思和神學與哲學寫作，受蒙田影響，其筆記本於身後統編為《思想錄》（*Pensées*），被奉為法文寫作典範。

中識得真理呢？大部分的人一直不知道，幾乎我們所有的行動，無論是單純的或是結合巧妙的行動，都是幾何概念的運用，我們所生活的宇宙是一張幾何關係交織成的網絡，而我們事實上受制於幾何本身的必然性，一如受造物受限於時空。我們認為幾何必然性的表現專斷，而以這樣的認知方式來講述幾何，然而還有什麼會比隨意的必然性（nécessité arbitaire）更加荒謬？根據定義，必然性本來就具有強制性。

另一方面，當我們想普及幾何學並使之貼近經驗時，我們卻漏掉論證，導致剩下的只不過是一些全然無趣的祕訣。幾何學變得索然無味、喪失本質。它的本質在於成為以必然性為目的的研究，而事實上，同樣是這一必然性，在此凌駕於一切。

這些扭曲中的任何一個應該都不難避免。在論證和經驗之間不該有所選擇。以木頭或以鐵來論證，就和以粉筆來論證是同樣容易的。

在技職學校裡，要介紹幾何必然性，有一種簡單的辦法，那就是把學習連結於工坊。我們可以對孩子說：「看，有不少工作要做（製作符合各種條件的物品）。有些有可能完成的，有些則不可能完成。去做那些可能完成的，還有做那些你做不來的，迫使我承認那些的確是不可能完成的。」由此入手，便可透過工作介紹完整的幾何學。工作上的實踐，是可能性的實證上的充足證明，可是，對於不可能性卻沒有實證的證明，因此在此便需要論證。不可能性是必然性的具體形式。

至於其他學科，那些歸類於經典的學科——但我們不能將愛因斯坦（Albert Einstein）和量子也同時一併納入工人文化裡——原則上都有相似的方法，可移轉運用於各種主導人類工作的關聯中。由此，我們就能把它教給工人，如果我們懂得用比對中學生講解更自然的方式的話。

而就文化即歸屬於「文科」這一項目來看，則理由更為充分。因為其對象始終是關於人的條件，而民眾則對人的條件有最真實、最直接的體驗。

除了某些例外，大體而言，二流甚至更差的作品較適合菁英，最一流的作品則更適合給民眾閱讀。

例如，民眾若接觸希臘詩歌，將可從中產生多麼強烈的理解，希臘詩歌幾乎只有「不幸」這個主題！只是，我們必須要懂得如何翻譯和講述。例如，一個對失業的恐慌深入骨髓的工人，必定能體會菲羅克忒斯（Philoctète）[14]的弓被奪走時的處境，和他看著自己無能的雙手時的絕望。這個工人也必定能體會厄勒克特拉（Électre）[15]的飢餓，而這是一個資產階級（除了

14　譯註：特洛伊戰爭中希臘聯軍的將領，大力神赫拉克勒斯臨死前將自己的弓箭遺贈與他，因而成為著名的弓箭手。曾一度因被水蛇咬傷、雙腳感染惡毒，且遭奧德修斯（Odysseus）遺棄於島上。後傷好又奉神諭前往特洛伊，並射殺了掀起戰爭的王子。

15　譯註：特洛伊戰爭中希臘聯軍統帥阿卡曼農王的次女，其母克呂泰涅斯特拉夥同情夫殺害丈夫，又企圖殺死兒子俄瑞斯忒斯，厄勒特克拉因此救出胞弟並將其送走，八年後她助弟返國殺死母親、登上王位。

如今這一特殊時期）所絕對無法理解的——包括布代叢書[16]的編輯們。

還有第三個工人文化的障礙，就是奴役。當思想確實表現時，它本質上便是自由與自主的（souveraine）。即便一天中有一至兩個小時，以思想者的身份成為自由與自主的人，但在其他時間則仍是奴隸，此處境實在是猶如五馬分屍般的分裂。因此，為了逃避這種處境，人們幾乎不可能不放棄思想的最高形式。

如果有效的改革得以實現，這一障礙就會一點一點消失。進而，不久前關於奴役的記憶，以及正在消失中的奴役的殘餘，也將會在解放的過程中，成為對思想有力的刺激。

工人文化的條件在於，我們所謂的知識分子——這名稱很可怕，但如今他們也配不上更好的詞——與勞動者的融合，這樣的融合很難成為現實。不過，現今的處境卻有利於此。大量年輕的知識分子陷入奴役的處境，在工廠、在德國的集中營裡；有些則和年輕工人在實習營區。但是前者的經歷更值得重視。許多人因此被摧毀，或至少是身心交瘁，然而也或許有某些人真正從中受益匪淺。

這一如此珍貴的經歷亦有迷失的風險，因為，一旦從這一處境脫身，便會有幾近無法抗拒的念頭，要遺忘其中的屈辱和不幸。從現在起，應該要去接近那些歸返的俘虜，促使他們繼續和他們因為受到脅迫才開始接觸的勞工相處，讓他們重新思考不久前的經歷之於他們的意義，目的在於使文化貼近民眾，並為文化確定新的方向。

參加抵抗運動的工會組織或許在此時是促成這種相互接近的機緣。但一般而言，在工會中若是要有某種思想的生活，他們便得要和知識分子有其他的接觸，而非僅限於法國總工會裡那種為了維護自身最大利益而組成的專業組織。那是最荒謬的做法。

工會與知識分子之間合乎自然的關係應該是：工會接受知識分子為榮譽成員，但禁止他們干涉工會的行動決議，而知識分子則無償協助課程與圖書的組織與設立。

更好的作法是，在因為年輕而免於強迫勞動的一代人當中，能出現某種風潮，類似於十九世紀俄羅斯的大學生當中的風潮，但又帶著更為清晰的思想，讓這些大學生能自願參與長期的實習，讓大學生作為無名的工人，在農田與工廠中與大眾合而為一。

總結而言，無產者受壓迫的處境，首先應被定義為一種拔根，而說到底我們的任務，是建設某種屬於工人、也讓工人感到歸屬於其中的工業生產與精神文化。

當然，在這種建設當中，工人自己應該占主要地位。但依常理，這地位會逐步提高，直到他們獲得真正的解放。目前他們必然只有最低限度的地位，因為他們還受不幸所支配。

建設某種真正全新的勞動條件，這是迫切而應該立即加以考量的問題。但現在就得先決定

---

16 譯註：由布代（Guillaume Budé）學會所編輯出版的一套叢書，旨在提供專家學者所翻譯校勘的希臘、拉丁、法國文學經典。

方向。因為一旦戰爭結束，建設就得開始，名副其實地開始。我們將建造房屋與樓房。我們要建造的將不再被拆毀，除非爆發新的戰爭使生活只能跟著改變。如果不只是隨機收集將為未來許多世代決定社會生活的磚瓦，這不合情理。因此，關於眼前即將組建的工業事業，我們必須預先有清醒的思考。

如果我們因為害怕可能的分裂，而迴避了這件非做不可的事，那這只表示我們還沒資格插手法國的命運。

因此，我們急需研擬一個讓工人重新扎根的計畫，因此我在此簡述一份可能的草案。

大工廠應予廢棄。一間大企業應該由一座與許多小車間聯繫的大裝配車間所構成，每個小車間都有一名或數名工人，散布在鄉間。工人——而非專家——應該根據職務，定期到中央裝配車間工作，而這些周期應該成為節日。工作應該只有半日之久，剩下的時間應用於聯繫同志情誼、促進對企業的愛（patriotisme d'entreprise）；用於技術討論，好讓每名工人都能掌握自己生產的每件產品的確切功用，以及其他人在工作上遇到的問題；用於地理討論，好讓他們了解自己所做的產品都去了哪裡、被怎樣的人在怎樣的環境下所使用、在怎樣的日常生活與風土民情中占有怎樣的地位。在此之外還應加上文化通識（culture générale）。每座裝配車間旁邊都應有座工人大學，與企業的方向緊密相關，但其所有權卻不應屬於企業。

機器不應屬企業所有，而應屬於四散各地的小車間，而這些車間應該屬於個別或集體的工人所有。每名工人在此之外還應有一棟屋子或一小片土地。

這三項財產——機器、房屋與土地——應該是國家在工人結婚時所贈與的禮物，只要他能成功地完成一項困難的技術測驗，並通過理智控制與文化通識的測驗。

機器的選擇應該部分對應於個別工人的喜好與知識，部分對應於生產一般的需求。當然，可能的話，最好是多功能又可控的自動化機器。

這三項財產將不可繼承、出售、或以任何方式予以剝奪（只有在某些特定情況下，可以交換機器）。這些財產只能被單純地放棄。在這種情況下，一個人之後要重新獲得同等的事物並非完全不可能，但卻會非常困難。

當一名工人過世時，這些財產便回歸國有，而當然，在必要時，國家也得確保他的妻子兒女有同樣的福利。如果他的妻子能夠執行工作，便能夠保有這項遺產。

所有這些贈與都由稅收支付，不論是由企業販售產品所得利潤的直接稅或是間接稅。管理這些贈與的機構應該由公務員、企業老闆、工會主義者與國會議員所組成。

對這種財產的權利可以在法庭判決專業能力不足的情況下予以收回。當然，這也預設了如果一個企業老闆的專業能力不足，在必要時也應判處同樣的處罰。

一個想要成為小車間老闆的工人，應該獲得某個負責鑑定的專業組織的授權，方便他們多買兩、三套機器，但也不能再多。

一名工人若是無法通過測驗，依然是受薪工人。但他終其一生，不限年齡，都可以再次嘗試參加測驗。不論年紀多大，他都可以無限次申請在專業學校內免費進行幾個月的實習。

這些未通過測驗的受薪工人可以在非合作社的小車間工作，或是在某個工人的家裡幫工，或是在裝配車間裡當非技術工人。但在產業裡他們只應該是少數。他們當中的大部分應該進入公共服務或是商業領域中不可或缺的非技術工作或是文書工作當中。

直到成家立業之前——亦即，按照個性，直到二十、二十五、三十歲之前——一名年輕工人都應被視為一名學徒。

在兒時，學校應該給兒童足夠的閒暇時間，讓他們能有好幾個小時花在自己父親的工作上，幫點小忙。再來，半工半讀的時期——意即每天學習幾個小時、工作幾個小時——應該盡量拉長。接著必須要有某種極為多樣化的生活模式——某種「周遊法國」式的旅行，讓他們輪流在個體戶的工人家裡、在小車間、在不同公司的裝配車間、在年輕人的「實習工地」或是「實習營」裡工作，而在這些勞動團體中的居留可以根據喜好與能力，多次重覆與延長，從幾個星期到兩年不等。此外，這些活動在某些情況下，應該屏除年齡限制。它應該是完全免費的，並且不涉入任何社會優勢。

當一名年輕工人，對各種多變的生活已然饜足，想要安定下來時，他便成熟到足以扎根了。一個女人、幾個孩子、一棟房子、一座花園，便能為他提供大部分的養分，一份連結到一間他所熱愛並令他驕傲的公司，作為他通往世界的窗口，這對於一個人在塵世的幸福而言已然足夠。

當然，對年輕工人的這種設想，意味著對軍營生活的整體重塑。

至於薪水，首先最重要的當然是要避免它低得令人深陷於不幸當中——但這無須令人擔心——因為薪水會占據心靈，讓工人無法對公司死心踏地。

各種同業公會、仲裁等等的組織，都應只為一個目的而設立，即是——讓每個工人都極少去想錢的問題。

企業主管的職業應該像醫生一樣，屬於那種國家為了公共利益、僅在某些保證的條件下才授權執行的行業。這些保證應該不只是關乎能力，也應關乎道德的提升。

投入的資本應該要比現在大幅降低。應該可以透過某種信貸體系，輕易地讓一個有能力與志向的年輕人成為公司主管。

由此公司可以重新成為個體的。至於那些股份有限公司，透過某種轉型體系予以廢除或是禁止，應該沒有什麼困難。

當然，因為公司的多樣性，有必要根據極為繁多的模式進行研究。此處草擬的只能是長遠努力的目標，為了這些目標，技術上的發明將不可或缺。

無論如何，這樣一種社會生活的模式，將不再是資本主義的，也不是社會主義的。這種模式將廢除無產階級的狀況，而非像人們所謂的社會主義那樣，讓所有人加速成為無產階級。

我們的方向不應該是像二戰時期變得時髦的那種公式一樣，指向消費者的利益，因為這種利益只會是物質上的利益。我們應指向人在工作中的尊嚴，這是種靈性的價值。

這樣一種社會構想的困難在於，如果沒有一定數量的自由人，在內心深處有要使其實現的堅定而熱烈的意願，那它就無法在字面之外實現。而能否找到或是激發這些人，都是無法肯定的。

然而，除此之外，除了形式不同的不幸、或是幾乎同樣悲慘的不幸，我們似乎沒有別的選擇。儘管這種設想需要長時間才能實現，但戰後的重建應該立刻要有產業工作分派的準則。

農民的拔根

農民的拔根並不比工人的拔根更不嚴重。儘管病症發展較輕，但卻更為醜惡——因為被拔根的人耕耘土地，這是違反自然的。對這兩個問題所給予的關注應該彼此相當。

此外，如果不給予農民對等的關注，就不應公開表示對工人的關注。因為農民極為膽怯、極為敏感，總是苦於自己被人遺忘的想法。肯定的是，在各種現實的苦難中，他們會在人們還念著他們的確信中找到安慰。必須承認的是，我們在飢餓中比能隨意吃喝時更常想到他們，就算是那些自認為將自己的思想定位遠高於生理需求的人也是如此。

工人有種（不應加以鼓勵的）傾向，就是每當人們說到人民時，他們就相信這說的只是工人自己。這絕對沒有任何合理的理由，除非我們將工人比農民音量更大這個事實納入考慮。工人做到了在這點上說服傾向於人民的知識分子。這在農民中導致了某種對所謂的左翼政治的憎恨——除了在農民受到共產主義影響的地方、在激情傾注於反教權（anticléricalisme）的地方、無疑也還有其他的例子。

農民與工人之間的分離，在法國由來已久。在十四世紀末就已經出現了這樣的抱怨，即農民以令人心碎的聲調，列舉社會上所有階級——包括工匠——施加在他們身上的殘酷。

在法國的人民運動的歷史上，農民與工人從沒團結在一起過，除非我記錯了。就連在一七八九年，那主要也是個巧合，而非別的原因。

在十四世紀，農民遠非最不幸的人。但就算他們在物質上較為幸福——在這種時候，他們也完全無感，因為來村里度假幾天的工人抵擋不了吹噓的誘惑——他們總是因認為城裡發生的一切都「**沒我的份**」(out of it）的感覺而苦惱。

當然，這種精神狀態，因著村莊裡無線電（T·S·F·）與電影的設立、被《密語》（*Confidences*）與《美麗佳人》（*Marie-Claire*）等雜誌的流通而加劇了，與之相比，古柯鹼反而是無害的產品。

事已至此，首先就得發明並應用某些能讓農民從此感到「有我一份」(in it) 的東西。也許，從倫敦[17]發出的正式文告中，提到工人的次數總是遠多於農民，這是件令人遺憾的事。確實，農民在反抗運動中的分量低得多。但這或許是再度證明人們知道農民存在的又一個理由。

我們必須要意識到，只要農民中的多數不贊成，我們就不能說法國人民支持某個運動。

我們必須確立一個規則，即不能給予工人更新和更好的允諾，除非給予農民一樣的允諾。納粹黨在一九三三年之前的高招，就是在工人面前表現為特別支持工人的政黨，在農民面前則是特別支持農民的政黨，在小資產階級面前則是特別支持小資產階級的政黨等等。對納粹黨而言這並不困難，因為它對所有人都撒謊。我們也該做到同樣的事，但卻又不對任何人撒謊。這很困難，但並非不可能。

在過去這些年裡，農民的拔根和工人的拔根，對國家而言都是致命的危機。最嚴重的症狀是一九三五、一九三六年時，農村人口的流失導致的全面失業危機。

農村人口的流失，顯然在最糟的情況下，會導致社會的崩解。人們會說事情不至於此，但我們並不真的知道實際清況。至此，我們還不知道有什麼能停止這個過程。

就此現象而言，有兩件事應予注意。

一是白人將拔根帶到所有他們足跡所至之處。這種病甚至蔓延到黑人所處的非洲，而數千年來，該大陸都是由農村所構成。至少，在有人來屠殺、虐待與奴役他們之前，那兒的人都在自己的土地上過著幸福的日子。我們的接觸正在使他們失去這樣的能力。這會讓我們懷疑：是否就算是被殖民者中最原始的非洲人，也沒有什麼可以教我們的，而非讓我們教他們？我們對他們所做的善事，就像收稅的對修鞋的所幹的好事。世界上沒有任何東西，能夠補償對勞動的喜悅的剝奪。

另一個該注意的現象，極權國家看似擁有無限的資源，但對邪惡卻無能為力。在德國，這已經一再得到正式的承認。在某種意義上，這倒是好事，因為這讓我們有做得比他們更好的可能性。

在危機時期，糧食儲備的破壞會打擊公共輿論，這無可厚非，但若我們細想，在工業危機時期田地的荒蕪，如果有可能的話，卻更為醜惡。撇開這點，工人問題顯然沒有解決的希望。我們沒有任何方法可以讓工人大眾不成為無產階級，如果無產階級的數量因為與過去切斷聯繫的農民不斷湧入而持續增加。

戰爭顯示了此一疾病在農民當中的嚴重程度。因為士兵們都是年輕農民。在一九三九年九月，人們還會聽到農民說：「當個活德國佬勝於當個死法國鬼。」人們都對農民做了什麼，讓

17 譯註：此處指的是位於倫敦的戴高樂流亡政府。

他們相信自己已經沒有什麼可以失去的？

我們必須意識到政治上最大的困難之一：如果工人在社會中痛苦地感受到自己是個流亡者，在農民的印象裡則相反，因為對農民而言，社會只屬於工人。在農民眼裡，捍衛工人的知識分子並不像是受壓迫者的捍衛者，倒像是特權階級的捍衛者。知識分子對此精神狀態卻一無所知。

農村裡的自卑情結如此嚴重，以至於我們看到成千上萬的農民都認為小資產階級以殖民者對待土著的方式對待他們是天經地義的。這種自卑情結強烈到連金錢也無法抹去。

因此，我們越是想要為工人提供道德上的滿足，我們就越應該準備為農民爭得一樣的滿足。不然的話，如此產生的失衡對社會是危險的，而這反過來對工人自身也是危險的。

農民對扎根的渴望，其首要形式是對財產的渴求。對他們而言，這真的是種饑渴，而這種饑渴是健康而自然的。我們可以肯定，在這種意義上給他們一些希望就能感動他們，而且既然我們認為神聖的是對財產的需求，而非決定財產形式的法律條文那我們沒沒什麼理由不這麼做。有許多法律條文；或許可以將農民所沒有的土地，一點一點地轉移到他們的手中，而絕非合法化城裡人對某塊土地的所有權。大片農地的所有權，只有在特定情況下、為了技術性的理由，才能被正當化。而在這些情況下，我們也可以設想，讓農民在這片土地上屬於自己的那一端密集地種植蔬菜之類的作物，同時又在他們共同擁有的大片土地上，以合作的方式，以現代工具施行粗放的耕種。

一個觸動農民內心的方法是，人們決定把土地看作勞動工具，而非作為一種可以當遺產來分的財富。這樣我們就不會再看到一個農民一輩子欠他公務員兄弟的債，儘管後者做得更少、賺得更多。

退休金，就算是微不足道的金額，對老年人而言也可能是筆大錢。不幸的是，退休金這個詞是個有魔力的詞，吸引著年輕農民進入城市。老年人的羞辱在農村經常更為嚴重，但只要以榮譽的形式給予他們少許的金錢，就能給予他們某種威望。

有一種相對的效應則是，過高的穩定性則會在農民當中導致某種拔根。一個少年農民從十四歲就開始獨立勞動了，勞動對他而言是種詩意與陶醉，儘管他的力量還有所不足。再過幾年，這種熱情終於耗盡之後，他學會了技術，體力也已遠超過工作所需，而除此之外，除了幾年來每天所做的之外，就沒有其他可做的了。於是，他就在夢想著星期日要幹嘛當中度過整個星期。從這一刻起，他便茫然了。

我們必須在一個少年農民十四歲第一次接觸農務的時候，將這種初次經驗的陶醉，以莊嚴的節慶活動加以祝聖，使這種陶醉深入他的靈魂深處。在最受基督教影響的村莊，這種節慶便必須具有某種宗教特徵。

但同樣地，三、四年後，我們又必須為了他的新的渴求提供養分。對一個少年農民而言，這養分只有一種，就是旅行。應該要給所有年輕農民有機會免費旅行，不論是在法國還是到國外，但不是到城裡，而是到農村去旅行。這意味著為農民組織某種類似於周遊法國的活動。我們可以再加上教育與指導的工作，因為成千上萬的少年農民，經常是在十三歲時，帶著某種爆烈脾氣離開學校、投入工作，又經常在十八或二十歲時，重新感覺到對學習的渴望。順帶一提，年輕工人也是這樣。有些交換制度可以讓作為家庭經濟支柱的年輕人也能上路旅行。不言自明地，這些旅行應該是完全自願的。但父母則不應有權干涉。

人們難以想像旅行的概念在農民當中的力量，以及這種改革所帶有的道德重要性，甚至在它還沒實現，還只是個允諾的時候就具有一定分量，而當它深入習俗之後則更是如此。一個年輕男孩，在世界上轉個幾年，但從不失農民身分，等他回到家裡，內心的騷動平息，他會成家。

或許年輕女性也需要某種類似的東西，因為她們需要某種東西來取代《美麗佳人》，而我們也不能把《美麗佳人》留給她們。

軍營曾經是年輕農民拔根的可怕因素之一。正是在這點上，軍訓（instruction militaire）的效果終究是與其目的相反的——年輕人進行了操練，但比訓練前更缺乏戰鬥的準備，因為從軍營中出來的所有人，都成了反軍國主義者。實驗因此證明了，就算是為了軍事機器本身的利益，我們也不能任由部隊成為任何生命在一到兩年內的最高主宰。正如同我們不能任由資本主義成為青年的專業教育的主宰，我們也不能任由部隊成為他們的軍事教育的主宰。內政機構

（autorités civiles）應該參與到軍事教育當中，使其成為一種教育，而非敗壞。

服兵役的年輕農民與年輕工人之間的接觸並不令人滿意。後者總是試圖輾壓前者，而這對雙方都造成了傷害。這樣的接觸並不會激發真實的連結。只有共同的行動才能拉近彼此。然而根據定義，軍營中並沒有共同的行動，因為在裡面的人只是在承平時期為戰爭做準備罷了。

把軍營設在城市裡是完全沒有道理的。為了配合年輕農民，我們大可把軍營設在遠離城市的地方。

確實，如此一來，妓院（maisons de tolérance）老闆將為此蒙受損失。但假如我們不堅決地終止公權力與這些人的勾結，並廢除這種讓法國蒙羞的機構的話，那夢想什麼改革都純屬徒勞。

順帶一提，這個恥辱已經讓我們付出了沉重的代價。將賣淫確立為官方機構，照法國官方的作法，已經嚴重地敗壞了軍隊，並徹底敗壞了警察，而這將導致民主體制的瓦解。因為當在人民眼中代表法律的警察，成為公眾公然鄙視的對象時，民主便無法存續。英國人就無法理解，如何在警察不是溫和的尊重的對象時，還能保有民主存在。但英國的警察可沒有豢養一群妓女供自己消遣。

如果我們可以準確地估算造成我們的災難的各種要素，我們或許就能發現，我們所有的恥辱——如上述那點，以及殖民他者的渴望和對外國人的惡劣對待——都在我們的失敗中有其對應的效果。我們可以大談我們的不幸，但卻不能說這些不幸不是我們應得的。

賣淫是拔根所具有的第二種典型例子，彰顯了拔根力量會不斷增殖的特性。專業妓女的處境本身就是極端的拔根；而就拔根這種疾病而言，少數妓女就擁有巨大的感染能力。顯然，當國家堅持要拉近年輕農民與妓女的距離時，我們就不會有健全的農民群眾。而既然農民群眾不健康，工人階級也就不可能健康，而其餘的國民也是一樣。

此外，最受農民歡迎的，無過於出於對其道德健康的考慮而推動對兵役體制的改革。

精神文化的問題，對農民和對工人而言一樣存在。我們一樣需要為農民轉譯適合他們的內容；而這內容應該與適用於工人的有所不同。

至於一切關乎精神之事，農民們已經被現代世界給粗暴地拔根了。過去他們擁有一切人類所需要的，像是藝術與詩歌，其形式專屬於他們，並且品質優良。當我們讀到雷蒂夫（Nicolas Restif de la Bretonne）[18]關於其童年時期的一切作品，我們應該會得出一種結論，即當時農民最大的不幸中，也有某種比當今的農民最大的幸福更值得渴望的東西。但我們無法找回那個過去，儘管它並不久遠。因此我們必須找到某種方法，讓我們提供給他們的精神文化，不至於讓他們感到陌生。

科學呈現給農民的方式，應該大大不同於呈現給工人的方式。對工人而言，一切都由機械所控制，這是自然而然的。對農民而言，一切都應以自然奇妙的循環為核心，在其中，太陽的能量降臨到作物上，被葉綠素所掌握，濃縮在穀物與果實中，進入吃喝的人體內，進入肌肉，又排入大地的整治中。一切關乎科學之事都可透過此一循環來安排，因為能量的概念位於一切的中心。對此一循環的思考，如果進入了農民的心靈，便可將勞動包裹在詩意中。

總地來說，在農村裡，一切教育都應是提升至以對世界與自然的美的感受性為根本目的。確實，遊客們已然發現，農民對農村風貌毫無興趣。但如果我們分擔農民每日繁重的勞動（這是唯一能他們打開心門的方法），我們肯定會聽到這樣的抱怨，即過於沉重的勞動已經讓他們無暇享受自然之美。

當然，提高對美的感受力，無法透過口頭說「看這多美啊！」來完成。事情沒這麼容易。最近在文人圈興起的民俗學（folklore）有助於幫助農民感受到自己其實在人類的思想中並不陌生。當前的體制一直向他們表達的是：一切與思想有關的事物都是城市專屬的財產，而人們只願意給農民一小部分，很小的一部分，因為他們沒有設想更大部分的能力。

這是種殖民心態，只是程度不那麼尖銳。而正如同一個殖民地的原住民一但得到了一點歐洲教育，變比歐洲的知識分子更鄙視自己的人民，而當小學教師的農民子弟也經常是這樣。

使這個國家的農民在道德上重新扎根的首要條件，就是鄉村教師的職業應具有某種獨特

18 譯註：雷蒂夫（1734～1806），法國作家，戀鞋癖（retifism）一詞便來自於他的名字。據稱其作品道德有虧，但其人與同時期的薩德侯爵（Marquis de Sade）相互仇視。他的同時代人貢斯當（Benjamin Constant）與席勒（Friedrich von Schiller）皆對其頗表欣賞，而他的作品則在二十世紀時由超現實主義運動所發掘。

性，其養成過程應該不只是特殊的，並應全然不同於城市教師的培育。以同樣的方式打造貝爾維爾（Belleville）和小村莊的教師，這是最荒謬的事。在這個以愚蠢為主要特色的二戰年代，這是眾多荒唐事之一。

第二個條件是，鄉村教師應認識農民，並且不鄙視他們，而光是從農民中招聘鄉村教師還無法做到這點。在提供給他們的教育中，應該有大比例的各國農村民俗，不是當作好奇的對象，而是當作重要的學習內容。要對他們講述，在人類最早的思辯中，亦即在比對所有古籍後所呈現的、對星辰和善惡的思辯中，牧羊人所扮演的角色；要讓他們讀農民的文學，例如海希奧德（Hésiode）[19]、《農夫皮耶》（*Pier the Ploughman*）[20]、或是中世紀的悲歌（complaintes），以及一些當代真正的農民作品。當然，這一切都不應有礙於普通文化的教育。有了這樣的準備之後，就可以派遣他們到另一個省，當無名的農場幫工，之後再招集他們到師範學院，幫助他們看清自己的經驗。對於工人社區與工廠的教師也是一樣。只是這樣的體驗應該要在道德上做好準備，不然的話它將會激起他們的蔑視與反感，而非熱情與愛。

同樣大有益處的是，讓這也成為鄉村教會的神父或牧師的特殊條件。如果我們想到基督本人如何偏好在自己的寓言中援引鄉村生活的主題，那看著全然受天主教影響的法國農村裡，宗教也許已經在日常生活中徹底消失，或僅保留在星期日的幾個小時裡，這就是醜聞一樁。但基督的寓言並不見於教會儀式當中，即使出現在儀式中也無法引起任何助益。就像教師所說的星辰與太陽對學生而言是住在筆記與書本中，與天空毫無關係。同樣地，星期天教會裡提到的葡萄樹、麥子和羊群，也和田野中農民每日付出部分生命照料的葡萄樹、麥子和羊群毫無共同之處。基督徒農民就連在他們的宗教生活中也是拔根的。在一九三七年的世界博覽會上展示一個沒有教堂的村莊，這點子並不如某些人所說的那樣荒唐。

就像天主教職工青年會的成員[21]一想到基督是個工人便興奮不已一樣，農民也應該要能夠為了福音書裡的寓言與鄉村生活的一致性，以及麵包與葡萄酒的神聖功能而感到驕傲，並從中感到基督教是屬於他們的。

圍繞著政教分離（laïcité）的爭論，已然成為毒害法國農村生活的主要根源之一。不幸的是，這場爭論要結束還早得很。要在這問題上不採取任何立場是不可能的，而看來幾乎不可能的首要是採取一個不太壞的立場。

中立肯定是個謊言。政教分離的體系並不中立，它教給孩子一種哲學，雖比聖修比斯（Saint-Sulpice）的宗教優越得多，但又比真正的基督教要低劣得多。但真正的基督教如今已難得一見了。而許多教師則把某種宗教狂熱帶到這種哲學裡面。

19 譯註：海希奧德（公元前八世紀？），古希臘詩人，著有《勞動與時日》、《神譜》。
20 譯註：《農夫皮耶》（*Pier the Ploughman* 或 *Piers Plowman*），是中古英語敘事詩，作者是威廉．朗蘭（William Langland）。
21 指J．O．C．的成員。

解決方法並不在於教學自由（liberté de l'enseignement）。這個詞毫無意義。一個孩子的靈性培育並不歸屬於任何人：不屬於孩子自己，因為他還沒有能力；不屬於父母；也不屬於國家。經常被援引的所謂親屬權利，不過是論戰的武器。一個神職人員若在自然的情況下，迴避對一個非基督徒家庭的小孩談論基督，那就是個毫無信仰的神職人員。一方面維持世俗學校（école laïque），另一方面卻又容許乃至鼓勵宗教學校之間的競爭，不論在理論上還是實踐上，都是荒唐的。不論是世俗的還是宗教的私立學校，都應得到授權，而這不是出於自由的原則，而是出於公共利益的動機，因為在每個個別的例子裡，只要有監督學校，總是好的。

容許神職人員在教育中扮演某種角色，這並不是解決方法。就算可能，也不可取。在法國，若不通過內戰也無法做到這個目的。

至於命令教師向孩子談論上帝，如同維琪政府在舍瓦利耶（Chevalier）先生的建議下嘗試過幾個月的作法，則不過是個低級笑話。

保持世俗哲學的官方地位，這種做法是武斷而不公正的，因為這種哲學既沒有回答價值的階序，且會將我們直接推向極權主義。因為就算政教分離能激起某種程度的、近乎宗教般的狂熱，這種狂熱依照事務的本性而言也不會太強烈，但卻使我們生存在一個熱情被煽動到白熱化的時代。對極權主義的偶像崇拜，這種潮流只會有一個阻礙，即真實的靈性生活。如果我們讓孩子習慣於不再思考神，出於對某種事物獻身的需求，他們將會變成法西斯主義者，或是共產主義者。

一旦我們用與需求相關的義務概念取代權利的概念，我們便能更清楚地看見在這個領域，正義需要什麼條件。一個年輕的靈魂，一旦思想被喚醒，便會感到對人類幾個世紀積聚起來的財寶的需求。如果我們在某種嚴格的基督教當中教養一個孩子，使他永遠無法感知到其他非基督教文明當中也有純金一般的財寶時，我們便害了他。而世俗教育對孩子的危害更甚，因為這種教育把寶藏掩蓋起來，特別是基督教的寶藏。

在法國，我們對公共教育在基督教上所能有的正當又可行的態度，只能是把它視為諸多人類思想的寶藏當中的一種。如今法國通過高考的高中畢業生知道中世紀詩歌、《波立俄克特》（*Polyeucte*）[22]、《阿塔麗》（*Athalie*）、《費德爾》（*Phèdre*）[23]、巴斯噶、拉馬丁，或是受孕於基督教的哲學學說，像是笛卡兒（René Descartes）與康德（Immanuel Kant）的學說，乃至《神曲》（*Divine Comédie*）或《失樂園》（*Paradise Lost*），但卻從未翻開過《聖經》。

可以對未來的教師或教授們說的是：在所有年代與所有國家（除了在最近一段時期以及歐洲某些地方不算），宗教都在人類的文化、思想、與文明的發展中都扮演了主要的角色。一種宗

22 譯註：《波立俄克特》，高乃依（*Pierre Corneille*, 1606 ~ 1684）的劇作。

23 譯註：《阿塔麗》與《費德南》，拉辛（Jean Racine，1639 ~ 1699）的兩部劇作。

教從來不被討論的教育是荒謬的。另一方面，正如同在歷史課，我們跟法國小孩說了許多法國的事情，在歐洲，當我們講到宗教時，指的首先就是基督教。

因此，在所有階段的教育，對年紀稍微大一點的小孩，就必須包含我們可稱之為宗教史的課程。我們可以給孩子們念《聖經》，特別是其中的福音書。我們應按著文本本身的精神來評論，一如向來的作法。

人們說道教義時，彷彿它在我國扮演最重要的角色，而最有地位的人也全心相信一樣；人們也不諱言諸多暴行在教義中找到藉口；但最重要的是，人們要試著讓孩子感受到教義中所包含的美。如果我們問：「教義是真的嗎？」那回答就得是：「它如此之美，因此必然包含了許多真理。至於它是否是絕對的真，你得努力讓自己有能力在長大後理解。」我們應該嚴格禁止在評論中包含任何對教義的肯定或否定的暗示。所有教師或教授，只要是想要或是擁有必要性的教學知識或才能，應可自由地與孩童討論宗教，不只是基督教，還有（儘管不強求）任何其他本真的宗教思潮。一種宗教思想只要其方向是普世的，就是本真的。（就此而言猶太教並不算，因為它和種族的概念相關）。

如果這樣一種解決方案得以施行，我們就可以期盼，宗教將逐漸不再是像人們在政治上一樣讓人們結黨結派的事物。這樣便可廢除兩個派別，即教師派與神職派，而他們已在法國農村裡形成了某種檯面下的內戰。與基督教之美的接觸，將其呈現為某種只待品味的美，讓它緩緩滲入國內民眾當中（如果國家有能力這麼做的話），這比對信徒的教義教導更為有效。

「美」這個字，絲毫不意味著必須要用審美家附庸風雅的方式去看待宗教事務。審美家的觀點是種褻瀆，不只是在宗教上，就連在藝術上也是。它旨在以操控與觀賞來以美自娛。美是某種能吃的東西，它是種營養。如果我們把基督教的美只是當作美提供給大眾，它就會成為某種能給人營養的美。

在鄉村學校裡，對《新約聖經》（*New Testament*）中關於鄉村的經文，予以專注而重複的研讀，經常加以評註，並持續地溫習，這將大大有助於鄉村生活重拾其失落的詩意。如果靈性生命的一端是靈魂，另一端是一切關乎物質宇宙的科學知識，而兩者都指向勞動的行動，勞動便維持了靈性生命在人類思想當中正確的位置。它將不再是種監獄，而是與此世和彼岸的接觸。

例如，為何一名正在播種的農民的思緒深處，不能既湧現出（甚至無須內在獨白）某些基督的話，像是「如果一粒麥子不死[24]……」、「種子就是神的話語……」、「芥菜種是百種裡最小的[25]……」，同時又浮現出生長的兩種機制，包括種子在細菌的幫助下耗用自身的能量並觸及地表，以及太陽的能量在光中下降後被葉綠素所捕捉，在不可擋的運動中上升。將此世（ici-bas）

24　譯註：〈約翰福音〉12：24。
25　譯註：〈馬可福音〉4：31。

的這兩種機制類比為超自然機制的鏡子（容我們用這樣的表達方式），那就一清二楚，而勞動的疲憊（用俚俗的說法）則可讓這類比進入人的體內。總是多少與勞動的努力相連的艱苦，就成了讓世界之美進入人類存在的核心本身的痛苦。

我們可以用類似的方法改變工人勞動的意義，這不難設想。

因此，只有勞動的尊嚴可以由此確立。因為說到底，任何真正的尊嚴都有靈性的根，並因此屬於某種超自然的秩序。

普通學校的任務在於將勞動的尊嚴滲透到思想中，藉此賦予勞動本身尊嚴，而不是讓勞動者被分割成一時勞動又一時思考的存在。當然，一名播種的農民必須專心灑種，而不是去想在學校學到的課程。但專注的對象並非思想的全部內容。一個幸福的年輕女性初次懷孕時為嬰兒縫製衣服，想的是要把衣服縫好，但她一刻也未曾忘記自己懷著的孩子。與此同時，在監獄工廠中的某處，一名女犯人在縫衣服時也想著要把衣服縫好，但她懷著的卻是對懲罰的恐懼。我們可以想像這兩位女性在同時做著同樣的工作，專注於同樣的技術問題，但兩人的工作之間的差異卻宛如深淵相隔。一切社會問題，都在於如何讓勞動者從一方的處境轉為另一方的處境。

必須要做的是，此世與彼岸的兩種美，必須存在於勞動中、並在勞動中彼此相連，一如即將誕生的嬰兒與嬰兒服彼此相連。這種連結可以透過某種呈現思想的方式實現，這種方式將每種勞動的特定姿態與操作，與相對應的思想產生直接的關係；透過某種足夠深刻的消化，讓思想能夠穿透到存在的實質本身；以及透過某種銘刻於記憶中、將這些思想連結於勞動的動作本身的習慣，予以實現。

如今，我們在智性與靈性上，都無能進行這樣的轉化。如果我們能開始為此作準備，就已經是不小的成就了。當然，學校本身並不足夠。所有與思想相關的圈子——教會、工會、文學圈與科學圈——全都得參與。至於政治圈，我們還不敢加入其中。

我們的時代本身的使命與呼召，是建立在某種以勞動的靈性為基礎的文明。而對此呼召的預感相關的思想，散見於盧梭、喬治．桑（Georges Sand）、托爾斯泰（Léon Tolstoï）、普魯東（Pierre-Joseph Proudhon）、馬克思、在教宗通喻與其他地方當中，這些是我們這個時代僅有的原創思想，只有這些思想不是從希臘人那裡借來的。正是因為我們的高度不及於這一正在我們當中醞釀的偉大事務，我們才被拋入各種極權體制的深淵當中。但如果德國被打敗了，或許我們還不至於完全破產。或許我們還有一次機會。當我們想到這點時，我們無法不感到焦慮——如果平庸的我們有這個機會，又該做什麼以免錯過它呢？

這個呼召是唯一足夠偉大的東西，值得推薦給萬民，以取代對極權的偶像崇拜。如果我們在推薦時沒有讓人感受到它的偉大，人們就會待在偶像的掌握中，只會使它被塗上紅色而非棕色。如果我們人們在奶油與大砲之間做選擇，儘管他們喜愛奶油遠勝於大砲，但某種神祕的命運還是會迫使他們不由自主地選擇大砲。人們太缺乏詩意了——至少在還有奶油的時候，因為人們沒有奶油時倒是有點詩意。人對自己的偏好總是難以承認的。

當前，聯合國[26]，特別是美國，把時間花在對飢餓的歐洲人民說：「我們將用大砲為你們帶來奶油。」這只會激起一種反應，就是讓人認為歐洲人們一點也不著急。當要給他們奶油時，他們就會一撲而上，然而之後他們會立刻轉向任何能展示美麗大砲的人，不論體面地包裝大砲的，是什麼意識形態。我們千萬別幻想他們因為虛弱不堪就會只要福利（bien-être）。最近的不幸所導致的精神的虛弱讓他們無法適應福利，讓他們尋求遺忘，不論是爛醉於激烈的狂喜中——就像一九一八年後的例子——還是在某種可悲的狂熱崇拜中。腐蝕得過於深刻的痛苦，會激起某種對不幸的態度，讓人迫使自己和他人投入其中。德國就是個例子。

歐洲大陸上不幸的民眾需要比麵包更偉大的東西，而偉大只有兩種：真正的偉大，屬於靈性的層級；不然就是征服世界的古老謊言。而征服是偉大的替代品。

真正的偉大的當代形式，是一種由勞動的靈性所建立的文明。這是種我們可以提出而不導致任何紛爭的思想。靈性這個詞並不意味著任何特殊的連結。共產主義者本身，在當前的處境下，肯定不會排斥這種思想。此外，應該不難在馬克思的著作中，找到批判資本主義社會缺乏靈性的引文，而這意味著新社會必須要有靈性。保守主義者也不會敢於排斥這種思想。激進派、反教權派、共濟會（francs-maçons）也都不會。基督徒則熱烈擁抱這種思想。因此，它能產生一致的同意。

但我們無法在接觸此一思想時不敢到顫慄。如何在觸及此一思想時不玷汙它、不使它成為謊言？我們的時代受謊言的毒害如此之深，以至於謊言能改變一切它所觸及的東西。而我們屬於我們的時代，我們沒有任何理由能相信自己會比這個時代更好。

將這些話輕率地投入公共領域，以至於讓人對之失去信任，這將造成無可彌補的傷害，因為這些話將消滅一切與之對應的事物所能夠出現的希望。這些話不應連結於某種理念、某個運動、乃至於某個政權、更不是某個民族。人們絕不能傷害這些話語，像貝當傷害「勞動、家庭、祖國」，或是第三共和對「自由、平等、博愛」所帶來的傷害一樣。絕不能讓他們變成口號。

如果我們對公眾推薦這些概念，應該使之成為某種思想的表達，這種思想遠超乎當今的個人和集體，而我們應以一切的謙卑，確保它被保存在心靈中，作為萬事的指南。就算這種謙遜不如某些粗鄙的態度能發動群眾，那也沒有關係。在造成傷害上，成功遠不如失敗。

但這種思想要逐步滲透到精神裡，並不需要大張旗鼓，因為它回應的是每個人當下的焦慮。所有人都在不斷反覆地說（儘管用詞稍有不同），我們苦於純物質的技術發展所帶來的失衡。失衡是無法矯正的，除非透過在同一領域裡的精神發展才有可能，而此即勞動的領域。

唯一的困難，是大眾對此的懷疑：痛苦而卻不幸地又過於正當的懷疑。大眾將一切多少有

26 譯註：此處雖然韋伊用的是 Nations Unies，但應該是指國際聯盟（Société des Nations: League of Nations）。

點崇高的想法，都視為某種為了欺騙他們而設的圈套。

一個建立在勞動的精神性之上的文明，將是人類在宇宙中最大程度的扎根，因此便對立於我們自身的狀態，即近乎徹底地拔根狀態。這種文明因此是對應於我們苦難的盼望。

拔根與民族

為了扼要地理解我們的疾病，另一種拔根仍須加以研究。即是我們能夠以地理位置而命名之的拔根，亦即與對應於某個地理區域的群體有關。這些群體的意義本身已幾乎消失，僅剩下一種集體：民族（nation）。但是，從過去到現在，還有很多其他種類的集體。有些比較小、有時甚至是很小的集體，像是城市、村莊聚落、省份、以及某些區域，有的還包含了數個民族、或是數個民族的部分。民族本身即可替代上述這一切。民族，意即國家（État）。因為，我們找不到別的民族這個字的定義，除了認可同一個國家權威的全體領土。我們可以說，在當今這個時代，金錢和國家已經取代了所有其他形式的忠誠。

從很久以前開始，唯有民族扮演了這樣的角色，它由人類集體之於人類的崇高使命所構成，亦即確保將過去和未來，透過當下連結起來。在這個意義上，我們可以說，這是現實世界中唯一存在的集體，而家庭則不存在。如今我們所稱的家庭，是一個圍繞著個人的小型人類組織：爸爸和媽媽、先生或太太、孩子，而兄弟與姐妹間已經有點遙遠。最近，在一種普遍的困境中，這個小團體已發展出幾乎無可抗拒的吸引力，有時幾乎令人忘了所有的責任，因為在一片忽然降臨於身的苦寒中，唯有在家庭能找到一點生命的溫暖。這是種近乎動物性的反應。

但是如今，沒有人會想到在他們出生前。已過世五十年，甚至二十年或十年的先人，或是在他們死後五十年，甚至二十年或十年後，將要出生的後人。因此，以集體的觀點以及它的功能本身而言，家庭不再重要。

以此觀點而言，職業也同樣不再重要。在某些職業的框架中，行會曾是死者、生者和尚未出生者之間的連結，如今，就算僅是稍微朝向此種功能發展的行會，都已不復存在。一九〇〇年的法國工會主義對此或許曾有一點朦朧的願望，但也被迅速地抹去了。

最後，村莊、城市、地區、省份、區域，這些所有比民族更小的地理單位，都幾乎不再重要。而那些涵蓋了數個民族、或是數個民族的一部分的地理單位亦然。譬如，當數個世紀前我們說「基督教世界」(chrétienté)時，比之今日歐洲有著全然不同的情感共鳴。

總而言之，人類在塵世的秩序中所擁有最珍貴的東西，就是他在時間中的延續性，在人類存在的兩個方向[27]的界線之外，這珍貴的東西，如今已完全置於國家的手中。

然而，正是在這個民族獨自存續的時期，我們卻目擊了它在一瞬間令人驚愕地瓦解。這令我們茫然，以致於完全難以對此進行思考。

一九四〇年六、七月間的法國人民，並不是一群被躲在暗處的騙子所欺，忽然間意外地被偷走了祖國的人民。是法國人民自己張開了的雙手，任由祖國掉落到地上。此後——卻是在很久的間隔後——他們費盡了力氣、益發絕望地想將它拾起，但別人的腳已經踩在上面了。

如今，民族意識（sens national）回歸了。「為了法國而死」這樣的話語再次被提起，以一種自一九一八年起就不再聽聞的口氣。而在激勵法國人民的抵抗運動（mouvement de refus）中，飢餓、寒冷、如今異國士兵可憎地所擁有的絕對指揮權、家庭的分離——對於有些人而言甚至是流亡與被俘——這些受苦都至少扮演了很大一部分的、或許是決定性的角色。最佳證據就是占領區與非占領區在精神狀態上的不同。盧瓦爾河區以北在本質上，並沒有比盧瓦爾河區以南有著更多的愛國情感（grâce patriotique）。所處狀況的不同，導致了精神狀態的不同。以英國的抵抗為例，對於德國戰敗的希望也是很重要的因素。

今日的法國，除了記憶與希望外，沒有其他的現實。共和國從未像帝國時期一樣美麗[28]；祖國從未這般美麗，直到受制於征服者的壓迫——如果我們希望的是重新見到祖國完好無損。這也是為什麼在解放後，我們不該從當下的民族情感強度，來判斷這種情感對於公共生活的穩定具有多少真實的效力。

這種情感在一九四〇年六月瞬間粉粹的記憶，充滿了深重的恥辱，讓人寧可不去回想、不再考慮，只一心想著之後的重振復興。在私生活中亦然，每個人都傾向以某種方式，將自己的失敗放入括號，整理在某個雜物間中，找出一種不用將其計入的計算方式。若屈服於這樣的誘惑，無異於毀損靈魂，而這正是我們最該戰勝的誘惑。

我們全都曾屈服於這種誘惑，因為這個共同的恥辱如此深沉，以至它傷害了每一個人內心深處自身的榮譽。若是沒有這種誘惑，對於此一特殊事件的反思，早已讓我們建立起一個新的學說，一個新的祖國概念。

特別是從社會的角度來看，我們不能逃避思考祖國（patrie）概念的必要性。我們並不是再次思考它，而是第一次思考它，因為，沒錯的話，它從未被思考過。然而，這對於這樣一個曾經、並且仍然扮演著如此重要角色的概念而言，不是很奇怪嗎？這說明了我們事實上將思考放在什麼位置。

過去的四分之一世紀裡，祖國的概念在法國工人間曾經喪失了它所有的威信。一九三四

27 校註：指出生與死亡。

28 全集註：韋伊此語可能出自法國史學家阿方斯．奧拉斯（Alphonse Aulard，1849～1928），他在對法蘭西第三共和失望後，曾經表示「阿！帝國時期的共和國多麼美好啊！」

年後，共產主義者又重新流傳這個概念，並大張旗鼓地伴隨著三色旗和〈馬賽曲〉（La Marseillaise）。然而就在戰爭前夕，他們又豪無困難地將之再次塵封。他們的抵抗行動並不是以祖國之名發動的。是在戰敗大約九個月後，他們才重新採用了這個概念。慢慢地，他們完整地接納了這個概念。但若是將此視為工人階級與祖國之間真正的和解，那就太天真了。工人為了祖國而死，這是千真萬確的。但我們活在一個如此迷失於謊言的時代，即使是自願奉獻的鮮血，都不足以引領我們回到真理當中。

多年以來我們教導工人的是，國際主義是最神聖的責任，而愛國主義則是最可恥的資產階級者偏見。接著我們又花了數年的時間教導工人，愛國主義是種神聖的責任，非愛國主義者即是叛徒。如以一來，除了以本能回應和接受政治宣傳外，他們又能有什麼別的反應呢？

如果在理論中，無法給祖國的概念一個位置，一個明確——亦即有限——的位置，就不會有健康的工人運動。此外，這個需求對工人群體而言更加明顯，只因為祖國的問題已經在他們之間大量討論多時了。然而，這其實是整個國家的共同需求。令人難以接受的是，這個如今總是與責任相伴出現的詞，卻幾乎從未被做為研究對象。一般而言，人們就此主題所能找到的引述對象，僅只有勒南（Joseph Ernest Renan）平庸無奇的一頁而已[29]。

民族是一個新近的事實。在中世紀，忠誠是獻給領主、或城市、或是兩者，並延伸到其外領土尚不十分明確的區域。我們名之為愛國主義的情感當然是存在的，有時甚至達到十分強烈的程度，但是它的對象並不是以領土來界定的。這份情感隨著情況的不同，涵蓋了不同的地域。

事實上，愛國主義一直存在著，就和歷史本身一樣久遠。維欽托利確實是為了高盧而死的；抵抗羅馬入侵、有時甚至直至滅絕的西班牙部族，也是為了西班牙而死的，他們知道、並且傳頌這點；馬拉松和薩拉米斯戰役的亡者，是為了希臘而死的，當時的希臘，尚未淪為羅馬的行省，而它和羅馬的關係，相當於法國維琪政府與德國的關係，希臘城鎮的孩子們在街頭向那些合作者扔石頭，稱他們為叛徒，帶著與我們今日相同的義憤。

在這個新近時代前未曾出現過的，乃是一個能凝聚起來、提供給愛國情感的永恆目標。愛國主義曾是散漫、飄移，隨著親疏與危險的程度而擴大或縮小的力量。它曾與不同類的對人類、對領主或國王、或是對城市的忠誠相混淆，使這一切形成了某種非常混雜、卻又充滿人性的東西。為了表達這個每個人對其國度所感到的義務感，人們最常說的是「公眾」、「公共利益」，而這類字眼可以隨意地指稱村莊、城市、省份、法蘭西、基督教世界、人類全體。

人們也會說法蘭西王國，在這個用法上對國家的義務感，以及對國王的忠誠感就相混了。然而，曾有過兩個阻礙，讓這兩重情感從未能變得純粹，即使在聖女貞德的時期也沒有。我們

29 全集註：韋伊此處指的是法國學者勒南（Joseph Ernest Renan，1823～1892）的著名文章，〈何謂民族？〉（Qu'est-ce qu'une nation?）。

不該忘記，巴黎人民當時是反對聖女貞德的。

第一個障礙是，自從查理五世之後，以孟德斯鳩（Baron de de Montesquieu）的話來說，法蘭西便已不再是個君主國家，而淪為專制狀態，直到十八世紀，法蘭西才得以從中脫離。如今我們覺得納稅給國家是天經地義的事，因此難以想像在這個慣例建立時，引起了多大的道德動盪。在十四世紀，除了為戰爭而徵收的特殊奉獻，納稅被視為不光榮的事，是保留給被征服國的恥辱，是明白可見的奴隸印記。在西班牙的敘事謠曲（Romancero）以及莎士比亞中，都表達了同樣的情感：「這片土地……可恥地征服了自己[30]。」

查理六世（Henry VI）在孩童時，由他的叔父們佐政，透過利用腐敗和凶殘的暴行，粗暴地強制法蘭西人民接受一個專斷的、任意更新的稅賦，這使得窮人名副其實地陷入飢饉，領主們卻得以肆意浪費。這是為何亨利五世（Henry V）手下的英國人一開始被視為解放者而受到無論是當時屬於富者的雅爾曼尼克人[31]，或者隸屬窮者陣營的勃根地人的歡呼。

法蘭西人民因突如其來的粗暴而折腰，直到十八世紀前一無所有，僅剩下渴望獨立的戰慄。在這個時期，法蘭西人民被其他歐洲人視為標準的奴隸，像牲口一樣仰仗主人的慈悲。

而於此同時，在這群人民心底的最深處，種下了對國王既壓抑又苦澀的恨，而在傳統中，這股恨意從來未曾熄滅。早在查理六世時，就已經可從農民尖厲的訴怨中感受到它了。它對於巴黎聯盟神祕的受歡迎程度，想必也扮演了某種角色。在亨利四世受暗殺後，一個十二歲的孩子被處死了，因為他公開說他也會如此對待小國王路易十三（Henry XIII）。而黎塞留（Armand Jean du Plessis de Richelieu）[32]的事業則始於一篇論文，在文中他要求所有神職人員宣告弒君者皆下地獄，他所給出的理由是，凡是萌生此一意圖的人，都受到太過瘋狂的熱情所支配，任何塵世的懲罰都不足以彌補。

這種恨在路易十四統治的末期攀升到最強烈的程度。長期處在如此強烈的恐怖壓制下，這恨意終於爆發了，但根據歷史難解的慣例，它遲到了八十年，而遭受打擊的則是可憐的路易十六。而也正是這份恨意，阻止了君主制在一八一五年復辟。今日亦然，巴黎伯爵[33]之所以就算有貝爾納諾斯（Georges Bernanos）[34]的支持，還是無法被法蘭西人民自由地接受，正因受到了這份恨意的阻礙。從某些角度來說，這是很可惜的，很多的問題原本可以因此得到解決，但事情就是如此。

30 全集註：見莎士比亞，《理查二世》（*Richard II*），〈第二幕：第一場〉（Act II, Scene 1）。

31 譯註：Armagnacs，法國西南部的省份。

32 全集註：黎塞留（1585～1642），法國國王路易十三世的樞密院首席大臣及樞機主教，是法國中央集權的重要推動者。

33 全集註：指的是巴黎伯爵亨利六世（Henri Robert Ferdinand Marie d'Orléans，1908～1999）。

34 全集註：貝爾納諾斯（1888～1948），法國作家。

另一個毒害法蘭西人民對於法蘭西王國愛意的來源，在於不論哪個時代，歸屬於法王統治之下的領地中，總有些地區感到自己是被征服的國度，並且被當作被征服者對待。必須承認，在千年間造就法蘭西的四十位國王，經常做出堪與二戰時代相比的暴行。如果果樹與果子之間有自然地對應關係，人們便不應為果子離完美如此之遠感到驚訝。

例如，在歷史上，我們可以看到的同樣暴烈、但並未更加暴烈的惡行（或許除了幾個少數的例外），就是十三世紀初，法蘭西人對羅亞爾河南部地區的征服行為。在這片土地上，曾經有著高度的文化、寬容、自由和靈性生活，對於他們所謂的「語言」有著強烈的愛國情感——語言之於他們，就是祖國。法蘭西人對他們而言，曾經是異邦人、是野蠻人，就如同德國人之於我們。為了立刻烙下恐怖，法蘭西人從對貝濟耶[35]的屠城開始——而他們得到了想要的結果。每當土地被攻占，他們就在那裡設立宗教裁判所。一種深沉的不安持續地籠罩在這些人民身上，並在日後推動他們熾熱地擁抱新教，根據多比涅（Théodore-Agrippa d'Aubigné）[36]的說法，儘管在教義上有顯著的不同，但其源頭可直接溯及阿爾比教派。當透過人們對於因對抗黎塞留而遭處決的蒙莫朗西公爵[37]遺體，在土魯斯所作出的狂熱宗教見證，我們可以看到，在這些地方人們對於中央權力的恨意有多強烈。也是這同一種潛在的抗議，將他們拋入法國大革命的狂潮。其後，他們變成了激進社會主義者、世俗主義者、反教權者。在第三共和時期，他們不再憎恨中央權力，他們很大程度上已經控制並利用了中央權力。

我們可以觀察到，他們每一次的抗議，都帶著益發強烈的拔根色彩，以及益發低落的靈性和思考程度。我們同樣可以注意到，自從他們被征服後，這些地區對於法國文化所帶來的貢獻就相當微弱，在此之前，他們曾是那麼輝煌。法蘭西思想得益於此時期的阿爾比派以及十五世紀的吟遊詩人——他們並非法蘭西人——此後的幾個世紀，這個地區就再也沒有如此貢獻了。

勃艮第伯國[38]曾是一個原創且極端燦爛文化的所在地，但勃艮第伯國消失後其文化也不得倖存。弗蘭德各城[39]，在十四世紀末時，曾與巴黎和魯昂間有著祕密的兄弟關係，可是，受傷的弗蘭芒人寧可死也不願讓查理六世的士兵照料。這些士兵征伐並掠奪荷蘭邊境處，並帶回他們打算處死的資產階級富人。因為一時同情的意念所致，士兵提供了饒命的機會，只要他們願意成為法蘭西國王的臣民。他們答道，即使是死了，他們的骨頭——如果能夠——也會拒絕臣

35 校註：Béziers，法國南部靠地中海的一座城市。

36 校註：多比涅（1552～1630），文藝復興時期法國詩人。

37 校註：亨利二世．蒙莫朗西（Henri II de Montmorency，Duc de Montmorency，1595～1632），法國貴族，政治家，戰功卓著，但因反對黎塞留而遭斬首。

38 譯註：Le comté de Bourgogne（982～1678），亦稱為弗朗什－孔泰（Franche-Comté），位於今日法國的弗朗什－孔泰地區（屬勃艮第－弗朗什－孔泰大區）。伯國終結於路易十四在荷法戰爭後簽訂的條約。

39 校註：指法國佛蘭德（La Flandre française）地區（如今法國北部數省）的城市。

服於法蘭西國王的權威下。一位同時代的加泰隆尼亞歷史學家在陳述西西里晚禱事件[40]時，說道：「法蘭西人，在所有他們能掌控的地方，總是盡其可能的殘酷……」

當布列塔尼的統治者安娜（Anna Breizh，1477～1514）被迫與法蘭西國王結婚時，布列塔尼人感到十分絕望。假如這些人來到現在，特別是幾年前，他們是否會有強烈的理由認為自己搞錯了？儘管布列塔尼自治運動因為某些人的操控，以及他們所追求的不可告人的目的而信譽受損，這個政治宣傳肯定還是回應了某些同時既是事實，又存在於人民內心情感中的某些真實的東西。在這些人裡面，有一些隱藏的、無力找到出口的寶藏。法蘭西文化不適合他們，他們自己的文化卻又不能萌芽，因為自那時起，他們就全部處於社會弱勢中的最底層。布列塔尼男人在文盲士兵中占據了絕大多數；布列塔尼女人，據說，則占了巴黎妓女中很大一部分。自治不會是良藥，但這不代表疾病不存在。

遠離西班牙宗主治下的自由伯國[41]，享有自由和愉悅，他們在十七世紀時曾為了拒絕成為法蘭西人而戰。當史特拉斯堡人看到路易十四的軍隊在沒有任何事前宣告下，於承平時期進入他們的城市，都不禁紛紛哭泣，此等違背承諾之舉，堪與希特勒比肩。

保利（Pasquale Paoli）[42]，最後一位科西嘉英雄，為了阻止他的國度落入法蘭西之手，奮力揮灑其英雄主義，也因此在佛羅倫斯的一座教堂中有一座他的紀念碑，但在法國我們對他隻字不提。科西嘉是一個很好的例子，用以說明拔根導致的傳染病危險。在征服、殖民、腐敗和腐化這座島上的人後，我們透過讓他們成為警察局長、警察、軍官、小兵，及其他同類公務的方式讓他們臣服，而透過這些身份，輪到他們多少將法蘭西人民當作是被征服的人民來對待。對於法國在殖民地對眾多原住民凶暴而殘忍的惡名，他們也貢獻良多。

當我們稱讚歷代法蘭西國王同化了所征服的領土，真正的事實是那些被征服者在很大程度上都被拔根了。這是一個很容易的同化過程，觸及每一個人。那些被我們剝奪了自身文化的群體，他們不是停留在無文化的狀態，就是接受那些我們願意傳遞給他們的文化碎片。在這兩種情況下，他們都不會留下不同的色彩印記，使他們看起來像是被同化了。真正的奇蹟是：同化一個群體，但同時保留其有生命的文化，就算稍有改變。但這是極少發生的奇蹟。

確實，在舊體制下（Ancien Régime），每一個法蘭西的重大光耀時刻，都存在過強烈的法蘭西意識：十三世紀時，全歐洲都爭相來到巴黎大學；十六世紀時，已經熄滅，或尚未再次於他處燃起的文藝復興之火，其中樞正在法蘭西；路易十四在位的早年間，文人的聲名與武人的威望得到了很好地結合。然而比之更加真實的是，連結起眾多不一致區域的，並非是國王，而正是大革命。

40 譯註：是一場發生在一二八二年西西里島，反對安茹王朝的西西里國王查理一世對當地統治的起義。

41 譯註：Franche-Comté，即勃艮第伯國。

42 譯註：保利（1725～1807），科西嘉民族英雄，曾創建科西嘉共和國（Repubblica Corsa，1755～1769）。

十八世紀時，儘管存在極端驚人的腐敗，然而在法蘭西差異甚大的社會各階層中，已有著光耀而純粹的愛國主義之火。且以這位年輕的農民為證，他是布列塔尼的雷蒂夫的兄弟，擁有驚人的天賦，在幾乎還是孩童時，就因出於對公共利益純粹的愛而成為士兵，並在十七歲時遭到殺害。但這當時已經是大革命造成的結果。一整個世紀，人們都在預感、等待、渴望法國大革命降臨。

透過狂熱的民族主權思想（souveraineté nationale），法國大革命將臣服於法蘭西王權底下的人民，熔鑄成一個單一的大眾。那些曾經因強迫而成為法國人的人，如今卻是自由地同意成為法國人；許多原本不是法國人的，如今希望成為法國人。因為從這一刻起，成為法國人，意味著成為一個主權民族。如果世界各地所有的人民都能成為主權者，如同我們所希望的那樣，法國永遠不可能丟失它作為起始者的榮耀。此外，國家邊界也不再重要。異邦人只是那些仍然受暴君奴役的人。真正具有共和國靈魂的異邦人，會被樂意地接納為榮譽法國人。

因此，在法國存在著此種愛國主義的悖論：並非基於對過去的愛，而是基於與國家的過去最暴烈的決裂。然而，法國大革命的前身，卻來自於法蘭西歷史中或多或少隱密的部分，即是那些所有與農奴解放、城市解放、社會抗爭、十四世紀的反叛運動、勃艮第運動的興起、投石黨（Fronde），以及如奧比涅、戴奧非爾．維奧（Théophile de Viau）[43]、雷茲（Retz）等作家相關的部分。在弗朗索瓦一世（François I）[44]的統治下，某個民兵自衛隊的計畫因為領主的反對而遭到排除了，他們認為若實施此計劃，民兵的兒子將成為領主，而他們自己的兒子則會成為農奴。可見這股激起人民隱隱奮起反抗且持續上升的力量有多大。

然而，百科全書派者，全是被拔根的知識分子，全都沉迷於進步的概念，他們的影響力，阻止了人們為召喚革命傳統而付出的任何努力。此外，路易十四長期的恐怖統治造成了某種難以克服的空間上的空白。也正因為如此，儘管孟德斯鳩作出了在這個意義上與之相反的努力，十八世紀的解放浪潮仍自覺缺乏歷史上的根——一七八九年造成了一個真正的斷裂。

當時人們稱之為愛國主義的情感，其對象僅僅指向過去和未來。那是對主權民族的愛，因此在很大程度上建立在能參與其中的自豪感。法蘭西的屬性似乎不是一個事實，而更像是一種出於意志的選擇，就像今日對政黨或教派的參與。

至於那些仍然依戀法蘭西過往的人，他們的愛慕其實是對於國王個人及其王朝的忠誠，因此尋求異國國王的軍隊來搭救，並不會令他們感到任何不適。他們並非叛徒。對於他們所相信必須效忠的對象，他們保持忠誠，這點與那些將路易十六處死的人並無不同。

---

43 譯註：戴奧非爾・維奧（1590～1626），法國巴洛克詩人劇作家。生於法國西南方的克萊拉克（Clairac）市。一生顛沛，因放蕩主義思想與生活方式遭宗教迫害。

44 校註：弗朗索瓦一世（1494～1547），又稱大鼻子弗朗索瓦（François au Grand Nez），騎士國王（Roi-Chevalier），法國史上名聲卓著的開明君主之一。

在那個時代，那些唯一符合愛國主義者這個字眼在日後才具有的意義的人，是那些被當時以及其後世視為極端叛徒的人，例如像是塔列朗（Charles-Maurice de Talleyrand-Périgord）[45]這樣的人，因為他並非如他人所言，服務於所有的政體，而是服務在這所有政體背後的法國。對於他們這樣的人，法蘭西既不是主權民族，也不是國王，而是法國這個國家。接續下來的事件證明了他們是正確的。

因為，當民族主權此一幻覺明顯地以虛幻展現時，它就不再能作為愛國主義的對象；另一方面，王權則像是被砍斷、卻未被重新栽種的植物，因此愛國主義必須改變其意涵，並將之轉向國家（État）。然而從這一刻起，民族主權就不再受歡迎了。因為國家並非一七八九年的創造，它在十二世紀初就存在了，而且是人民對王權的恨意的一部分。正因如此，透過這個乍看之下令人意外的歷史悖論，愛國主義者的社會階層和政治陣營改變了，原本他曾經屬於左翼，現在換到了右翼。

這個改變的完全實現，是在巴黎公社之後以及第三共和初期。一八七一年五月的大屠殺[46]已經造成了道德上的衝擊，法蘭西工人或許還未從中恢復。這一事件並不真的遙遠，因為今日一個五十多歲上了年紀的工人，仍然可以從他父親口中，聽聞這個父親年幼時的恐怖回憶。十九世紀的軍隊是法國大革命的特殊創造物。即使是波旁王朝、路易菲利浦或拿破崙三世的士兵，也會覺得向人民開槍是極端暴力的舉動。在一八七一年的建軍，如果我們排除一八四八年那短暫的插曲，就是自法國大革命以來，法國第一次擁有一支共和國軍隊。這支軍隊，是由法國鄉間最勇敢的年輕男孩組成，他們以一種難以置信的放縱，投入屠殺工人的快樂中。這就足以引起震撼了。

這主要的原因，很可能是出於對於戰敗之恥的補償需求，而這同樣的需求，也將在稍晚引領我們去征服不幸的安南人[47]。這些事實顯示了，若是沒有恩典的超自然作用，人們一旦進入了相應的心理機制的運作，就沒有什麼殘酷或卑劣之舉是這些驍勇之人做不出來的[48]。

第三共和則是第二次衝擊。在此之前，人們可以相信民族主權是存在的，只是被壞國王和皇帝給壓制了；「人們會想：要是沒有他們……」但當他們都已經不在了，當民主已經建立了，人民卻顯然仍不是主權者，混亂就難以避免了。

一八七一年，是這種特殊的、誕生於一七八九年的法蘭西愛國主義的最後一年。德國的腓

45 校註：塔列朗（1754～1838），法國政治家，經歷過大革命、拿破崙帝制、波旁復辟、奧爾良王朝等，後世評價十分兩極。

46 校註：指巴黎公社的終局，即血腥的一週（semaine sanglante，一八七一年五月二十一日到二十八日），期間法國政府軍屠殺並大規模處決公社的起義軍民。

47 譯註：即越南。

48 校註：此處韋伊可能是在描繪自己在西班牙內戰時期的經歷。

特烈皇子，也就是後來的腓特烈二世（Friedrich II），是個有人性、理性而明智的人，他非常驚訝於這種愛國主義的強度，在鄉間隨處可見。他沒有辦法理解亞爾薩斯人，他們幾乎不會說法語，而是說著一種十分接近德文的方言，雖然他們大體上相當晚近才被粗暴地征服，但卻不願聽人談論德國。他觀察到他們的動機，是因為晉身於法國大革命和主權民族之國度的驕傲。遭受併吞、與法國分離，或許讓他們部分地保持此種精神狀態直到一九一八年。

巴黎公社在一開始時並非一場社會運動，而是一場愛國主義，甚至是尖銳的沙文主義[49]的爆發。此外，整個十九世紀，法蘭西愛國主義的侵略性姿態，曾讓整個歐洲擔憂，而一八七〇年的普法戰爭正是最直接的結果：即使法國沒有為這場戰爭進行準備，卻仍在沒有任何合理動機下宣戰。這整個世紀以來，帝國征伐的夢想仍然鮮活地存在人民心中；與此同時，人們也為世界獨立舉杯[50]。征服世界和解放世界是兩種事實上不相容的榮耀形式，但它們卻在幻夢中協調得很好。

這些人民的澎湃情緒都在一八七一年後破滅了。然而，有兩種原因在表面上維持了愛國主義的延續。首先，是對失敗的憤恨。當時真的尚未有什麼合理的理由去埋怨德國人，因為他們沒有採取侵略行動，也幾乎自制地停止了暴行。而自我們首次遠征安南的那天起，我們就無權責備他們侵犯了亞爾薩斯－洛林地區人民的權力，況且這裡的民眾大多是數日耳曼語族。但我們仍埋怨他們打敗了我們，好像他們竊取了法蘭西某種神聖的、永恆的、而絕不失效的勝利的權利。

而在我們今日的各種怨恨中，不幸地，具備了許多完全合理的原因，而這種特殊的情感也部分摻雜其中。怨恨也同樣是某些人一開始成為在地協力者[51]的動機之一，因為他們認為，如果法國處於失敗者的陣營，這只可能是因為出了差錯、謬誤、誤解，彷彿法國生來就該屬於勝利陣營的。而為了進行必要的修正，最容易、最不費力、最不痛苦的方法，就是改投陣營。這種精神狀態也在一九四〇年七月主宰了維琪政府中某些團體。

但是，在第三共和時期，當法蘭西愛國主義幾乎失去了一切鮮活的存在時，真正阻止愛國主義消失的，是因為當時沒有其他東西可替代。除了法國以外，法國人沒有其他可效忠的東西，於是，當他們在一九四零年六月一度拋棄它時，我們可以看到，對於這群沒有以忠誠連結於其他任何東西的人民，那景象是多麼的可怕又可憐。這也是為什麼，後來他們又重新獨獨緊抓著法國。但要是法國人民重新找回今日我們所謂的主權，一九四〇年之前同樣的困難仍會重現：亦即事實上，法國這個字眼所指稱的，首先是一個國家。

49 譯註：沙文主義原意為極端的、過度的愛國主義或民族主義。

50 全集註：韋伊此處指涉皮埃爾．杜邦（Pierre Dupont）作詞曲的〈勞動者之歌〉（Le Chant des ouvriers，1846）當中的副歌結尾：「乾杯！乾杯！乾杯！為了世界的獨立乾杯！」

51 譯註：指二戰時法國淪陷於德國之初選擇與德國合作的人。

國家是一個冷冰冰的東西，它不僅不能被愛，還會殺死並消除所有可能被愛的存在。因此，我們是被迫愛它，因為我們只有它。這實是我們當代人的道德酷刑。

這或許是領袖現象在各處興起，並愚弄如此多人的真正原因。目前，在所有的國家、在所有的行動中，總會有一個人，以個人的名義贏得眾人的忠誠。與其被迫擁抱金屬般冰冷的國家，使得人們反過來渴望去愛某個由血肉所生成的東西。這個現象尚未靠近它的盡頭，而我們目前為止所面臨的災難卻已是它的後果，不僅如此，它還為我們保留了種種難捱的驚嚇，因為，在好萊塢，其製造明星的藝術已廣為人知，它可以用任何材料，將任何人打造成接受大眾崇拜的名人。

如無錯誤，國家被作為忠誠對象的概念，不論在法國或歐洲，都是由黎塞留首先提出的。在他之前，我們會以忠誠的態度談論宗教，談論公共利益，談論故土，談論國王或領主。是他第一個採取了此項原則，即任何承擔公務者，在執行公務時，其忠誠不是給予大眾，不是給予國王，而是必須完全地給予國家，此外別無其他。要給國家一個嚴謹的定義並不容易，然而不幸地，我們也不可能質疑這個字眼指涉了某個真實。

黎塞留具有那個時代常見的清晰理智，他以清晰的概念定義了道德和政治的差異，而此前在這主題上人們早已經散布了多少混亂。他大至上說的是：我們必須自我警惕，必須執行同樣的規則，必須像對待靈魂的拯救一般，去對待國家的拯救，因為靈魂的拯救將在另一個世界執行，然而國家的拯救只能在此世執行。

這是很殘忍的事實。一個基督徒應該只可能從中得到一個結論：當我們論及應當給予靈魂的拯救，也就是上帝，其忠誠應該是完全的、絕對的、無條件的；而論及國家應當被給予拯救的理由，其忠誠應該是有限且有條件的。

但儘管黎塞留自信是、並且可能是個真誠的基督徒，他的結論卻完全不同。他的結論是：對於國家的拯救負有責任的人以及其下屬，應該為了這個目的，使用一切有效的方法，沒有任何例外，必要時不惜犧牲他們自己的生命、他們的統治者、人民、其他國家，以及所有一切義務。

這其實正如莫拉斯（Charles-Marie-Photius Maurras）[52]的學說所言：政治掛帥（Politique d'abord）只是以一種更崇高的方式呈現。不過，莫拉斯合乎邏輯地是個無神論者。然而這位樞機主教[53]卻把某個所有真實都只存在於此世的存有當成了絕對，這就犯下了偶像崇拜的罪。再說，真正危險的並不是金屬、石塊或木頭。偶像崇拜真正的罪，是因為其對象總是某些與國家相似的東西。魔鬼向耶穌做出的提議正是這樁罪，因為魔鬼向耶穌允諾這世上的萬國。耶穌拒

52 譯註：莫拉斯（1868～1952），法國作家暨政治家。

53 譯註：指黎塞留。

絕了[54]。黎塞留卻接受了。他得到了他的報償。但他始終相信這行動僅僅是為了獻身，雖然某種意義上來說這也是真的。

他對國家的獻身將法國拔了根。他的政策是在國內系統性地扼殺所有自發的生活，以防止任何可能反抗國家的力量。如果他這方面的行動看起來有節有度，那是因為他才正開始，而且他足夠狡猾，懂得循序漸進。只需要閱讀高乃依（Pierre Corneille）[55]的獻詞，就能感受到黎塞留深知如何將精神貶低到何等的奴顏卑屈。在那之後，為了避免我們國民的榮耀蒙受恥辱，人們總想像地說那只是當時的禮貌用語。但這是一個謊言。這點只要讀過戴奧非爾．維奧的作品就能明白。只是戴奧非爾遭專斷下獄而過早去世，但高乃依卻得享高壽。

文學的價值僅止於象徵，但卻是不會騙人的象徵。高乃伊奴顏媚骨的語言，說明了黎塞留連眾人的靈魂都要奴役。他並非為了他個人，而是為了他所代表的國家——因為他當時的自我犧牲很可能是真誠的。他對國家的構思本身就是極權的。他盡其所能，用他的時代所有可行的方法，將整個國家置於警察制度之下。他就這樣摧毀了這個國家大部分的道德生活。如果法蘭西順服於這樣的高壓統治，是因為貴族們已經透過荒唐又殘暴的內戰將之破壞殆盡，以致於人們願意接受這樣的代價，來換取國內的和平。

在投石黨運動爆發後——它一開始在許多方面都預示了一七八九年——路易十四以一種更近似獨裁者而非合法主權者的精神登基了，而這可從他的名言展現出來：「朕即國家」（L'Etat c'est moi）。這不該是一個國王的想法，孟德斯鳩以隱晦的方式，很好地對此做出解釋。但是，他在那個年代還不能覺察到的，是法蘭西王權的崩壞有兩個階段。查理五世之後的君主制已經退化為個人獨裁了。但是，自黎塞留起，王權就被傾向於專制的國家機器（machine d'État）給取代了。而如馬克思所言，國家機器不僅在所有的變動中存續，還在每次的體制變動中持續完善和擴大。

在投石黨運動期間以及馬薩林（Jules Mazarin）[56]的領導下，儘管遭遇公共危機，法國在道德上仍未徹底窒息。路易十四發現法國許多傑出的天才，並且給予他們肯認和鼓勵。但於此同時，他仍延續著黎塞留的政策，甚至在強度上更加提升。他就這樣，在短時間內將法國削弱至道德沙漠的狀態，更別提惡劣的物質匱乏。

如果我們去閱讀聖西蒙的原因，並非出於文學和歷史上的好奇，而是當作記錄當時人們所過的真實生活的記錄，我們會為他們如此強烈的致命的苦惱、以及如此普遍的靈魂、心靈與智

54 全集註：〈馬太福音〉4：8－10，〈路加福音〉4：5－8。

55 譯註：高乃依（1606～1684），法國古典主義悲劇作家。

56 譯註：馬薩林（1602～1661），法國國王路易十四時期的樞密院首席大臣及樞機

力的低下，感到驚恐和噁心。拉布魯耶（La Bruyère）[57]的作品，和李澤洛特（Liselotte）[58]的書信，以及那個年代所有的文件，若以同樣的態度去閱讀它們，便會得到同樣的印象。若再稍加往前回溯，我們很可能會覺得，譬如說，莫里哀（Molière）寫作《厭世者》（*Le Misanthrope*）並非為了自娛。

路易十四的政治體制真的已經屬於極權體制（totalitaire）。恐怖和告密肆虐全國。由主權者所代表的國家的偶像崇拜，其組織方式之厚顏無恥，可說是對所有基督徒良知的蔑視。政治宣傳的藝術已被完全了解，就如同警察局長對李澤洛特天真的供認所顯示的，他接到命令，除了對國王極致的讚歌，任何主題的任何書籍都不准出現。

在這樣的體制下，法蘭西各省份的拔根、對於在地生活的摧毀，達到了更為嚴重的程度。十八世紀是一場片刻的安寧。法國大革命的行動以民族主權取代了國王，此舉只有一個缺陷，那就是民族主權並不存在。就如同羅蘭的牝馬[59]，這就是它唯一的缺點。事實上，世上不存在任何已知的程序足以產生任何真實的、可以與這個詞語相對應的東西。自此以後，只剩國家存在，而它自然地從對統一的狂熱中獲益——「統一或死亡」——這狂熱圍繞著對民族主權的信仰中迸發。由此，地方生活的範疇又遭遇到了新的毀滅。而戰爭則幫助了國家，因為它從最初就是這段歷史的動力。國家，在國民大會（Convention）和帝國時期，變得越來越極權。

路易十四透過將教會結合其個人崇拜，以及在宗教事務方面強制教會服從，削弱了法國教會的地位。這個教會對主權者的順服，在很大程度上導致了下一個世紀的反教權運動。但是，當教會犯下無可挽回的錯誤，將自己的命運與君主制度結合，它就斬斷了與公共生活的聯繫。沒有什麼能更好地服務於國家的極權渴望了。其結果就是產生了政教分離體制（système laïque），這便是如今狂熱的國家崇拜的前奏。

面對政教分離精神，基督徒毫無防備之力。因為，他們若非全然投入於某一個政治行動、某個黨派行動，好將權力短暫地重新置於教士、或者教士身邊人之手；就是聽任自己在其自身生命中所有世俗的部分，處於無宗教的狀態，而這在今日是一種普遍的情況，其程度之深，就連相關人士自身都意識不到。在這兩種情況下，宗教自身的功用已被遺棄了——它原本的功用包含將整個或公共或私人的俗世生活，浸潤到光亮中，且完全不加以控制。

【五行字被畫去，不可辨識】

十九世紀時，在拔根的意義上，鐵路造成了可怕的傷害。喬治．桑仍曾在貝里地區[60]見過

57 譯註：指拉布魯耶（1645～1696），法國哲學家，著有《品格論》（*Les Caractères ou les Mœurs de ce siècle*）。

58 校註：指李澤洛特（Princess Elisabeth Charlotte，1652～1722），法王路易十四的弟媳。

59 譯註：羅蘭（奧蘭多）是查理曼大帝的手下。此處典故引自「瘋狂的奧蘭多」，描述他有一匹完美無缺的馬，唯一缺點就是牠死了。

60 譯註：Berry，法國舊制度下的行省之一，位於法國中心部位。

或許有數千年之久的風俗，而若不是有她寫下的簡短筆記，這些記憶有可能就全部散逸了。

失去了的過往，不論是集體或個人的，都是人類的巨大悲劇，而我們卻丟掉我們自己的過往，就像孩童揉掉一朵玫瑰一樣。為避免這樣的失去，正是人民絕望地抵抗侵略的先決理由。

但是，國家極權的現象，是由公眾權力施行在人民身上的征服所構成，但國家掌控人民，但卻不能夠讓他們避免所有伴隨征服而來的不幸，並以此擁有最佳的向外征服的工具。這就是法國過往以及德國最近發生的事，更別提俄國。

然而，國家的發展卻摧毀了家園。國家吞食家園的道德養分，以此為生、以此為肥，直到營養被消耗殆盡、直到家園自身因飢饉而衰亡。法國已經到了這個地步。而德國正相反，國家式的中心化是最近的事，國家因此掌握了其食物中的過剩養分所帶來的全部攻擊性。至於俄國，人民的生活有如此強度，以至於我們不禁自問，最終，與其說是人民將要吞食國家，不如說是他們將國家給消化吸收了。

在法國，第三共和是一件相當特殊的事。其中一個最特殊的特徵，在於它所有的結構都源自於帝國，除了國會的日常運作本身。法蘭西人對於抽象邏輯的喜好，令他們容易受到各種標籤的愚弄。英國人有一個內涵為共和國的王國；而我們的共和國的內涵卻是帝國。帝國本身在法國大革命底下，透過不間斷的聯繫，與君主制連結，不是連結古老的法蘭西君主制，而是十七世紀極權的、警察制的君主制。富歇（Joseph Fouché）[61] 便是此一延續性的象徵。在所有變革中，法蘭西政府的壓迫機器穿過了一條沒有困難亦沒有阻礙的道路，而其行動能力仍持續擴張。

因此，在過去由王朝轉變為暴政的時期，法蘭西政府始終是埋怨、仇視、反感的對象。我們活在這個矛盾之中，其怪異程度使得我們甚至無法對此有所認知：一個民主制度，其所有公共機構及其所有相關者，都被所有人公開地仇恨和鄙視。

所有法國人，在偷竊或詐取國家的關稅、稅務、津貼，或其他任何東西上，都不會有一絲的遲疑。必須排除某些公務員的圈子，因為他們正是這公共機器的一部分。若說資產階級較其他國民在這類操作上走得更遠，只不過是因為他們的機會更多。法國警察被作為蔑視的對象是如此的深刻，以至於對許多的法國人而言，這種感情是正直之人永恆道德結構的一部分。吉尼奧爾[62]是正宗法國傳說，可追溯到舊制度，迄今亦尚未過時。在法語中，以警察作為形容詞是最傷人的侮辱之一，若探查其他語言中是否有對應的詞彙，那會非常有趣。然而，警察不過是公共權力行動的工具，法蘭西人民對於此一工具的感情一直是相同的，正如盧梭所述，從農民被迫藏起他們所擁有的一點點火腿的時期開始，便是如此。

同樣的，所有政治組織的把戲，也是反感、嘲弄、蔑視的對象。政治這個字眼本身，乘載

61　譯註：富歇（1759～1820），法國政治人物，法國大革命時其重要人物。

62　譯註：吉尼奧爾，法國里昂的地方木偶劇角色，貧寒、正直而幽默。

了在一個民主政體中如此難以想像的、強烈的貶低意涵。「他是個政客」、「這些，全是政治。」這些句子都展示了未審先判的定罪。在一部分法蘭西人眼中，就連國會議員這樣的職業——因為這是一個職業——也帶有某種侮辱性。某些法國人會為自己免於與所有關乎他們稱之為「政治」的事物接觸而感到驕傲，除了選舉那一天，或也包括選舉那一天；其他人則視他們的代表為某種家僕，是種為了服務於他們的特殊利益，而被創造並置放在這個世界的存在。在公共事務上唯一能減緩這分蔑視之情的，只有政黨精神，至少在這裡，沒有染上這項疾病。

人們徒勞地尋找著公共生活中的某個面向，期許能夠激發起法國人哪怕是最輕微的忠誠、感激和友愛之情。在對政教分離充滿熱情的美好年代裡，也曾有過教育。但長久以來，在父母和孩子的眼中，教育不過就是機制，能讓人獲取文憑，亦即地位（situation）。至於社會法規，如果是他們滿意的措施，沒有一個法國人會不將其視為透過暴力的壓迫，從公眾權力的不良意志奪取到的讓步。

沒有任何其他的利益，可以填補忽視公共事務所帶來的損害。每一個新的繼任政權都以更快的速度，摧毀地方和各省區的生活，直到政權最終消失。法蘭西就像那種四肢已然冰冷，只剩心臟仍跳動著的病人。因為在任何地方都失去了生命的脈動，除了巴黎以外，然而只要進入圍繞著城市的郊區，道德死亡的氣息就開始令人感到沉重。

在這個外在安詳的戰前時代，法國外省小城的煩惱，或許構築了一種與可見的暴行同樣真實的殘酷。從搖籃到墳墓，人們被迫在沉悶與無聊中，度過他人生中獨特的、無法替換的時光，這難道不比饑荒和屠殺更嚴酷嗎？是黎塞留開始將這團無聊煩悶的薄霧丟到法蘭西上頭，而且這現象從未終止，直到越來越令人難以喘息。當戰爭來臨時，這現象已經到了令人窒息的程度。

如果國家在道德層面上，已屠盡了所有在領土上更小的存在，它也同時將國土疆界轉換成禁錮思想的獄中之牆。一旦我們越過教科書、稍微近看歷史，我們會驚愕地發現，有那麼多儘管在物質溝通方式上幾乎匱乏的時代，卻在橫跨最廣闊領土的思想交流層面上，其生命豐富性、多元性、生命力和強度都超越了我們的時代。中世紀、前羅馬的古典時期、史前時代便是這樣的例子。現今，我們擁有無線電、飛機、各項交通工具的發展、印刷術、新聞，但當代國家各自分別封閉成小區塊的現象，卻如科學一般自然地具有普遍性。這邊界，當然，並不是堅不可摧的，但是，就算僅僅只是為了旅遊，也必須通過無止盡地煩人又頭痛的行政程序；同樣地，不論是在哪一個領域，與異國思想的接觸，都必須付出更多精神上的努力來穿越邊界。所需的努力之龐大，使許多人不願意為此付出。即使是那些已付出實踐者，這個必須努力的事實，仍阻礙了在邊界之上可以自然建立的連結。

確實，跨國教會和國際政黨都存在著。但是，談到教會，最不可容忍的醜聞是，在戰爭中，敵對陣營雙方的教士和信徒，同時都向上帝祈求軍事上的勝利，以同樣的儀式、同樣的禱詞，以及——我們必須假設——同等程度的信仰和真誠的心。這種醜聞由來已久，但是，在我們這個世紀，宗教生活從屬於國家生活的情況是前所未有的。至於政黨，要嘛它的國際性純屬虛構，要不就是國際主義出現了完全從屬於某一個民族的形式。

最終，國家同樣抹去了所有在公眾生活之外、能為忠誠提供方向的連結。法國大革命為了有利於科技進步，取消了行會，但越是如此做就越對道德造成損害，或至少，它造就、達成了已經部分完成的損害。現時，我們再怎麼重複都不為過，當我們使用「行會」這個詞時，無論是在哪個領域，都已經與行會沒有任何關係。

當行會消失了，在人類的個人生命當中，工作變成為了獲取金錢的方式。在國際聯盟的憲章中的某處，有一個句子肯認了：「今後工作將不再是一種商品[63]。」這真是最惡趣味的玩笑話。我們活在這樣一個時代裡：許多正直的人自認距離列維-布留爾（Lucien Lévy-Bruhl）[64]所說的「前邏輯心智」(mentalité pré-logique）很遠，卻比澳大利亞深處的野蠻人更深信語言的魔法效力。當我們從商業流通中抽走一件必需品，我們就得預先為必需品安排另一種分配方式。但是，對於已成為商品的工作（確然如此），我們還看不到任何類似的安排。

從此職業道德僅僅只是正直經商的一種模式。在一個立基於交換的社會，最嚴厲的社會譴責針對的是偷竊和詐欺，特別是在保證商品完好的情況下賣出瑕疵品這種詐欺。同樣地，當我們販賣勞動力時，正直要求人們交出能與價格匹配的商品價值。但正直並非忠誠，在這兩項美德間隔著相當遙遠的距離。

在工人同志之間有種強烈的忠誠元素，長期以來就是工會生活的主要動力。但是，有許多的障礙，讓著這份忠誠無法構成道德生活的有力支持。一方面，社會生活中的重商主義已經擴展到工人運動，將與金錢有關的問題放到第一位，而金錢問題的苦惱越占主宰，忠誠精神也就越消失無蹤。另一方面，若工人運動確實是革命性的，它就能夠逃離這些弊端，但相反地，卻會帶上絕對反叛所固有的弱點。

在某些觀察上總是出奇清明的黎塞留曾說過，他透過經驗認識到，在其他條件都相同的情況下，反叛者總是比維護官方權力者弱了一倍。即使自認為正確的事業，但身為反叛者的情感卻令人衰弱。若沒有這種心理機制，人類社會就不可能有任何穩定性。這個機制解釋了共產主義政黨的支配方式，使革命工人多麼高興他們的背後有個國家——這個國家賦予他們的行動某種官方色彩，這種合法性、真實性只有國家才能給予，而於此同時，國家在地理上又距離他們太遠，不會讓他們感到厭惡。同樣地，因為與自己的統治者（souverain）有所衝突而感到不安的百科全書派，則渴望受到普魯士或是俄國統治者的厚待。透過這個類比，我們可以理解那些

63 全集註：此處韋伊所指的可能是《凡爾賽和約》（*Traité de Versailles*）的四二七條第三項第二款。

64 譯註：列維-布留爾（1857～1939），法國學者，研究涉及社會學、心理學與人類學。

多少有點革命性的戰鬥工人分子，為何能夠抵抗俄國威名的誘惑，卻無法不臣服於德國威望的誘惑。

除了那些全然投身於共產主義政黨的工人之外，其他工人們無法在他們的階級中找到某一個夠清晰、夠明確界定的目標去效忠，並以此得到內在的安定。很少有概念像社會階級概念一般不明確。馬克思將他所有的體系都置放在社會階級概念中，卻從未試著將其定義，更別說僅僅是研究它。從他的著作中我們唯一能提取的有關社會階級的資訊，就是社會階級是在抗爭中的，而這並不夠。社會階級也不是那種，用語言難以定義，在思想中卻很明晰的概念，因為在沒有定義的情況下去設想它和感受它，比對它下定義更為困難。

在現代生活中，十分獨特的是，因為參與宗教團體而帶來的忠誠也同樣稀少。儘管有著顯著與可觀的不同，但若比較英國式的國家教會和法國式的政教分離，在某個對比的意義上能產生同樣的效果。只是後者似乎更具破壞性。

人們已經宣稱宗教為一種私人事務。按照現今的常見精神，這並不意味著它寄居在靈魂的祕密中，或在某個深層被掩蓋的、或甚至個人意識都無法穿透的地方裡。這意味著的是，宗教成了可選擇的事物、一個觀點、品味，幾乎類似於選擇政治政黨，或甚至選擇一條領帶那樣的隨心奇想；或者宗教就只成了如家庭、教育、周遭環境般的事務。宗教成為了私人之事後，它就喪失了對應於公共事務的義務特性，而後，就更遑論對其絕對的忠誠資格了。

大量具啟示性的話語都顯示了正是如此。例如說，有多久我們不再聽到這樣重複的話語：「天主教徒、新教徒、猶太人或自由思想者，我們都是法國人。」正如當我們指稱這個國家不同區域的領土時說：「馬賽人、里昂人或巴黎人，我們都是法國人。」在教皇頒布的文件中，我們可以讀到：「不僅是基督徒的觀點，而是普遍性的人類的觀點……」就好像基督徒的觀點，它不具備任何意義，或者是企圖封裝此世界與另一個世界的所有東西；好像基督徒觀點的概括程度較人類的觀點更弱。我們幾乎難以設想比這更糟糕的承認失敗的供詞。這就是我們如何為「讓他受詛咒吧！」付出代價。最終，宗教降格為私人事務之列，限縮為在星期天早晨，成為去一個地點消磨一或兩個小時的選擇。

可笑的是，宗教，也就是人與上帝的關係，在今日並不被視為一件多神聖、不容任何外在權威介入的事物，只是國家允許個人奇想的眾多事物之一，而在公共事務觀點上不具重要性。至少最近以來確實如此。這才是「寬容」這個字眼真實的意思。

就此，除了國家，再也沒有忠誠得以聯繫的地方。這也是為何直到一九四〇年，忠誠都沒有離棄國家。因為，人們感到一個失去忠誠的人類生活是恐怖的。在所有與道德概念相關的法語詞彙都在貶值的時候，叛徒和背叛這兩個詞卻沒有失去他們的力量。人們亦感到自己生來是為了犧牲的，而公共想像中的犧牲形式所剩下的只有軍事的犧牲，也就是為國捐軀。

所剩下的也唯有國家了。民族的幻象——一七八九和一七九二年時人們使用這詞的意思，曾經激起多少歡樂的淚水，如今這過往已消失殆盡。民族這詞的意義已經改變。在我們的時代，這個字眼不再用來描述人民主權，而是承認同一個國家主權的人民集合體，竟即民族就是一個國家，以及被他統治的人民所構成的結構。今日，當我們談論民族主權時，它唯一的含義就是國家主權。當代的某人和一七九二年的某人之間的對話必然會帶來相當具有喜劇效果的誤解。然而，問題不僅僅在於國家不再是主權人民，而在於這個國家甚至是非人性的、粗暴的、官僚的、警察制度的，由黎塞留留給路易十四，路易十四留給國民大會，國民大會留給帝國，帝國再留給第三共和。更甚以往地，人們本能地認識並且憎恨這樣一個國家。

因此，我們會看到這樣的異事：一個國家，作為憎恨、厭惡、嘲弄、蔑視，以及恐懼的對象，在愛國之名下，它又要求人民絕對的忠誠、徹底地給予、極致的犧牲。在一九一四到一九一八年間，國家得到了這些，其程度超越所有人的期待。國家自視為此世間某種絕對的物事，也就是某種可供崇拜的對象；而它也確實被如此接受和侍奉，以無可計數的人命犧牲為榮耀。這是一種沒有愛的偶像崇拜，還有什麼比這更可悲可怕？

當一個人的獻身程度遠超過他的心所能萌發的，接下來不可避免地就會產生暴力的回應，某種在情感上受刺激後反應。這常可在家庭中見到，當一個病人需要得到的照顧超過了他所能激起的情感，他便成了被壓抑者仇恨的對象——因為那是不可言說的，然而仇恨卻始終存在著，像是有毒的祕密。

在一九一八年後，在法國和法國人之後，發生著同樣的事情。法國人為法國付出太多了。他們所給出的已經超出了他們的心中對它的感情。

一九一八年後，所有的反愛國主義思想、和平主義、國際主義，都是仗著戰爭中的死者和前軍人的名義出現的，而對於他們，這些思想確實很大程度上來自於他們生活中的領域。當然，也曾有些愛國主義色彩強烈的退伍軍人組織。但是，他們的愛國主義表達聽來空洞，完全缺乏說服力。那就像是這一類人的語言：因為承受了過多的苦難，感受到必須不斷地提醒自己他們的苦難不是白受的。因為，與心靈的脈動相關的過多的苦難，只能導致兩種態度：或者，人們暴力地推卻那個他為之付出太多的東西；或者，人們帶著某種絕望與苦難緊密相繫。

最傷害愛國主義的——儘管反覆提起已到令人生厭的地步——莫過於回想起警察在戰場後方所扮演的角色。而最令法國人傷心、迫使他們不得不去思考的，是在愛國的背後，存在的是這樣一個警察國家，一個傳統上他們所憤恨的對象。與此同時，一九一八年前那些駭人的新聞報導片段，若在衝擊過後以冷靜甚或帶著厭惡的態度去重讀它，並將之與警察的角色相聯繫，都會令他們有種受到愚弄的感覺。法國人是不輕易原諒人的。表達愛國情感的那個字眼已經失去信用了，某種程度上表達愛國情感的字眼甚至過渡到了難以啟齒的情感的範疇之中。曾有過一段時期，離二戰不太遠的時期，在工人圈子裡表達愛國情緒，至少在某些人之間，是被認為不合適的。

許多相應的證據證實了，在一九四〇年裡，最英勇的是上一場戰爭的老兵。我們只能得出這樣的結論：一九一八年後他們的反應，對圍繞在他們身邊的孩子的靈魂比起對他們自己，造成了更深刻的影響。這是十分普遍且容易理解的現象。一九一四年是十八歲的人，在之前數年間形成了他們的個性特徵。

人們說，世紀初的學校是以勝利的目的去鍛造年輕人，而一九一八年後的學校，則製造了失敗的一代。這番說法之中有相當正確之處，但是，一九一八年後的老師，都曾是參戰的士兵；很多在一九二〇到一九三〇年間十歲的孩子，都曾經擁有參加過戰爭的老師。

若說法國承受這個反應的結果較之其他國家更多，這應當是因為法國承受了更為尖銳的拔根，對應於一個更強烈、更古老的國家式中心化，其結果是勝利的敗德，和對於所有政治相關宣傳的許可。

在純粹思想的領域中，在圍繞著祖國的概念中，同樣存在著被中斷的平衡，以及相反地因為中斷而帶來的補償。因為，在全然的空洞之中，國家存在著，且是唯一有資格要求人們的忠誠與犧牲的東西，祖國的概念在思想中如同一個絕對的存在。祖國是超越善惡的。如同英國諺語所表示的：「不管好壞，都是我的家。」但通常我們走得更遠，我們無法承認祖國可能犯錯。

如果在各個領域中，傾向去做批判性審視的人是如此之少，那麼即使他們自己看不出來，某種令人驚愕的荒誕也會將他們置於不健康的狀態中，並削弱他們的靈魂。最終，沒有什麼比起哲學更能與共同而日常的人類生活交織，儘管是一種隱而不顯的哲學。

將祖國置於絕對的、不受玷汙的位置是相當荒謬的。祖國只是民族的另一個名字，而民族，則是因為種由歷史事件構成的一塊共同領地的人民集合體，即使在人類理智盡可能地去做判斷的情況下，這其中的偶然仍然占了很大的份量，並且總是善惡交混。民族是一個既成事實，而既成事實並不是什麼絕對的事物，因為它只是眾多事實的其中一個。在這個地球上並不是只有一個民族。我們的民族確實是獨特的。但其他人的民族，考量到其自身角度以及他們的感情，也同樣是獨一無二的。

在一九四〇年之前，流行過「永恆的法蘭西」的說法。這是個褻瀆之詞。對於法國天主教大作家們所寫的那些關於法國的天命、法國的永恆救贖、以及其他類似主題的動人篇章，我們也只能說是褻瀆的。黎塞留說過，救國只在於塵世（ici-bas），在這點上他看得更真確。法國是世俗而屬世的存在。沒錯的話，從沒有基督為拯救萬國而死的說法。某個民族作為民族受上帝呼召的概念，僅存於摩西律法（law of Moses）之中。

古代的異教徒從未犯過如此嚴重的混淆。羅馬人相信自己是被揀選的民族，但這僅是指塵世的統治而言，他們對彼岸沒有興趣。從沒有任何城邦或民族，相信自己因某種超自然的天命而受到揀選。各種奧義（構成了救贖的正規方法），和當今的教會一樣，是在地的，但也被視為是彼此相當的。柏拉圖（Plato）描述了神恩如何拯救人類走出此世的洞穴[65]但他並沒說一個城邦可以從中脫離。相反地，他將集體描述為某種有礙靈魂得到救贖的獸性之物。

人們常指責古代人不承認集體之外的價值。事實上，犯這種錯誤的只有羅馬人（而他們是無神論者）和希伯來人，而後者也僅延續此一錯誤到流亡巴比倫時期為止。但如果我們錯在於把這種錯誤歸咎於前基督教時期的古代世界，我們也還錯在於不承認自己一直犯同樣的錯，因為我們受到了羅馬與希伯來雙重傳統的敗壞，這兩者太常壓倒我們內在純屬基督的啟示。

如果我們賦予「祖國」一詞最強烈的意涵，那如今的基督徒已然難以承認，在完整的意義上，一個基督徒只有一個祖國，且存在於此世之外。因為只有一個父，寓居於此世之外。「將你們的財寶存在天上……因為人的財寶在哪，他的心就在哪。」因此，關心世俗財寶是禁止的。

基督徒如今已不愛提這樣的問題：他們的心對上帝與國家之間相對的權利為何？德國的主教們終止了他們自己最有勇氣的抗爭，說他們永遠拒絕在上帝與德國之間做選擇。他們為何拒絕呢？必須在上帝與任何什麼俗世之物之間做選擇，這種處境永遠都會出現，而這種選擇也永遠不應含糊不清。但法國主教們也會說同樣的話。聖女貞德在過去二十五年裡的聲望，並不全然是種健康的現象，因為這是種方便法門，讓人忘記法國與上帝有所不同。然而，面對國家概念的威信時，這種內在的怠惰，並未讓愛國主義更有活力。聖女貞德的雕像在各處吸引目光，在國內的每個教堂裡，更在這段法國人拋棄法國的可怕歲月裡。

「人到我這裡來，若不恨自己的父母、妻子、兒女、弟兄、姐妹和自己的性命，就不能作我的門徒[66]。」如果非得恨這一切，就得依「恨」這個字的確切意義；那就肯定不能愛自己的國家，若依「愛」這個字的確切意義。因為愛的正當對象，是善，而「只有神是良善的[67]。」

這些是明白可見的事，但因為某種妖術，在我們這個世紀卻全然不為人所知。若非如此，便不會有像傅柯（Charles de Foucauld）神父這樣的人，先是出於愛德（charité）[68]，在非基督徒群眾當中為基督作見證，卻又認為自己有權利將關乎同一群人的報告提交給第二辦公室[69]。

我們是該想想魔鬼駭人的話語，魔鬼在為基督指出世上萬國後對他說：「這一切的權力都已經交給我了[70]。」任何國家都不例外。

---

65 譯註：指柏拉圖著名的「洞穴寓言」，見柏拉圖，《理想國》，卷七，515c-d。

66 譯註：〈路加福音〉14：26。

67 譯註：〈馬可福音〉10：18。

68 譯註：charité 源自拉丁文 caritas，在天主教中，是與七宗罪相對應的七美德之一，七美德包括：貞潔、節制、慷慨、勤勉、忍耐、寬容／博愛／慈愛（charité）、謙卑。同時也是基督教三項超驗德行之一，即信心、希望、愛（agape／caritas）。

69 譯註：2e Bureau，出自過去法國第三共和時期處理情報的參謀總部第二辦公室（Deuxième Bureau de l'État-major général），存在於一八七一到一九四〇年。在解散之後，繼續被用來作為情治機構的代名詞。

70 譯註：見〈馬太福音〉4：8－9及〈路加福音〉4：5－6。

這並不冒犯基督徒，但卻冒犯了工人。這個還不算久遠、因此還未死去的傳統，即對正義的愛，是推動法國工人運動的核心信念。在十九世紀的前葉，是這種火熱的愛，讓他們與全世界的受壓迫者站在一起。

只要構成祖國的是主權在民的人民，就沒有人會提出他們與正義的關係的問題。因為人們（純然武斷地、並以對《社會契約論》極為膚淺的詮釋為基礎）假定，一個主權民族對其成員不會有不義之舉，對其鄰國亦然，這是因為我們想像產生不義的原因都只與主權不屬於全體國民有關。

只要在祖國背後還有那個古老的國家，正義就遠在天邊。但在現代愛國主義的表述裡，沒有太多關於正義的問題，特別是對於如何思考祖國與正義的關係不置一詞。沒人敢肯認兩個民族是對等的。特別是，沒人敢肯定地對工人這麼說，因為他們已經經歷了社會上的壓迫、體驗過國家冰寒徹骨的鐵拳，並在混淆中認為在國際關係中也應存在著同樣的嚴寒。人們在大談祖國時，卻對正義沉默，但在工人當中，卻存在著如此強烈的正義感（儘管他們是唯物主義者），因為他們一直感到他們的正義被剝奪了，因此一種幾乎不給正義任何角色的說教，對他們而言毫無意義。當他們為法蘭西獻出生命時，他們總是渴望感受到自己的死，是為了某種更為崇高的事物，而他們也因此參與了某種反抗不義的普世鬥爭。按照一句帶起風向的話來說，對工人們而言，祖國並不足夠。

這在任何地方都是一樣的，只要是在有真正的靈性生命的火焰的地方，就算是微弱不明的星星之火。對這把火而言，祖國並不足夠。而對那些【內心】沒有這把火的人而言，在最迫切的時刻，愛國主義則過於高不可攀，因為它只會是某種強度足夠的刺激，以最盲目的民族【主義】狂熱的形式展現。確實，人有能力將自己的靈魂分隔成許多隔間，在其中個別安放某個有生命的理念，與其它隔間裡的理念毫不相干。人們既不愛批判、也不愛綜合的努力，只有暴力能讓他們批判或綜合。

然而，在恐懼與焦慮中，當肉身在死亡、在過於巨大的苦難、在過度的危險面前退縮時，在所有人——就算是未受教育的人——的靈魂深處，都會出現一個推論製造者，並透過證據，證明免於這種死亡、苦難與危險是正當的好事。這些證據有好有壞，視情況而定。無論如何，肉身與鮮血的慌亂，會賦予說服力某種強度，是任何演說家都永遠無法企及的。

但對某些人而言，事情並非如此。這或許是因為他們天性一無所懼，或是因為他們的肉身、鮮血與肺腑對死亡與痛苦無感，又或許是因為他們的靈魂內有高度的統一，以至於製造這種推論的能力無從發揮。對另外一些人而言，儘管這些推論依舊被生產出來，這些人也會感受到其說服力，但卻對之嗤之以鼻。而上述依然預設了人們某種內在的高度統一，或是曾遭受強烈的外在刺激。

希特勒對政治宣傳的天才發現是，單靠暴力並不足以壓制理念，但暴力配合某種卑鄙的思想，便能壓制理念。這項發現提出了內在生活的關鍵所在。肉身的翻騰不論如何強烈，假如只有這翻騰本身，便無法在靈魂中壓制思想。但翻騰的說服力若是被連結於另一種不論如何惡劣的思想，便能夠在靈魂中輕易得勝。這才是重點。任何思想都不會平庸到無法與肉身結盟，但思想必須與肉身結盟。

這就是為什麼，人們（就算是教養良好的人）在平日儘管內在有劇烈的矛盾，卻依舊生活無憂，但在極端的危機時刻，內在系統中最細微的裂縫，也會變得如此重要，像是有個最清醒的哲學家在身邊，隨時會狡黠地從中牟利。這對誰都一樣，不論是多無知的人。

在至關緊要的時刻——未必是最危險的時刻，而是人們在五內如焚、從血液到身體都震顫不已的時刻，如果沒有外在的刺激的話，只有那些整個內在生命都出於一個理念的人能夠起而抵抗。這就是為什麼極權政體打造得出堅定不移的人。

只有在希特勒式的政權底下，祖國才能成為這樣一種獨特的理念。這每一個細節都不難證明，但儘管證據確鑿，卻毫無用處。如果祖國不是這樣一種理念，但卻占有某種地位，那麼，若不是靈魂中存在某種內在的不一致、某種隱藏著的軟弱，就是必須有另一個理念主宰其他的理念，而相對於主宰的理念，祖國只有某種顯然獲得承認、但相當有限且從屬的地位。

但在我們的第三共和卻不是這樣。在任何地方都不是這樣。存在於所有地方的，是道德的潰散。因此，在一九一四到一九一八年之間，人們的靈魂裡積極地製造推論。大多數人的反應是咬緊牙根的抵抗，一種經常讓人因害怕受辱於帶來恐懼的一方而投身於盲從的反應。但靈魂若僅是因這種衝動的影響而暴露於痛苦與危險之中，便會急速耗盡。這種推理受焦慮的滋養，而這種焦慮即便無法影響行動的方式，更糟的是會腐蝕靈魂的深處，這會產生緊接著的效果。這就是一九一八年之後所發生的事。而那些未曾有絲毫付出、並因而感到羞愧的人，出於其他動機，轉瞬間便受到感染。這種氛圍包圍著孩子們，而他們不久之後又被要求去送死。

法國人內在的崩解已經嚴重到什麼程度？我們只要想想當下，與敵方合作的想法依然有其誘惑力，就可略知一二。另一方面，如果我們在這場抵抗的大戲中尋求某種鼓舞，如果我們告訴自己，抵抗者們不難在愛國主義與許多其他動機中找到激勵，我們就得同時一再告訴自己，做為一個民族，法蘭西此刻正站在正義、普遍的幸福及其他類似的事物這邊，也就是站在屬於一切不存在的美好事物的範疇中。盟軍的勝利將把法蘭西推出這個範疇，讓它重新立足於真實的向度，因此許多看似取消了的困難將重新浮現。在某種意義上，不幸把一切都簡化了。法國踏上抵抗之路比其他被占領國家慢得多也晚得多，這個事實表明了我們錯在於缺乏遠慮。

我們只消想想學校，就能知道我們的體制究竟到得崩壞到了什麼程度。道德是課綱的一部分，而就算是不願將道德當作教條灌輸的老師，也不免用囉嗦的方式來教。此一道德的核心概念是正義，以及人因正義而對他人所負的義務。

但當談到歷史時，道德卻無從介入。法蘭西對外負有什麼義務，從來不被當成問題。我們有時稱法蘭西為公正而大度的，彷彿是種錦上添花、插在帽子上的羽毛、榮耀的冠冕。法國征服過又失去的一切，最多只會引起無傷大雅的懷疑，例如拿破崙的戰功，因為法國並未守住任何它打下的地方。過去只是法蘭西擴張的歷史，而擴張則被假定在任何時候、任何方面都是好的。我們從未問過，在擴張的過程中，法蘭西是否摧毀了什麼？或是檢視過程中是否可能摧毀了什麼有價值的事物？這似乎是最駭人的褻瀆之舉。貝爾納諾斯說，「法蘭西運動」（Action Française）的人將法國看做一個小男孩，只求他長高長肉。但他們並不孤單，因為這種思想極為普遍，儘管未曾被表述出來，卻總是隱含在我們看法國過去的方式中。而說是和小男孩比還太好聽了點。人們真正只求長肉的，是兔子、豬和雞。柏拉圖的用詞最為貼切，他將集體比擬為動物。而那些因祖國的威望而盲目的人（也就是所有人，除了命定特別之人）「稱必要之物為正義與美，這些人沒有能力辨別與表述在必要與善兩者之間，本質上的距離有多遠。」

人們盡其所能要讓孩子們感受到、而孩子們也自然地感受到，與祖國、民族、民族的擴張等有關的事物，有某種程度的重要，因此與其他事物有所不同。而正是在這些事情上，（關乎他者的）正義、為野心與胃口設定限制的嚴格義務，這一切是我們要求小男孩們遵循的道德，卻從未被提起過。

人們能由此得出什麼結論？難道不是：道德屬於較不重要的事物，如同宗教、職業、選擇醫生或是貨源一樣，在私人生活中只處於較低的層級？

但假如嚴格意義上的道德就這樣被貶低了，我們卻沒有另一個不同的系統可取代。因為民族的優越威望聯繫於戰爭的召喚。在和平年代，這種威望不會產生什麼動力，除了某種持續為戰爭做準備的政權，像是納粹政權。若非處於這類政權底下，不然，過度提醒孩子他們一生要面對的國家的另一面，例如稅賦、海關、警察等等，是危險的。人們會小心地避免這麼做，因此，沒有人會認為痛恨警察與海關稅務等的舞弊，是因為缺乏愛國精神。像英國這樣的國家則在某種程度上是個例外，因為其公共權利保障自由的傳統已然行之千年。在和平年代，道德的二重性削弱了永恆道德的力量，卻又沒提供任何替代。

這種二重性持續地存在者，在任何時候、任何地方，而非僅只於校園內。因為每個法國人平時每天都會為了法國、以法國的名義思考，在他讀報紙、和家裡或是小酒館裡和人討論的時候。從這一刻起，直到他回到私我的角色那一刻之前，他便將自己多少模糊或抽象地承認的美德，亦即對自我的責任拋在腦後。在關乎自己、乃至自己的家庭時，他多少會承認：不應過於自我吹捧，應當質疑自己的判斷；當我們身兼法官與當事人的時候，應該自問其他人反對我們是否多少有點道理，不應過於招搖；簡言之，必須為自我中心和傲慢加以設限。但就民族的自我中心、民族的驕傲而言，他們不但得到無限的許可，甚至被某種被視為義務的東西，提升到盡可能高的程度。關於他國，承認己方的錯誤、謙卑、對欲望的主動節制，全都成了罪刑與褻瀆。在埃及《亡靈書》當中，有許多義人死後所說的玄妙之語，其中最動人的或許是這句：「對於公正與真實的話語，我從未充耳不聞。」但在國際的層面上，如果公正與真實的話語有違法國的利益，所有人便都將充耳不聞當作神聖的義務。還是我們得接受，一句話若是有違法國的利益，就永遠不可能是公正而真實的？同樣的問題還是會重複出現。

因為道德的闕如，有某些被良好教養禁止人在私生活中犯下的惡趣味，在國家的層面上卻似乎成為絕對自然之事。就算是最討人厭的貴婦，要召集她們關照的藝術家來，對他們大談自己的恩惠並要求回報，多少也會猶疑不決。但以法蘭西的名義，法屬印度支那政府說這話時便毫不猶疑，即便是在剛進行過最殘酷的鎮壓或是最可議的大饑荒之後，而它還等著、強迫著它創造出的回聲的回應。

這是種繼承自羅馬人的風俗，認為他們從未施加暴行或是施予賞賜而不誇耀自己的大度或慈悲。人們未曾向他們祈求過不論什麼東西、就算是單純地減輕最可怕的壓迫，而不用那些同樣的好聽話來開場。在他們之前，祈求是高貴的，但他們卻用謊言和奉承踐踏祈求。在《伊里亞德》（*Iliade*）當中，特洛伊人未曾向希臘人屈膝，他們的舌頭也未曾吐出一絲最輕微的逢迎來乞求活路。

我們的愛國主義直接傳承自羅馬人。這就是為什麼法國小孩會被鼓勵去高乃依的作品中尋找靈感。這是種異教的美德（如果這兩個詞能相容）。異教這個詞，在用於形容羅馬時，確實有第一批基督教筆戰作家所賦予的恐怖意涵。那確實是一個無神又偶像崇拜的民族，因為他們崇拜的偶像不是石頭或青銅所造的塑像，而是他們自己。流傳到我們手裡的，正是這種對自我的偶像崇拜。

當人們認為，稀釋的是基督教的美德而非世俗道德（後者反倒才是前者的大眾版），道德二重性的醜惡便更加刺眼。基督教美德的核心、本質及其特有的意味，是謙卑，是自願朝向底層運動。這就是聖徒與基督的相似之處。「他本有神的形象，卻不將自己與神之間的平等當作自己的獲得，反倒虛己……他儘管是子，但卻在受難中學會了順服[71]。」

但當法國人想到法國時，傲慢卻成了他的責任，而按時下對責任的理解；謙卑反倒成了背叛。這種背叛或許是人們對維琪政府最辛辣的批判。人們有理，因為該政府的謙卑格局太差，是奴隸巧言奉承以免挨揍的那種謙卑。但在這方面，格局最好的謙卑，卻是我們所不認識的。我們甚至無法設想這種可能。但是要設想這種可能，我們就已經得費力創新了。

在基督徒的靈魂中，愛國主義這種異教徒美德的存在就是種腐蝕劑。它未經施洗便從羅馬人傳到我們手上。詭異的是，蠻族（或是被稱為蠻族的那些人）在入侵時，幾乎豪不費力便接受了洗禮，但古羅馬的遺產卻從未接受洗禮，或許是因為它無法受洗，儘管羅馬帝國已將基督

71　校註：〈腓立比書〉2：6：8，韋伊引文稍有出入。

教定為國教。

此外，我們無法想像比這更為殘酷的傷害。至於蠻族，哥德人（Goths）輕易地接受基督信仰則沒什麼好令人訝異的，正如同現代人所相信的，如果他們在血統上來自於蓋塔人（Gètes）[72]——色雷斯人（Thraces）[73]當中最公正的部族、希羅多德為其強烈的永生信仰而稱之為永生者。蠻族的傳承混合了基督教精神，產生了一種獨特的、無法模仿的、完全均質的產物，即我們所謂的騎士。但在羅馬精神與基督精神之間，卻從未有過任何融合。如果這種融合是可能的，〈啟示錄〉將羅馬表現為坐在獸之上、褻瀆之名滿盈的淫婦，就是說謊了。

文藝復興首先復活的是希臘精神，其次才是羅馬精神。只有在這第二階段，它才成了基督教的腐蝕劑。正是在這第二階段期間，才誕生了現代形式的民族性，即現代形式的愛國主義。高乃依將他的《赫拉斯》（*Horace*）題獻給黎塞留，並將此舉的卑躬屈膝對應於啟發他創作此一悲劇作品時近乎瘋狂的傲慢，倒是有理。這種卑躬屈膝與這種傲慢密不可分，而如今我們在德國看得一清二楚。高乃依自己就是這種精神窒息的絕佳範例，他透過羅馬精神來把握基督教德性。他的《波里俄克特》（*Polyeucte*）對我們而言仿如喜劇，如果我們還沒被習慣遮瞎了眼的話。在他的筆下，波里俄克特其人突然理解到有一片土地，征服它比征服塵世的王國更加榮耀，而且有個特殊的技巧可以做到。因此他立刻將展開這場征服視為自己的責任，毫無旁騖，心態正如他過去在皇帝麾下打仗一般。據說，亞歷山大哭泣是因為只有地上這個世界可供他征服。高乃依顯然相信基督降世，是為了填補這個空缺。

如果愛國主義在和平時期，不論對基督教或是世俗美德都無形間有所腐蝕，在戰時其效果則相反，而這再自然不過了。只要道德二重性存在，蒙受損害的總是受情勢所迫的德性。為求便利，自然會給事實上無從施行的德性某些方便，像是在和平時期給戰爭道德方便，在戰爭時期給和平道德方便。

在和平時期，正義和真理存在於有別於愛國主義的密封隔間，被貶為純屬私人的德性，例如禮貌之類；但當祖國要求至高的犧牲時，這種分隔卻剝奪了愛國主義的一切正當性，而只有這種正當性能激發人民徹底的投入。

當人們習慣於將法國併吞與消化如此廣大的領土視為不證自明的絕對善，那受到同一種思想所啟發、僅只用歐洲取代法國的政令宣傳，怎麼會不滲透到靈魂的角落呢？當前的愛國主義方程式，是絕對善與某種對應於特定領土的集體（即法蘭西）之間的對等關係；不論方程式中的領土項如何改變，不論是代入較小的值，如布列塔尼，或是較大的值，如歐洲，都會被視為

72 譯註：蓋塔人（英文為 Getae），古希臘人對居住在多瑙河下游兩岸的色雷斯部族的稱呼，有「歷史之父」之稱的希羅多德在其《史記》（*Histories*）中稱之為「色雷斯諸部族中最尊貴與公正的一族」。

73 譯註：色雷斯人，古代印歐語系民族，居住在如今巴爾幹半島北部，希臘神話中稱之為戰神阿瑞斯（Ares）後裔，古希臘著名的詩人俄耳甫斯（Orpheús）與古羅馬著名的奴隸起義領袖斯巴達克斯據稱皆為色雷斯人。

叛徒。這又是為什麼？這完全是任意而武斷的。習慣讓人們無法看清其中的武斷何在。但在緊要關頭，這種武斷便會招來內在生產的詭辯。

當前的在地協力者對於德國勝利所打造的新歐洲的態度，正如人們要求普羅旺斯人、布列塔尼人、亞爾薩斯人、弗朗什－孔泰人在過去面對自己的國家被法蘭西王室所征服時的態度一樣。為何時代的流轉改變了何者為善、何者為惡？我們在一九一八到一九一九年間經常聽到渴望和平的善男信女說：「以前各省之間交戰，後來他們聯合形成了諸民族。同樣地，諸民族也將在每個大洲裡、然後在全世界裡合而為一，而這將是戰爭的終結。」這是種廣為流傳的俗套，出自於十九與二十世紀盛行的外推論證（raisonnement par extrapolation）。說這種話的善男信女們也粗通法國史，但他們在說這話的時候，並未反省到民族統一的完成，幾乎都只能透過最野蠻的征服才能實現。但如果他們在一九三九年時還記得自己說過的，那他們就會記得，眼前的征服對他們而言向來都是善的。如果他們的靈魂裡至少有某部分想到：「為了進步，為了歷史的實現，或許這是必由之路。」那又有什麼好驚訝的？他們大可對自己說：「法國在一九一八年贏得凱旋，卻沒能統一歐洲。而現在德國試圖要完成這件事，咱們別礙事。」德國體制之殘暴確實應該讓他們停下來再想想。但他們或許是沒聽說，或許是假定了那些都是騙人的政治宣傳所捏造的，抑或是認定那些訊息無關緊要，因為迫害只加諸於底層人民身上。忽視德國人對猶太人與捷克人的暴行，難道會比忽視法國人對安南人的暴行困難嗎？

貝璣（Péguy）說過，死於義戰的人是幸福的，他該接下去說不義地殺死這些人的人是不幸的。如果一九一四年時的法國士兵們算是死於義戰，那這在大約相當的程度上也該是適用於維欽托利。如果我們這麼想，那對於那些將他帶上手銬腳鐐、關在不見天日的牢裡整整六年，然後像唱大戲一樣在羅馬人眼前一刀抹過他脖子的那些人，我們又該有什麼感覺呢？貝璣是羅馬帝國的熱情崇拜者。然而，我們如果崇拜羅馬帝國，那又何必怨懟試圖在更廣大的土地上、用幾乎相同的方法予以重建的德國呢？這種矛盾並不妨礙貝璣在一九一四年赴死。但正是這種矛盾，儘管未被表述、不被認識，但卻妨礙了一九四〇年的年輕人秉持著與貝璣相同的精神走上火線。

征服，要嘛總是惡的，要嘛永遠是善的，要嘛就是時而善、時而又惡。在最後一種情況底下，就得有某種判准來予以判定。而只因我們偶然誕生為其成員的國家有所擴張，而判定征服為善，或是因為國家有所縮減而判定征服為惡，這完全有違理性，只有那些打算一勞永逸地驅逐理性的人才會覺得這是可接受的，如今的德國正是如此。但德國可以這樣，是因為其生命出自某種浪漫傳統。法國卻不能這樣，因為對理性的依戀已經成了其民族遺產的一部分。某些法國人甚至說自己敵視基督教。但無論是在一七八九之前或是之後，所有在法國出現的思想運動都依靠理性。法國無法以祖國之名排除理性。

法國正是因此而對自身的愛國主義感到格格不入，儘管在十八世紀發明現代愛國主義的，正是法國自己。我們不應以為所謂的法國的普世使命，能讓法國人比其他國家的人民更能調和愛國主義與普世價值。事實正好相反。這對法國人而言更加困難，因為他們無法徹底做到消除這對矛盾中的後者，也無法將兩者以密閉隔間隔開。他們甚至在自己的愛國主義本身之內，也感受到這種矛盾，也因此他們彷彿被迫要發明一種新的愛國主義。如果他們這麼做的話，他們便填補了過去直到某個時刻之前法國的功能，亦即思考世界所需為何。這個世界此刻需要某種新的愛國主義。必須完成這項發明的時刻正是現在，因為愛國主義是種血流成河的東西，不應等到它重新成為某種人們在沙龍與學院或是露天咖啡座上談論的東西。

像拉馬丁（Lamartine）一樣說這話是簡單的：「我的祖國，就是法蘭西光輝所及之處……真理就是我的祖國。」可惜的是，除非法蘭西與真理是同義詞，不然這話就毫無意義。法國過去、現在與未來都曾、都會撒謊與不義，因為法國不是上帝，兩者天差地遠。只有基督可以說：「我是真理[74]。」任何塵世的一切都不能這麼說，不論是人還是集體，尤其是集體。因為一個人可能達到某種程度的神聖性，以至於在他裡面活著的，不再是他自己，而是基督[75]。相對於此，沒有國家會是神聖的。

曾經有個民族自認為是神聖的，而結果悲慘。在這個問題上，認為法利賽人是這個民族裡的反抗者、而稅吏是這個民族裡的在地協力者，是非常奇怪的，想想基督與這兩群人的關係。

這似乎讓人不得不認為，如果在各種激勵我們的動機中，我們無法將愛國主義動機約束在正當的限度裡面，我們的反抗在靈性上可能正處於危險、甚至惡劣的境地。用我們這個時代極度通俗的語言來說，那些不論真誠與否的人所說的對此一運動轉向法西斯主義的恐懼，指的正是這種危險，因為法西斯主義總是連結於某種形式不一的愛國主義情懷。

法國的普世使命不能透過純粹的驕傲來召喚，除非那是謊言。一旦我們說謊，我們召喚使命的話語本身便背叛了此一使命；如果我們還記得真理，驕傲便永遠會摻雜著羞恥，因為在所有的歷史例證中，總有某些令人不舒服的事情。在十三世紀，法國是整個基督教世界的中心（foyer）。但就在該世紀之初，法國便已在羅亞爾河南岸，永遠摧毀了一個新生的、光輝燦爛的文明，而在這次軍事行動中，因應行動本身的需要，建立了最早的宗教裁判所。這是個無法忽視的汙點。十三世紀是歌德文化取代羅馬文化、複調音樂取代格列果平調、以及亞里斯多德的建構取代柏拉圖式靈感的時期。因此我們大可懷疑，法國對該世紀的影響，是否對應的是某種進步。到了十七世紀，法國的光輝再次普照整個歐洲。但與此光芒相連的軍事威勢，卻是透過令人羞於承認的方式獲得的，至少對那些熱愛正義的人而言是如此；此外，法國古典概念創作的法語佳作越多，對外國造成的毀滅性影響就越大。在一七八九年，法國成了萬民的希望。但

74　校註：〈約翰福音〉14：6。
75　校註：〈加拉福音〉2：20。

三年後，法國便踏上征途，而打從第一場勝仗起，她便將解救的征途替代為征服的路程。如果不是因為英國、俄羅斯與西班牙，她便會把統一強加在歐洲身上，儘管這統一或許會比眼前德國所承諾的更不令人窒息。在上世紀後半葉，當人們明白到歐洲並非整個世界、而地球上有好幾大洲時，法國又再次扮演了某種普世性的角色。但她所做到的，不過是模仿英國人，建立了一個殖民帝國，而在許多有色人種的心中，她的名字現在已經和某些讓人一想起便無法忍受的感情聯繫在一起了。

因此，法國愛國主義內在的矛盾，在整個法國歷史中隨處可見。但這不表示既然法國長期經歷此一矛盾，她便能繼續存續無虞。首先，如果我們承認某個矛盾的存在，那忍受此一矛盾便是可恥的。再者，法國事實上差點就因愛國主義危機而亡國。所有一切都讓人以為，若非英國的愛國主義幸運地具有更為穩固的性質，法國早就完蛋了。但我們無法把英國的愛國主義照搬回去。我們只能重建自己的愛國主義。而它也還有待重建。目前愛國主義再次顯露生機，因為在法國的德國士兵，是法國愛國主義無人能及的政令宣傳員，但他們不會永遠待在法國。

這其中的責任令人生畏。因為這所指的是所謂的重建國家的靈魂：而在此，以謊言或片面的真實來進行重建的誘惑是如此強大，因此更需要某種英雄主義，以抓緊真理而不鬆手。

先前愛國主義的危機是雙重的。用政治語言來說，我們可以說有左派與右派的愛國主義危機。對右派而言，在資產階級青年當中，愛國主義與道德的斷裂，以及其他原因，已經使得一切道德都喪失信譽，但愛國主義的威望也沒提升。「政治掛帥」這句話所表達的精神，影響力遠大於莫拉斯本人。然而這些字所表達的是一種荒謬，因為政治不過是種技術，一套手腕。這就像是說「技術掛帥」一樣。對此直接的問題是：「為了什麼目的的政治？」黎塞留會答說：「為了國家的強大。」那為什麼目的是這個而不是別的呢？對這個問題，沒有任何答案。

這是個不能問的問題。所謂現實主義的政治，從黎塞留一路傳到莫拉斯，並非未曾造成傷害，且只有在不問這個問題時才有意義。要不這樣的條件只有一個，而且非常簡單。當乞丐對塔列朗說：「阿爺，我總得活下去啊！」塔列朗的回答是：「我看不出有啥必要。」但這必要在乞丐看來一清二楚。路易十四同樣也看得一清二楚，讓人民為國家犧牲到底的必要，因為朕即國家。雖然黎塞留只想當國家的大總管，但在某種意義上，他卻將國家據為己有，並因此與國家合而為一。黎塞留的政治觀念只對一種人有意義，即是不論是以個人或是集體的名義，自覺是國家的主人的人，或是有能力成為國家的主人的人。

法國的資產階級青年從一九二四年起，便不再能感到法國是自己的財產，因為工人鬧得太大聲了。另一方面，他們又苦於某種一九一八年起襲擊法國的神祕的疲憊感，這也許多是出於生理方面的原因。不論該責怪的是酒精、在人間生養他們的父母的精神狀態、或是其他的理由，法國青年長期以來都表現出某種疲累。德國青年，就算在一九三二年，儘管公共權力並不照看他們，但他們卻有某種無可比擬的強大生命力，雖然他們同時也承受了長期而嚴峻的貧困。

這種疲乏讓法國資產階級青年無法感到自己能成為國家的主人。因此，對於「為了什麼目的的政治」這個問題，他們的答案必然是：「為了讓其他掌權者把自己安插到這個國家當中。」其他掌權者，意思是外國人。在這些年輕人的道德體系中，沒有任何東西能讓他們不產生這樣的渴望。一九三六年的震撼將這種欲望無可挽回地打進他們內心深處。沒人傷害他們，但他們卻害怕了。他們感到被羞辱了，而且，不可原諒的是，被他們眼中地位低下的人羞辱了。在一九三七年，義大利媒體引用了一篇出自法國學生雜誌的文章，文中法國少女祈願墨索里尼能在百忙中抽空來法國重整秩序。

儘管這些群體當中如此缺乏同理心、而他們的態度又如此罪惡，他們卻還是人，而且是不幸的人。就他們而言，該問的問題是：如何讓他們和法國和解，又不將法國交到他們手中？

就左派而言，也就是在勞工與傾向勞工的知識分子當中，有兩個涇渭分明的潮流，儘管兩者有時（而非總是）共存於同一個人身上。其中一個潮流源自於法國工人傳統，明白出於十八世紀，那時有許多工人閱讀尚─雅各（Jean-Jacques）[76]的著作，但這股潮流似乎還可隱密地追溯到最早的公社解放運動。受這股運動吸引的人都徹底奉獻於正義的理念。不幸的是，如今這股潮流在工人當中已屬罕見，在知識分子中更是絕無僅有。

在所有號稱左翼的圈子裡都有這類人存在，不論是基督教工團主義者、無政府主義者、還是社會主義者，特別是存在於共產主義工人當中，因為共產主義宣傳大談正義。這方面的宣傳跟隨的是列寧與馬克思的教導，儘管這發生在對該學說並無深刻認識的人身上是件奇怪的事。

這些人在和平時期，是骨子裡的國際主義者，因為他們知道正義沒有國籍之分；他們在戰爭時期也經常是國際主義者，只要沒有戰敗的話——因為祖國遭受蹂躪會立刻在他們心底深處激起某種純粹而實在的愛國主義。只要向他們提出某種合於正義的愛國主義概念，他們將能和祖國達成永遠的和解。

另一股潮流則是種資產階級態度的仿造品。馬克思主義為工人提供了所謂科學的確定性，說他們很快便將成為地球上的至高主宰，導致了與民族帝國主義相差無幾的工人帝國主義。俄羅斯的例子便給了我們某種實驗證明，而我們還盼著它承擔能達到顛覆權力的行動中最困難的部分。

對於那些道德上處於流亡與移民的狀態中的人（特別是當他們在接觸到國家的鎮壓機器時，因為他們在世俗傳統中屬於社會類別的邊緣，是警察的獵物，他們受到的對待總是表明了國家日益反動），這種潮流是難以抗拒的。一個至高無上、強盛偉大，統領國土比自己國家廣大得多的國家，對他們說：「我屬於您，我是您的財產、您的產業。我只為了幫助您而存在，總有一天我會讓您成為您自己的國家裡的絕對主宰。」

76 譯註：指盧梭。

對他們而言，要推拒這種友誼，並不像要一個渴了兩天的人把水推開一樣容易。他們有些人為此付出了極大的努力，因此精疲力竭，以至於面對德國最初的施壓時，絲毫沒有抵抗便投降了。他們當中的更多人，則只做表面上的抵抗，事實上卻還在觀望，因為害怕一旦加入行動便會帶來的風險。這些人不論有多少，都算不上什麼力量。

在俄羅斯之外，蘇聯是工人真正的祖國。要理解這點，只要看書報攤旁，法國工人讀到俄羅斯初期的敗仗時的眼神便可明白。在他們眼底投下絕望的，並不是這些敗仗對德法關係會有什麼影響的念頭，因為英國的敗仗從未如此牽動他們。他們感到的威脅是，會失去比法國更多的東西。他們的精神狀態有點像初代基督徒——如果有人能向後者提供確實的證據，證實基督復活不過是個瞎編的故事。總地來說，在精神狀態上，初代基督徒與眾多共產主義工人之間，確實有極大的相似性。他們也等著未來的某種災難降臨人間，好一勞永逸地在塵世間建立起絕對的善，並同時建立他們的榮耀。對早期基督徒而言，殉道比後來的世紀更為容易，並且比基督身邊的人更容易得多，對後者而言，那原本是不可能的事情。而今，犧牲對共產黨員而言，也比對基督徒而言更為容易。

蘇聯是個國家，而對它的愛國之情所包含的矛盾和其他國家毫無二致，但它卻未導致同樣的衰弱。事實正好相反。一個矛盾的存在，只要能被感受到，就算只是隱密地感受到，也會對情感產生腐蝕。但若矛盾絲毫無法被感受到，情感則會更加激烈，因為會得到各種不相容的動機的挹注。因此蘇聯擁有一個國家的一切威望，以及滲透於國家（特別是極權國家）政策中的所有冷酷暴力的威望，但它也同時擁有正義的一切威望。如果這當中的矛盾是人無從感知的，一方面是因為距離遙遠，另一方面是因為國家對所有愛它的人允諾了一切權力。這樣的盼望並不減損對正義的需求，但卻蒙住了這需求的雙眼。既然每個人都相信自己有足夠的能力去施行正義，每個人也都相信一個會讓自己擁有權力的體制會是正義的。這是撒旦對基督提出的誘惑[77]而人類則不斷屈服於此一誘惑。

儘管這些工人們受到工人帝國主義所鼓舞，與資產階級的法西斯青年大為不同，他們是一種更美得多的人類，但他們也面對的類似的問題。不把國家交到他們手上，要怎麼讓他們對國家有足夠的愛呢？我們無法把國家交給他們，也無法給予他們特權的地位，因為這對剩下的其他群體而言是不公義的，特別是對農民而言。

工人們目前對德國的態度，不應讓我們無視這個問題的嚴重性。德國只是恰好成為蘇聯的敵人，而在那之前，工人當中已經開始騷動了；但對共產黨而言，讓騷動永遠持續下去具有關乎生死的必要性。而這騷動是為了「反對德國法西斯主義與英國帝國主義」，法國倒不是他們的問題。此外，在一九三九年夏天到一九四〇年夏天這關鍵的一年中，法國共產黨所產生的影響

77 譯註：見〈馬太福音〉4：1－11；〈路加福音〉4：1－13。

完全對立於國家，因此要讓這些工人的心轉向國家這邊不會是件容易的事。

在剩下的人民當中，愛國主義危機並不如此尖銳，因為它不曾因其他事情而被否認，況且它只是在消亡中。在農民當中，愛國主義危機應該是因為他們感到無法仰賴國家，或是會為了他人的利益而成為炮灰；在小資產階級當中，則主要應該是因為倦怠。

在所有造成不滿的特殊原因之外，還可加上一個極為普遍的因素，即逆向的偶像崇拜。在民族或祖國的名義底下，國家不再是無限的善（bien），即某種可為之犧牲奉獻的善。相反地，國家在所有人眼中，都成為某種可以無限消費的資產（bien）。雖然消除了偶像崇拜，與偶像崇拜相關的絕對性還是連結在國家身上，只是採取了新的形式。國家顯得像是永不枯竭的豐收角（corne d'abondance），按它所承受的壓力比例分派財寶。因此人們永遠嫌國家給得不夠，因為它所不生產的，它似乎都拒絕提供；它若是有所要求，就似乎是矛盾的苛求；它若是強加什麼，就成了不可容忍的限制。人們對國家的態度就像嬰兒一樣，但不是像嬰兒對父母的態度，而是嬰兒對他們所不愛也不怕的成人一樣──他們需索無度，卻絕不服從。

如何從這種態度突然轉為戰爭所迫切需要的奉獻態度呢？但就連在戰爭期間，法國人也相信國家把勝利藏在保險箱的某個角落裡，就在國家懶得費力掏出的其他寶藏旁邊。人們千方百計地鼓吹這種觀點，正如同這句口號所說的：「我們終將獲勝，因為我們最強。」

勝利將解放一個國家，這國家裡人們在乎的只有一件事，即拒絕服從，不論動機低劣或高尚。人們偷聽倫敦的廣播、分派被禁的報紙、走私、屯糧、工作盡量打混、進出黑市，並在親友面前吹噓這一切。我們該如何讓人們了解這一切都結束了，從現在起得服從？

我們將度過幾年人們夢想著吃飽喝足的時期。這是種乞丐的夢想，意即人們只想著接受好東西，卻無需給出任何東西。事實上，公權力將確保各種分配，像是如何避免讓這種流氓式的乞丐態度——這在戰前就已經是公民對待國家的態度——被無限加強呢？如果這態度針對的是別的國家，例如美國，那風險便更為深重。

第二種極為廣泛流傳的夢想，是殺人。以美好的動機為名義，但卻卑劣而無需承擔風險的殺人。國家要嚇會屈從於這種瀰漫式恐怖主義的感染，這正是我們所害怕的；要嚇會試圖限制它，但無論如何，（在法國傳統上如此仇視與鄙視的）國家的鎮壓與警察等方面都將首當其衝。領土解放後，在法國出現的政府將面對三重危險，源自於這種嗜血、乞討情節、與缺乏順服能力。

但解方只有一個，就是給法國人某種可以去愛的對象。而首先要給他們的愛的對象，就是法國。要設想對應於法國之名、依其所是、名副其實的法國的現實，那法國就能得到全心的愛。愛國主義固有的矛盾核心，在於祖國是有限的事物，但卻有無限的要求。在最危急的時刻，祖國要求一切。但人們為何要將一切給予一個有限的事物呢？另一方面，若人們在必要時無法果斷地將一切都交給祖國，那就等於徹底拋棄祖國，因為代價稍低便無法確保祖國的存續。因此，與我們所應做的相比，我們似乎總是做得不夠或是矯枉過正，而一旦矯枉過正，我們的反應便是稍後又做得不夠。

這只是表面上的矛盾。或者，更確切地說，這是真實的矛盾，但就其實質而言，它又是人類處境的根本矛盾之一，必須加以承認、接受、並用做超越人性的踏板。在這個宇宙中，從來不存在義務與其對象間程度上的平等。義務是無限的，而對象不是。這種矛盾毫無例外地壓在所有人的日常生活之上，包括那些完全無法含混地表述這種矛盾的人。所有人們自以為找到的逃離其中的方法，都是謊言。

這些謊言中的一個是，拒絕承認對一切不屬於這個世界的事物的義務。這種方法的變種之一是虛假的神祕主義和錯誤的思辨。另一變種則是將某些在特定精神下（例如所謂的「出於對神的愛」）完成的優秀著作付諸實行，如此那些不幸的被拯救者，便僅只是行動的材料，是見證神的慈悲的匿名手段。在這兩種變種當中都存在著謊言，因為「連看得到的親兄弟都不愛，要怎麼愛看不到的上帝？」只有透過此世的事物，人類的愛才能穿透到寓居於事物背後的神。

另一種做法是承認在此世有某種或多種包含著這種絕對、無限而完美的對象，在本質上就與義務本身相關。但這就是偶像崇拜所捏造的謊言。

第三種做法是否認一切義務。我們無法像幾何學一樣證明其錯誤，因為義務的確定性，在層級上高於證據的確定性。事實上，這種否認是無法成立的，而它會構成了靈性的自殺。依照人所受造的樣子，靈性的死亡會伴隨著精神上的疾病，而這疾病本身就是致命的。實際上，自保的本能讓靈魂無法接近這種狀態，而就算如此，靈魂也會受厭煩所困，進而化為荒漠。人們否認一切對他人之義務的人，幾乎（或者應該說確乎）總是對他人與自身撒謊——事實上，他自己也知道這點，因為不偶爾對善惡做出判斷（就算只是為了指責他人），那就不算人了。

我們必須接受這種為我們所設的處境，即我們對某些相對的、有限而不完美的事物，負有絕對的義務。要分辨這些事物為何，以及這些事物如何構成對我們的要求，只需看清它們與善的關係為何即可。

對祖國而言，扎根、生命環境等概念，便足以達到此效果。這些概念不需要透過證據來確立，因為在過去幾年裡，它們已經在經驗中得到證實。正如某些顯微鏡下的生物需要環境培育、某些植物有其不可少的土壤，同樣地，每個人靈魂中的某個部分，以及某些人際間交流的思考與行動的方式，也只能存在於民族的環境當中，當國家被毀滅時，便消逝無蹤。

如今，所有法國人都知道，從法國淪陷起，他們缺乏的是什麼。他們知道，就如同一個人沒有食物時知道自己缺乏什麼一樣。他們知道自己靈魂的某個部分緊貼著法國，就算法國被奪走了也還緊貼著，像皮膚貼在滾燙的東西上被剝下來一樣。因此，有某種東西是每個法國人靈魂的某個部分緊貼著的，這東西對所有法國人都一樣，獨特而真實，儘管無可名狀，但卻如可觸摸一般實在。因此，威脅要毀滅法國——在某些情況下，入侵就是種毀滅的威脅——就等同於對所有法國人的肉身威脅，直至他們的兒女與兒孫，乃至數不盡的後代——甚至有些民族從未曾經被征服的過去復原。

這便足以說明，對祖國的義務是不證自明的。這義務與其他義務共存，它不強求人們要永遠付出所有，但卻強求人們有時要付出所有。同樣地，在發生礦災而同伴有致命之虞的時刻，一名礦工有時也應付出所有。這是大家都接受而承認的。對祖國的義務也是一樣確實的，只要祖國能夠像現實一樣被具體的感知到。而二戰間祖國正是如此。法國的現實存在，正是因為祖國不在了，因此所有法國人都可以感受到了。

人們從來不敢否認對祖國的義務，除非先否認祖國的實際存在。緊追甘地（Mahatma Gandhi）教條的極端和平主義，並非對此一義務的否定，而是藉由特殊的方法，以對祖國盡義務。就我所知，這種方法從未被實行過，特別是沒被甘地實行過，因為他太現實主義了。如果這種方法在法國施行了，法國人就不會武裝抵抗入侵者，但也絕不會同意在任何領域可以毫無反應，乃至協助占領者，法國人倒是會盡一切可能製造障礙，並無限期地以毫不妥協的態度堅持下去。顯然他們當中有許多人會被消失，並且在極端痛苦中被消失。這是在民族的層次上仿效基督的受難。

如果一個民族整體而言與完美的距離夠近，以至於我們可以建議她仿效基督受難，那這肯定是值得做的。這個民族會消失，但這樣的消失比最榮耀的苟活還好得多。然而，事實並非如此。很有可能，近乎肯定的是，沒有民族做得到。只有靈魂，在其孤獨中最隱密之處，才有可能將這種完美當作自己的方向。

然而，如果有人以見證這種不可能的完美為職志，公權力就應該授與他們這麼做的權利，甚至該為他們提供必要的工具。英國就承認出於良心的反戰。

但這還不夠。為此必須努力創造出某種東西，某種並不直接或間接參與到戰略操作，但卻實在地參與在戰爭中、比士兵們的職責更困難也更危險的工作。

這是對和平主義的政治宣傳所帶來的困難的唯一解方。因為這樣就可以在不造成不義的情況下，讓那些以宣揚完整或近乎完整的和平主義為職業、但又拒絕做這種見證的人失去聲譽。和平主義不會產生危害，除非透過混淆兩種厭惡：對殺人的厭惡與對死亡的厭惡。前者是可敬的，但卻是無力的；後者幾乎無法承認，但卻強而有力；兩者的混合形成了一種能量龐大的動力，連羞恥心也阻擋不了，此時能發揮作用的卻只有第二種厭惡。過去幾年來的法國和平主義者厭惡的是死亡，而不是殺人，不然他們就不會在一九四〇年七月時趕著當德國的協力者。少數真心厭惡殺人卻身陷其中的人，上了最可悲的當。

透過區分這兩種厭惡，我們去除了所有的危險。對殺人的厭惡不會產生危險的影響。首先這是好的，因為它是善的果實；再者它力量不大。但不幸的是，它也不可能有太大的力量。至於那些在面對對死亡的恐懼時感到軟弱的人，他們倒應該成為憐憫的對象，因為任何人，只要不是狂熱分子，至少在某些時刻都會有這種軟弱，但如果他們把自己的軟弱轉化為意見到處宣傳，他們就是犯罪了，這時就有必要剝奪他們的名譽，而這並不難做到。

當我們把祖國定義為某種生活環境，我們就避免了各種腐蝕愛國主義的矛盾和謊言。祖國是某種生活環境，但還有其他種生活環境。祖國產生於各種相互交織的原因，其中混雜著善與惡、正義與不義，因此不是所有可能的環境當中最好的一個。它或許仰賴另一種更富有生命氣息的組合而構成，在這種情況下，為之惋惜是正當的；但過去的事件已然過去，這個生命環境尚存，而為了其中所保有的善，它應當像寶藏一樣得到保存。

被法國國王的士兵所征服的各個民族，在大多數情況下都承擔著惡。但因著幾個世紀以來所建立的有機聯繫，手術療法只會在這惡之上增加新的惡。過去只能部分得到修補，並且只有在法蘭西民族架構下的公權力，其毫無保留的授權與鼓勵在地與地區生活中才有可能。此外，法蘭西民族的消失，絲毫不能修補過去征服所產生的惡，反而會新增嚴重得多的惡，如果各族因法國軍隊而失去了生命的活力，那德國軍隊新添的傷口將在道德上殺死他們。只有在這個意義上，這句老生常談才是真確無誤的：對鄉土與對祖國的愛並非毫不相容。因為如此一來，一個土魯斯人可以真切地為他的城市許久之前被法國兼併而哀傷；為眾多美妙的羅馬式教堂被夷為平地、讓位給平凡的哥德式舶來品而惋惜；為宗教裁判所扼殺了充滿活力的靈性活動而痛惜；而他還能更熱切地堅決拒斥讓同一座城市被轉手給德國人。

在對外的方面亦是如此。如果祖國被視為是某種生活環境，那在維護其存續的必要手段之外，便無需使其免於外來的影響。國家已不再擁有作為領土上絕對主宰的神聖權利，因為在這領土上，就本質上具國際性質的問題而言，某種出自於國際組織、合理而有限的權威，便不再是某種欺君犯上之罪（lèse-majesté）。還可以建立一些比法蘭西更寬闊而兼容的交流思想的圈子，或是將某些法國領土與非法國的領土連結起來。例如，在某些領域裡，布列塔尼、威爾士、康瓦爾、愛爾蘭之間感到同屬一個環境，不是很自然嗎？

然而，人們越是心繫這些非民族的環境，就越願意保全民族的自由，因為受奴役的民族不可能享有這種超越國界的關係。正是因此，地中海國家之間的文化交流在羅馬入侵之前密切與活躍，是在那之後所無法比擬的，因為在其中的所有國家後來都不幸地被貶低為省，淪入陰沉的一致性當中。只有當各方都保有自身的特性時才有交流可言，而這若是沒有自由是不可能的。

總地來說，如果我們承認眾多承載生命的圈子的存在，那祖國便只能是其中的一個；然而，一旦祖國有消失之虞，所有這些圈子的忠誠所包含的一切義務，便都與拯救祖國這獨一無二的義務聯合為一。因為一個屈服於外來國家的人民將被同時剝奪所有圈子，而不僅至民族的圈子。因此當一個民族處於這種重大危機時，軍事義務便成為一切此世忠誠的獨特表達。這甚至至連良心反戰者也適用，只要我們費心為他們找到與戰爭行動相應的事物。

只要這點得到承認，就能導出在民族遭遇危機時，我們在思考戰爭的方式上的某些轉變。

首先是軍民之間的區隔，既然已經被事實的壓力所抹去，便應該徹底廢除。人們在一九一八年之後的反應，很大程度上便是由這種區隔所激起的。人民中的每個個體都應為國家付出自己全部的力量、資源、甚至是自己的生命，直到危機被排除為止。最好的情況是苦難與危機能分攤到人民的所有類別，包括男女老少、身強與體弱的，並且透過一切可能的、甚至更多的技術手段達成。個人榮譽與這些義務緊密連結，而外在的強迫是與榮譽對立的，因此我們應該放手容許那些想要免除此一義務的人，因為人們對他們的處罰或許是剝奪國籍、是驅逐出境並永遠不許歸國、又或是給予永恆的羞辱，將他們缺乏榮譽公之於眾。

對於缺乏榮譽者處之和竊盜與謀殺相同的刑責，這是令人震驚的。那些不願捍衛祖國的人所應失去的不是生命或是自由，而單純僅只是祖國。

如果祖國的處境糟到處罰已然沒有意義，那軍法也將失效。我們不能忘記這一點。

如果軍事義務在某個時刻包含了一切塵世的忠誠，同樣地國家也有責任在所有時刻保存一切國境內外的生命圈，在其中或大或小的人民群體為靈魂所汲取生命。

國家最明顯的責任，是無時無刻地有效看管國家領土的安全。安全指的並不是沒有危險，因為在這個世界裡，危險永遠都在，因此安全指的是在危機情況中擺脫困局的合理機會。但國家最基本的責任並不在此，如果國家只管領土安全，那等於什麼也沒做，因為如果國家只管領土安全，那就會領土安全這都做不到。

國家有責任盡其所能，將祖國在最大程度上，化為真實。對於一九三九年時的許多法國人而言，祖國並不真實。祖國重新成為真實，是因為它被奪走了。祖國必須在人們擁有它時也是真實的，而為此，祖國就必須在現實中真的為生命提供養分，真的成為能夠扎根的土地。祖國也必須成為人們在參與與連結於所有祖國之外的生命圈時，所共同偏好的框架。

如今，就在法國人重新感到法蘭西的真實的時候，他們也前所未有地意識到【法國的】地域差異。被切割成許多塊的法國、將思想交流封閉於一小塊領土中的通信審查，這些都多少有所影響，而矛盾的是，被迫混雜的族群也產生了不小的作用。較諸過往，人們如今更持續而尖銳地感受到自己是布列塔尼人、洛林人、普羅旺斯人、巴黎人。在這種感受中，有種隱微的敵意，必須試圖加以消除，而同樣急迫的，則是要消除排外主義。但相反地，敵意和排外的感受就其本身則不應被壓抑。宣稱這種感受與愛國主義相對，將是一種災難。在所有法國人置身其中的困境、困惑、孤寂與失根當中，任何忠誠、任何眷戀都應像過於稀有而無限珍貴的寶藏一樣珍藏，像枯萎的草木一樣澆灌。

維琪政府力推地區主義教條一事並不重要。在這件事上，他唯一的錯誤是沒有付諸實行。我們該做的並不是要跟一切口號對著幹，而是要保存許多出自民族革命（Révolution

Nationale）[78] 政令宣傳的思想，但要使之成為現實。

同樣地，法國人在孤立中同樣感受到法國很小，被關在裡面令人窒息，必須要有更大的空間。歐洲或是歐洲統一的理念，在初期因為在地協力者的成功宣傳起了不小的作用。這種情感也是一樣，我們不會過於鼓勵、餵養，因為把這種情感和祖國對立，將會是場災難。

最後，我們也不會過於鼓勵不構成公共生活的思想圈的存在，因為只有在這種情況下這些圈子才不會成為死屍。如果工會不被賦予經濟組織中的日常責任的話，工會也將如此。基督徒圈子也是如此，不論是新教還是天主教，特別是像天主教職工青年會這樣的組織，只要國家迫使最小一撮人屈從於教權主義的企圖，這些圈子便會立刻被掐死。法國戰敗後冒出的那些團體也是如此，它們有些是官方的，像是青年訓練營（Chantiers de Jeunesse）和實習工廠（Compagnons），有些則是地下的，亦即反抗組織。前者儘管具有官方色彩，卻多少還有生命力，這得歸功於許多的機緣巧合，但他們若是維持這種官方色彩便會死亡。後者則誕生於與國家的鬥爭當中，而若是人們屈服於誘惑，在公共生活中賦予它某種官方的存在，那將會在道德上嚴重地蹂躪它。

另一方面，如果各種這類圈子被排除於公共生活，他們便不再存在。因此，必須要讓他們既不屬於公共生活，但又不被遠遠隔離於公共生活。要產生這種效果可能的做法是，舉例而言，讓國家經常地從這些圈子裡選出某些人，給他們特殊的暫時性任務。但必要的是，在國家進行對人員的挑選的同時，又使所有成員都能為之感到驕傲。這樣的方法可以成為某種制度。

同樣地，在一切消除仇恨的嘗試中，必須要鼓勵差異的存在。各種理念的翻騰對於像法國這樣一個國家而言，並不會造成傷害。對法國而言，致命的是理智的惰性。

確保人民有真實的祖國，這個責任落在國家身上，但這不應該是從軍義務的原因，因為從軍義務在國家危難時，會落在人民身上。如果國家有虧職守，就算祖國消亡，只要民族獨立依然，那就有重生的希望——只要我們仔細觀察，就能在所有國家不分遠近的過去中，發現令人吃驚的起落。但若國家屈服於外侮，那希望便不復存在，除非迅即得到解放。只要有希望，就連別無所有時，也還值得拼死維護。

因此，儘管祖國是個事實，並且受制於外在條件與偶然，且在致命危機時救援祖國的義務並不因此就不是無條件的。但明顯的是，事實上，人民感受到祖國有多真實，他們對於救國就會有多熱切。

如此定義下的祖國概念，與當今對國家歷史或是偉大民族的構想都無法相容，尤其與當今人們談論帝國的方式無法相容。

法國是個帝國，因此，不論採取什麼原則性的立場，都會生出各種實際上極為複雜、並且

---

78 譯註：維琪政權推動的政治運動。

依地域而各有不同的問題。但我們不能把一切都混在一起談。這首先提出的是個原則問題，而其他更含糊的則是某種情感問題。總地來說，問題在於：一個法國人是否能夠因法國是個帝國而感到高興，並懷著喜樂與驕傲、以某種合法物主的口吻與思想來談論法國？

如果這個法國人是個像黎塞留、路易十四或是莫拉斯那樣的愛國者，這是可行的；如果基督的氣息、一七八九年的思想已經與其愛國主義的實質本身交融為一，不可分離，那就不可行。任何其他民族嚴格地說都有權利為自己雕刻出一個帝國，但法國不行，因為這和教宗在人間擁有至高權力在基督徒眼中是一樁醜事的理由如出一徹。一旦我們像一七八九年的法國一樣，接受了為萬有（univers）思考、為萬有界定正義的責任，我們就不能成為人類肉身的擁有者。儘管確實就算沒有我們，其他人也會征服這些不幸的人，並以更為惡劣的方式對待他們，這也不能是正當的動機，因為說到底，總體的傷害應該越少越好。這類動機大多數時候都是種惡。一個牧師不能因為想著一個皮條客對女性更為惡劣，便自己去開妓院。法國的同情無需失去自重，它也沒這麼做。沒有人敢認真地主張：法國去征服那些民族，是為了防止他們受其他民族虐待。甚者，在很大的程度上，正是法國自己在十九世紀，帶頭讓殖民冒險事業流行起來的。

在那些法國征服的民族中，某些人非常活生生地感受到，這麼幹的是法國，這是件多麼不堪的事情，因為他們對我們的痛恨，則被某種痛苦而駭人的苦澀與某種麻痺給加劇了。

如今到了二戰間，法國可能得在對自身帝國的眷戀與對新的靈魂的需求之間做出選擇。更一般地說，她必須在靈魂與羅馬式、高乃依式的偉大之間作出抉擇。

如果法國選擇了惡，如果我們自己推著她選擇了惡，而這是大有可能的，那她將會得到的不是別的，而只會是最可怕的不幸，而她將在驚訝中承受這不幸，將不會有人能辨明這不幸的原因。所有能說話、能拿筆的人，都將永遠為此罪行負有責任。

貝爾納諾斯明白並說明過，希特勒主義就是異教羅馬的回歸。但他難道忘了，我們難道忘了，異教羅馬在我們的歷史、我們的文化、以及如今還在我們的思想中所扮演的角色？如果，我們曾經出於對某種形式的惡的恐懼，做出發動一場戰爭的可怕決定，並做出戰爭所意味的一切暴行，那如果我們的戰事比我們自己的靈魂中同一種形式的惡更不殘酷，我們是否就能得到寬恕？如果高乃依式的偉大，能以英雄主義的幻象誘惑我們，那德國同樣也大可誘惑我們，因為德國士兵肯定也是「英雄」。在當前圍繞著祖國的思想與感情上的混淆中，我們可有任何擔保，可以肯定一個法國士兵在非洲的犧牲，會比一個德國士兵在俄羅斯的犧牲，是更為純粹的激勵？事實上我們沒有擔保。如果我們感受不到這一連串蔓延至全世界的罪行所導致的可怕責任為何，我們便無法無辜地置身其中。

如果有什麼出於對真理的愛，必須徹底蔑視與徹底挑戰的，那就是這點。我們都是以祖國之名而聚集的。如果在對祖國的思想中混雜著一絲謊言，那我們成了什麼？又有什麼樣的鄙視是我們不該承受的？

但如果高乃依式的感情無法激起我們的愛國情操，我們可以問的是：什麼動機能取代這類情感？

是有這樣一種動機，同樣富含能量、絕對純粹、並完全回應當前的處境，那就是對祖國的疼惜。對此有個榮耀的回應者，聖女貞德說過，她憐憫法蘭西王國。

我們可以援引高得無限多的權威。在福音書裡，我們無法找到任何跡象，顯示基督對耶路撒冷與猶太有任何類似於愛的感情，僅除了包含在疼惜中的愛。祂從未對自己的國家表達過別種眷戀，但疼惜，他卻表達過不只一次。祂在城裡哭過，在預見（在那個年代這並不困難）迫近城市的毀滅時，他對城市像對人一樣說話：「耶路撒冷啊，耶路撒冷，我多次願意……」[79]就連在扛著十字架時，祂也還是對這座城市抱著憐憫。

願我們不要以為對祖國的疼惜中，不包含著戰鬥的能量。疼惜曾經激勵了迦太基人創造出史上最難以想像的戰功。和被大西庇阿（Scipion l'Africain）征服而淪為螻蟻、又承受了五十年道德敗壞的歷程相比，法國在慕尼黑的投降根本算不上什麼。迦太基在努米底亞人所施加的一切傷害中孤苦無援，又因為在合約中放棄了發動戰爭的自由，於是他們懇求羅馬准許他們自衛，但卻徒勞無功。而當他們在沒有許可的情況下起身自衛時，他們的軍隊被消滅淨盡。此時他們乞求羅馬人的寬宥。他們同意交出三百名貴族兒童，以及全部軍隊。接著他們的代表接到命令，要全體出城，好讓城市被推為平地。迦太基發出怒吼與淚水。「他們以祖國之名叫喚她，像對人一般，對她訴說最悲痛的話。」接著他們乞求羅馬人說，如果想對他們施加傷害，那不如放過這座城市、這些石頭、古蹟與廟宇——它們是無從指責的——而下手殺光整個民族。他們說這個做法對羅馬人而言較不可恥，而迦太基人也更寧可如此。但羅馬人絲毫不為所動，於是整座城市都挺身反抗，儘管毫無勝算。最終，大西庇阿麾下不可計數的大軍，卻花了整整三年才拿下迦太基，並予以摧毀。

這種對美好、珍貴、脆弱而易逝的事物所懷的柔腸寸斷的感情，卻比對祖國的偉大的感情更為熾熱。在其中有全然純粹、濃烈的能量。一個男人豈不是在要保護他的孩子、或是他年邁的雙親時——這些都沒有什麼偉大的威望——更容易表現出英雄氣概嗎？對祖國全然純粹的愛，與激勵一個男人的、對幼子、老父老母與愛妻的愛極為類似。柔弱之思如同強力之思一樣能燃起愛火，但卻是更為純粹的火焰。對脆弱的疼惜總是相連於對真實的美的愛，因為我們活生生地感受到，真正美的事物，應該但卻總不能永恆存在。

我們可以愛法國的榮耀，這似乎保證了她在無垠的時空中的存在。我們也可以愛她如同某種因屬於塵事而或許已被毀滅，但其價值卻更為觸手可及的事物。

這是兩種涇渭分明的愛，也或許可能是互不相容的愛，儘管在語言上彼此混淆。那些天生

79 譯註：〈馬太福音〉2：37，〈路加福音〉13：34。

內心便適於第二種愛的人，因為習慣的力量，卻用著只適於第一種愛的語言。

對一個基督徒而言，只有第二種愛才是正當的，因為只有這種愛有基督徒的謙卑色彩。只有第二種愛才屬於配得上愛德（charité）之名的愛。但願我們不要以為這種愛只能以一個不幸的國家為對象。

幸福與不幸同樣是疼惜的對象，因為幸福是此世的，亦即不完整、脆弱而轉瞬即逝的。此外，不幸的是，一個國家的生命中總有某種程度的不幸。

我們也不要以為這樣的愛，會無視或忽略法國在過去、現在與盼望中的純粹而本真的偉大，完全相反。疼惜是更為溫柔、更為動人的，並且會在其對象的存有中進一步發掘善的存在，因為它本來就會辨認出善。當一個基督徒想到十字架上的基督時，對他的疼惜並不因對完美的思考而有所減損，反之亦然。但另一方面，這樣的愛也睜眼盯著一個國家在的過去、現在與野心中的不公義、殘酷、錯誤、謊言、罪惡、羞恥，既不打馬虎眼，也不會默不做聲，更不會因此而有所減損——若是如此，這愛只會更為痛苦。對疼惜而言，罪行本身是種理由，不是遠離、而是靠近的理由，以求分享——不是分享罪責，而是分享羞恥。人類的罪行並未減損基督的疼惜。由此疼惜便可對善與惡予以同樣的正視，並在兩者之中發現愛的理由。這是此世唯一真實而正義的愛。

在這個時刻，這是唯一適合法國人的愛。如果我們剛經歷過的一切，不足以讓我們改變我們愛祖國的方式，那我們還能學到什麼呢？除了當頭棒喝，還有什麼更能喚起我們的注意呢？

對祖國的疼惜是此刻唯一聽來並不虛假的情感，它適合法國人靈魂與肉身此刻的狀態，亦即在不幸中彼此對應的羞辱與尊嚴，以及不幸中首要的簡明性。要在此刻呼喚法國在歷史上的偉大、她過去與未來的榮耀、圍繞著她的存在的光環，如果沒有某種內在的堅硬是不可能的，也會使語調中表達出勉強之感。沒有任何類似於驕傲的事物是適合於不幸的。

對於正在受苦的法國人而言，這樣一種呼喚便進了補償的範疇了。在不幸中尋求補償，這是種惡。如果太過經常地重複這種呼喚，如果這種呼喚成了安慰的某種獨特來源，那它就造成了無窮的惡。法國人渴求強盛。但對於不幸者而言，必要的並非羅馬式的強盛，因為這對他們而言要不是像個玩笑，就是會毒害他們的靈魂，德國就是個例子。

對法國的疼惜並不是種補償，而是將其所受的苦難轉入靈性之中，而疼惜就連最肉身的苦難——酷寒與饑餓——都能予以轉化。飢寒交迫、禁不住要自卑自嘆的人，可以透過自己的身體而不再自憐，而將憐憫轉向法國，而飢寒本身便透過肉體，直到靈魂深處，進入了對法國的愛當中。這種疼惜能毫無阻礙地跨過國界，擴展到所有不幸的國家，無一例外，因為所有人類族群都在經歷我們處境中的不幸。國家強大的驕傲，本質上是排外而無法置換的，但疼惜本質上則是普世的；它只是對於遙遠異鄉的事物較不顯著，而對近鄰的事物則更為真實、更加貼肉、更帶有血淚與能量。

民族的驕傲是遠離日常生活的。在法國，這種驕傲只有在反抗中才能找到自己的表達方式，但許多人要不是沒有機會有效地參與抵抗，要不就是無法為之付出所有的時間。對法國的疼惜則是種至少同樣強烈的動機，但此外它還能有日常的、不間斷的、適合所有場合（乃至最普通的場合）的表達，對於透過在所有法國人之間的關係中對手足之情的強調而表達。手足之情在對某種不幸的疼惜中能輕易地抽芽，這種不幸讓每個人感受到自己的受苦，讓所有比每個人的安適都更為珍貴的善陷入岌岌可危的境地。民族的驕傲，不論是在復興或是在苦難中，都無法激起某種真實而熱切的手足之情。在羅馬人之間就沒有這種東西，因為他們不懂真正溫柔的情感。

一種受疼惜所激勵的愛國主義，會將道德上的優勢賦予民族中最苦弱的那些人。民族的強盛要成為社會底層的興奮劑，只有在每個人都能期待在國家獲得榮耀時，也能得到自己的一份越大越好的榮耀。拿破崙統治的初期就是這樣。一個孩子，不論年紀多小、出生在哪座城市邊角，都有權在心裡夢想著不論是怎樣的未來，而沒有任何野心會大到顯得荒唐。人們知道並不是所有的野心都能實現，但每個野心都有實現的可能，而許多野心都能得到部分的實現。那個年代的一份文獻證實了，拿破崙的民氣與其說是因為法國人對他個人的效忠，不如說是因為有向上爬的可能，因為他為他們提供的開創事業的機會。這正是《紅與黑》（*Le Rouge et le Noir*）當中所表達的情感。浪漫派是一群苦悶的孩子，因為他們眼前已不再有在社會上無限攀升的前景。作為替代，他們便尋求文學上的榮耀。

但這種興奮劑只存在於動盪的年代。我們不能說這種興奮劑總是如此面對群眾的，因為人民大眾中的所有受苦的人，都夢想著脫離人民大眾，脫離那界定大眾處境的無名狀態。這種野心大肆擴散時，它既成為動盪社會的結果，又成為動盪加劇的原因，因為社會穩定對這種野心而言是種障礙。儘管它是種興奮劑，但我們卻不能說它是種健康的東西，不論是對靈魂還是對國家而言。這種興奮劑很可能在當前的抵抗運動中占有重要的地位，因為說到法國的未來，幻想很容易受到歡迎，而說到不論是哪個個人的未來，如果他證實自己能涉險犯難，都能在國家當前的潛在革命狀態中期待任何事情的發生。但越是如此，它對於重建時期而言就越是可怕的危險，因此我們急需尋找另一種興奮劑。

在社會穩定的時期，若非例外，那些自覺屬於無名大眾的人多少都會待在這樣的狀態中，甚至不會想要從中脫離，人民無法在某種建立在驕傲與榮耀光環的愛國主義當中，感受到像在自己家裡一樣的自在。他們會感到像是在凡爾賽的沙龍裡一樣陌生，而這些沙龍正是這種愛國主義的表現。榮耀與無名狀態彼此對立，就算在軍事的榮耀上加上文學的、科學的以及其他的榮耀，他們還是會繼續感到陌生。就算知道有某些身披榮耀的法國人出自人民群眾當中，這在承平時期也不會給他們帶來任何安慰，因為一旦脫離了人民大眾後，就不再是人民了。

相反地，如果祖國對他呈現為某種美好而珍貴，但卻既不完美又脆弱、遭逢不幸、必須珍惜與寶藏的事物，他就會比其他社會階級更有理由感到祖國離他更近。因為人民大眾有一種獨有的，或許是最重要的意識，就是對不幸的現實的意識；也因此，他們更加活生生地感受到值得加以保護的事物有多珍貴、每個人又是如何有義務加以珍惜與保護。通俗劇（mélodrame）反映了這種大眾感受的狀態。這種文學類型為何如此差勁，這是個值得研究的問題。但這完全不表示這是個虛假的文學類型，在某種意義上，它非常地貼近現實。

如果在人民與祖國之間建立起這樣的關係，人民便不再感到自己所受的苦是祖國對他們犯下的罪行，而是祖國所受的病在他們身上發疼。這之間的差異不可以道理計。但另一方面，卻又極細微，只要一點微小的事物便可跨越——即便是來自彼岸的微小事物，而其前提是祖國與國家之間的分離。這是可能的，如果我們能廢除高乃依式的偉大。但這就意味著無政府狀態，因為國家無法透過自身獲得某種額外的尊重作為補償。

為此，我們就肯定不應回到議會生活與黨派鬥爭的舊模式，而最重要的或許是將警隊徹底重組。當前的各種條件也適合這麼做。英國警隊值得我們研究。無論如何，我們必須期盼領土的解放將帶來對警隊當中的個人的清算，除了那些曾經起身抗敵的個人之外。警隊成員必須以得到公眾尊重的人來取代，而既然（不幸地）如今公眾尊重的主要來源是金錢與文憑，那就必須從警員與警探開始，要求某種程度夠高的教育，更高階的警官則要有非常正規的文憑，並給予優厚待遇。甚至，如果高等學院（grandes écoles）的模式在法國繼續存在——這或許不是我們想要的——那就該為警察成立一所高等學院，透過考試錄取學生。這是些粗略的方法，但諸如此類的方法是必不可免的。更重要得多的是，我們不應再有像是妓院或是慣犯這類社會類別，這些法定的正式類別就像交給警察取樂的牲口一樣，為警察同時製造受害者與共犯，因為雙向感染不可避免，雙方在接觸中會彼此敗壞。這兩種類別在法律上都該廢除。

公務員對國家犯下貪贓欺詐的罪行也應該得到有效的懲處，刑罰應比持槍搶劫更重。

就其行政功能而言，國家應該像個祖國財產的監管者，因為一個多少還可以的監管者，必須可合理地期待它總地來說是差勁而非優秀。監督者的任務艱巨，並且得在道德上不足的條件下完成。服從國家仍是義務，但不是因為國家有權力要求服從，而是因為國家對於祖國的存續與和平而言不可或缺。我們必須服從國家，不論國家好壞，我們幾乎像個熱情的孩子，在父母遠行時被交付給一個平庸的家庭教師，孩子服從他，但卻是出於對父母的愛。如果國家並不平庸，那更好；然而公共意見的壓力卻應該永遠得到行使，以刺激國家超越平庸。但不論國家平庸與否，服從的義務都是一樣的。

服從的義務肯定不是無限的，但這限制沒有別的，只能是本著良心的反抗。我們無法為此限制提供任何判准，甚至連每個個人都不可能為自己設立一個永不改變的判準，因為當我們感到無法再繼續服從時，我們就不服從了。但無論如何，要能夠不服從且不犯下罪惡的一個必要（但不充分）的條件，是要受某種迫切到讓人奮不顧身的義務所驅使。如果一個人想要不服從，但卻因過於危險而未付諸實行，那根據情況，他不是因為想要不服從而不可原諒，就是因為繼續服從而不可原諒。此外，當我們沒有嚴格的不服從義務的時候，我們就有嚴格的服從義務。一個國家如果不能肯認對公共機構的不服從（若非出於某種迫切的責任）比偷竊還要可恥，那這個國家就不會有自由可言。換句話說，公共秩序應該要比私有財產更為神聖，而公權力能夠透過教育與發明其他方式來傳播這種看法。

但只有對祖國的疼惜、要讓祖國免於不幸的焦慮而溫柔的操煩，才能夠為和平、特別是國內的和平，帶來某種內戰與戰爭本身所不幸地擁有的東西，即某種激勵、動人、詩意、神聖的東西。只有這種疼惜能夠讓我們找回失落已久，但在歷史的過程中又極為罕見的感情，泰奧菲爾（Théophile）表達在他的這具佳句中：「神聖的法律陛下。」

泰奧菲爾寫下這句詩的那刻，或許是這種感情在法國最後一次被深刻地感受到的時刻。緊接著到來的是黎希留，接著是投石黨，接著是路易十四，等等。孟德斯鳩徒勞地透過一本書試著讓這種感情再次深入公眾。一七八九年的人們標榜著這種不存在他們內心深處的情感，導致國家這麼輕易地落入內部與外在的戰爭當中。

此後，我們的語言本身也變得不適合表達這種情感了。但在談到正當性時，人們試圖喚起的正是這種情感，或是其蒼白的複製品。但為某種情感命名並不足以激發這種情感。這是個根本的真理，而我們早已徹底遺忘。

為何要自我欺騙呢？在一九三九年，在戰爭之前，在律令法（décrets-lois）底下，共和制的正當性早已蕩然無存。它已離去，正如維庸（François Villon）的青春「瞞著我遠走高飛」，一聲不響，毫無預警，沒人來得及揮手、開口挽留。至於對正當性的感情，它早已死透了。即便它如今重新出現在流亡者的思考中，並占有一席之地、與其他不相稱的情感比鄰，甚是進入在一個病入膏肓的民族的療癒夢想中，這並不代表什麼，或者什麼也不代表。如果它在一九三九年的時候無效，它又如何能在連年系統的不服從後立刻有效呢？

此外，一八七五年的憲法在一九四〇年淪為淡漠甚或普遍蔑視的對象，憲法在被法國人拋棄後，再也不能作為正當性的基礎了，因為它已經被法國人民拋棄了。對此，不論是反抗組織或是在倫敦的法國人，都無能為力。若說有人為此表示過一絲惋惜，那也不是任何一部分的法國人所表示，而是國會議員，因為他們的職業在共和體制當中還有活生生的利益，但共和體制在任何其他地方都已經死了。再說一次，不論這種體制正當性的感受多久之後會再次出現，這都不重要。此刻飢餓正將某個年代的詩情畫意歸於第三共和，那個人人有麵包的年代，以及其轉瞬即逝的詩意。然而與此同時，多年來人們感受到的厭惡在一九四〇年時上升到頂點，這種厭惡卻會持續存在（此外，一份倫敦正式發出的文件已經對第三共和加以譴責，所以它已經很難被當作正當性的基礎了）。

然而肯定的是，只要維琪政權消亡，且各種革命組織——或許是共產主義組織——都不出頭，那第三共和的各種機構便會捲土重來。但這僅只是因為某種真空的出現，需要另一種種東西來填補。這是出於必要性，而非正當性。這對應於人民大眾的並非忠誠，而是種陰鬱的順從。一七八九年這日期所喚醒的，卻是種深沉得多的迴響，但它所對應的只會是某種激勵，而非制度。

既然事實上我們近代歷史的連續性已經出現某種斷裂，憲法正當性便再也不具有某種歷史性質，因為憲法它必須出自所有正當性的永恆來源。那些出面要統治國家的人，必須公開承認某些義務，這些義務回應著人民永恆的期盼，永遠刻劃在他們靈魂深處的盼望，而人民必須要對他們的宣稱與能力有信心，並獲得表現這種信心的手段——人民必須了解到，對他們的接受意味著對他們的服從。

人民對公權力的服從是祖國的需求，此一事實使之成為某種神聖的義務，而公權力作為服從的對象，也因此被賦予了同樣的神聖特質。這並不是羅馬人的愛國主義中那種對國家的偶像崇拜。正好相反。國家並不是像一個偶像那樣神聖，而是像主日崇拜用的器皿、祭壇上的石頭、施洗的水，以及其他一切類似之物那樣神聖。所有人都知道這些不過是材料。但這些材料被視為神聖的，是因為他們服務於某個神聖的對象。這是適合國家的尊嚴。

如果我們無法在法國人民當中注入某種類似的靈性的激勵，那剩下的選擇就是失序或是偶像崇拜。偶像崇拜可能會採取共產主義的形式。這很有可能發生。偶像崇拜也可能採取民族的形式，它也有可能採取富含我們這個時代特性的形式，亦即將某個被擁戴的領袖與作為鋼鐵機器的國家之間結合後的對象。然而，一方面，廣告可以打造出領袖；另一方面，如果時勢將某個貨真價實的人推上這個職位，他很快就會成為這個偶像角色的囚徒。用當代的話說，缺乏純粹的靈性激勵，會讓法國人別無選擇，只剩失序、共產主義或是法西斯主義。

有些人，例如美國的某些人，曾經懷疑倫敦的法國人是否會傾向法西斯主義。這是個差勁的問題。意圖本身只有微不足道的重要性，除非是直指向惡的意圖，因為對惡而言，手邊永遠不缺工具。但向善的意圖若沒有相應的資源則毫無意義。聖彼得從來沒有不認基督的意圖[80]，但他還是這麼做了，因為他本身並不具有能讓他不這麼做的恩典。就連他費力用決絕的語氣所堅稱的話，都剝奪了他所擁有的恩典。這是個值得我們在生命的一切經歷中深思的事例。

問題在於了解倫敦的法國人是否有必要的工具，以防止法國人民淪入法西斯主義，並同時頂著不要落入共產主義或失序狀態。法西斯主義、共產主義與失序狀態不過是三種難以分辨的、對等的表述，表達某種獨特的病痛，問題在於他們是否有藥能治療這種病痛。

如果在英國人沒有這種藥，那他們的存在理由——在戰爭中撐著法國——在勝利後便會完

80 譯註：指福音書中彼得在受難日前、逾越節晚餐後，耶穌在深夜被捕送審的過程中，三次不承認自己認識耶穌，正如耶穌先前所預言的事情，見〈馬太福音〉26：69－71，〈馬可福音〉14：66－72，〈路加福音〉22：54－62，〈約翰福音〉18：15－32。

全耗盡，在這種情況下，勝利便會將他們重新拋入同胞的茫茫人海中。如果他們有這種藥，他們應該已經開始施藥了，並在勝利到來之前大量而有效地施藥。因為這樣的處方在國家解放時每個個體與各種群眾中精神狂亂的情況下使用。這處方更不能等人們的神經平靜後才開始施用，即便平靜真會到來的話，到那時就太晚了，任何處方都不會有用了。

因此，重要的不是在外國人面前宣稱自己統治法國的權利，就像對一個醫生而言，重要的不是宣稱自己有治療一個病人的權利。最根本的是要開出處方、構思療程、選擇藥方、確認藥方有助於病人。當一名醫生知道要做這些，儘管不是沒有犯錯的風險，但有合理的機會能醫好病人時，如果有人妨礙他行使自己的職能，並以江湖術士取而代之，那醫生就有義務要盡全力地反抗。但如果，在一個沒有醫生的地方，許多無知的人圍著一個病人，這病人需要最精準、最高明的照顧，那他會死在這些人手上，還是被意外救活，豈不至關緊要？當然，他最好是落在愛他的人手上。但愛他的人們不會讓他苦於床頭的爭吵，除非他們知道自己有可能治癒病人的方法。

第三部分

扎根

要如何為一個民族注入靈性的激勵？這是個全新的問題。柏拉圖在《政治家篇》（*Politicus*）和其他地方做過一些提示——在羅馬之前的古希臘祕傳教派（savoir secret）中，或許也教導過這個主題，但這也已經全然逸失了。或許在聖殿騎士團（ordrre du Tempple）和早期的共濟會（frremasonry）會士當中，還討論過這方面的問題。沒記錯的話，孟德斯鳩完全忽視這個問題。思想強而有力的盧梭顯然意識到了這個問題的存在，但除此之外並沒有更多進展。一七八九年時，人們似乎沒想過這個問題。在一七九三年[1]，人們則根本懶得提出這個問題，遑論費心研究，只能即興創造一些速成的解方，例如至高主宰節[2]與理性女神節[3]這些荒謬而可憎的節慶。到了十九世紀，普遍的智力水準已經大幅下降到無法提出這些問題的程度。

在我們的時代，人們深入鑽研政治宣傳的問題。在這點上，希特勒為人類的思想遺產，做出了特別長遠的貢獻。但那完全是另一回事。政治宣傳的目的並不在於激發靈性的激勵，它只會封閉、堵死一切激勵得以通過的孔道，甚至會用狂熱來吹脹整個靈魂。政治宣傳的作法不適用於相反的目標。但這也不表示我們得採取相反的作法，因果關係並不是這麼簡單的。

但我們也不應把對一個民族的激勵，視為某種只為上帝保留的奧祕，因而可免除一切方法。儘管相較之下，至高而完美的神祕冥想狀態更是無限地神祕，但是針對如何達到這種狀態的方法，聖十字若望（Saint Jean de la Croix）[4]還是寫過一些論文，其中的科學精確性，使得這些論文遠勝於我們時代的心理學家和教育學家的作品[5]。如果他相信自己必須這麼做，那他無疑是對的，因為他做得到，而他作品中的美，是使作品的真實性再清楚不過的記號。說真的，打從比基督教早得多的古典時代起，直到文藝復興時期的後半，關於靈性以及一切與靈魂的善有關的事物，存在著某種方法，這是一直被普遍承認的。人類自十六世紀以來對物質世界的控制越來越強，這讓他們相信，與此相對的是，關乎靈魂的事物若非任意武斷的，就是得委託魔法、或是意圖與話語的直接效力。

但事情不是這樣的。宇宙中的一切，包括此岸與彼岸之間的交界點，都服從於方法，就是

1 譯註：法國大革命期間，大約是吉倫特派統治轉向雅各賓專政的時期。

2 譯註：fêtes de l'Être suprême，法國大革命時期羅伯斯比爾（Robespierre）創立的節慶，擁抱啟蒙時期的自由平等理念，受伏爾泰與盧梭的**自然神論**所啟發，曾被試圖用以取代天主教。因大革命而催生的《人權暨公民權宣言》序言清楚指涉此一理性宗教：「【……】國民議會在至高主宰（l'Être suprême）的支持下，肯認並宣告下列人類權利與公民權利。」

3 譯註：fêtes de la Déesse Raison，同樣擁抱啟蒙理念，受狄德羅的**無神論**所啟發。當時許多天主教會都被改成理性女神廟。主要流行於一七九三～一七九四年。

4 譯註：聖十字若望（1542～1591），西班牙神祕主義者，羅馬大公教（天主教）反清教革命的公教改革運動（Counter-Reformation）重要人物，一七六二年被封聖。

5 全集註：見〈一九四三年倫敦斷簡〉（Fragments, Londres 1943），《壓迫與自由》（*Oppression et Liberté*）。

「道」（Logos），這個字的意思是關係，而不僅只是話語[6]。只有當領域有所不同，方法才有差異。人越是受到培育，方法就隨之變得更加嚴謹而精確[7]。若說物質的秩序比靈魂的秩序更能反映神聖智慧，那是不可理解的，因為真相正好相反。

我們的遺憾在於，如果我沒錯的話，這個沒有任何東西能引導我們的問題，卻是我們當今最迫切需要解決的問題，不然引導我們的不是已消失，而是完全未曾存在。

此外，如果柏拉圖曾經提出過某種通用的解決辦法，光是研究他的方法也不足以讓我們擺脫困境，因為我們面對的處境，連歷史也難以施加援手。歷史未曾告訴我們，有任何國家的處境，能與法國敗給德國後所面臨的處境有絲毫類似之處。況且，我們也不知道未來的處境如何。我們只知道那將是前所未有的境況。因此，就算我們知道如何將激勵注入一個國家，我們也還是不知道該如何在法國進行。

但從另一方面來看，既然這是個實踐問題，那麼，對於某種通行的解決方法的認識，對一個特殊案例而言就不是絕對必要。如果一臺機器卡住了，工人、工頭或工程師都可以找到某種方法，讓機器重新運轉，卻毋須擁有修繕機器的通用知識。在這樣的情況下，我們該做的第一件事，就是直視這臺機器。然而，要有效地直視這臺機器，腦中就得有機械關係的概念。同樣地，直視法國處境日復一日的變化，我們心裡也得有公共行動做為國家教育模式的概念。

僅只是意識到、注意到、了解這個概念還不夠，還必須永遠將這個概念安置在靈魂之中，讓注意力在關注其他事物時，依然保有這個觀念。

有鑑於這對我們而言是種全新的思想，因此，我們就得付出更大得多的努力。打從文藝復興開始，我們就未曾以這種角度想像過公共活動，只把它當作某種方法，用以建立從某方面看來值得想望的權力形式。

教育——不論對象是兒童還是成人、個人還是民族、甚或是自己——都是為了激發人的動力。指出什麼是有利的、什麼是義務、什麼是善，這些都是教育的責任。教育關心動力的問題是為了有效的行動。因為若是沒有動力來為行動提供不可或缺的能量，那就無法實行任何行動。

想要引導人類這種生物——不論是他人或是自己——向善，光是指出方向，卻沒注意到要確保相對應的動力，這就像是我們踩油門，想讓一輛沒油的車子前進一樣。

---

6 全集註：韋伊在柏拉圖的《蒂邁歐篇》（*Timaeus*）頁緣的評註中提出 Logos 的兩種翻譯：「話語」或是「關係」；對於這個希臘用語的翻譯，她的註解是：上面是「借助話語的才智」，下面是「借助關係的思維」。〔……〕在〈柏拉圖對話中的神〉（Dieu dans Platon, 1942）當中，我們也看到她說：「Logos 意思是話語，但更是關係。」最後，在〈致一位修士的信〉當中：「就連將 Logos 翻譯成 verbum（話語）的事實，都表明了某些東西已然失落了，因為 λόγος 首要的意思是關係〔……〕。——關係，意即比例。——比例，意即和諧。——和諧，意即中介。我的翻譯會是：太初有中介。」

7 全集註：「相信超自然按其定義會以抽象的方式運作，因而放棄對此做任何研究的人，都不認識超自然是什麼，正如同那些否認現實的人一樣。」（〈一九四三年倫敦斷簡〉，《壓迫與自由》，二一九頁）。

甚至，這就像是我們想點燃沒放油的油燈一樣。一份聞名遐邇、眾人讀了又讀、被引述了二十個世紀的文獻，早已指出了這種錯誤[8]。然而我們卻總是犯同樣的錯。

我們可以很容易地將公共行動所包含的教育方法予以分類。

首先是恐懼與希望，透過威脅與許諾來激發。

暗示。

透過官方或是官方認可的權威，表達出某種事先已經存在於群眾心中、或是存在於國家裡的某些活躍分子心中的思想。

榜樣。

行動的方式，或是為了行動而建立的組織的型態。

第一種恐懼與希望是最粗劣，卻一直被使用的方法。第二種暗示方法如今在二戰間已隨處可見，希特勒廣泛研究的正是這種方法的運用。

其他三種方法卻一直受到冷落。

必須設想這三種方法，相對於我們的公共行動能夠獲得的三種形式：當前的形式、解放國土的時刻掌握權力的行動，以及後續幾個月內暫時性的權力行使。

我們目前所能掌握的手段只有兩種：廣播與地下運動。法國大眾擁有的則只有廣播。

前述列舉的五種方法中，第三種權威方法絲毫不應與第二種暗示方法搞混。暗示，正如同希特勒的看法，是一種控制。它構成了某種束縛，而其效力一方面來自於重複，另一方面則來自於發出暗示的群體或是企圖征服的群體所擁有的力量。

第三種方法的效力完全是另一種類型，其基礎在於隱而未顯的人類本性結構。

有時候，一個思想——不論已在心裡提出，或是完全沒被提出——會暗中對靈魂發揮作用，但卻只有微弱的效果。

如果人們聽到這個思想在自身之外被提了出來，被另一個人們專注聽他說話的人提了出來，這個思想就會得到百倍以上的力量，這往往能產生某種內在的轉化。

有時人們需要聽到某些話（不論他們自己是否知道這點），這些話如果來自一個我們理所當然地期待良善之處，並且用有效的方式宣講，那就能為群眾注入某種安慰、力量，與某種類似於營養的東西。

這兩種話語的功能，在私人生活中，是由朋友與自然指引所履行的，排除前述，這事實上

8　譯註：此處指的是《新約聖經》，〈馬太福音〉，25：1－4：「那時，天國好比十個童女拿著登出去迎接新郎。其中有五個是愚拙的，五個是聰明的。愚拙的拿著燈，卻不預備油；聰明的拿著燈，又預備油在器皿裡。」

也相當罕見。

但在某些情況下，當公共的悲慘在每個人的生活中占據了如此重要的地位，超越了個人的處境，許多這類隱匿的思想與潛藏的需求，在幾乎所有已構成一個民族的人類中間，都會成為一樣的思想與需求。

這就為行動提供了可能性，雖然行動的對象是整個民族，但這樣的行動本質上不是集體的，而是個人的行動。因此，按照事物的本性，一切集體行動的目標不論有多高貴，都不可避免地會讓深藏在每個靈魂之內的隱密泉源窒息，但這類集體行動卻遠非如此，反倒會喚醒、激勵這些泉源，令其增長。

但誰能執行這樣的行動呢？

在通常的情況下，或許沒有任何可以實施這種行動的空間，因為阻止其施行的阻礙非常大，只有政府能部分而微弱地實行。其他障礙也會產生某種類似的困難，讓它難以在國家機構以外的地方實施。

但在這點上，法國當前的情況卻好得不可思議，彷彿是天佑法國。

就許多其他方面而言，法國在倫敦，不像其他國家一樣有個合法政府，這是極為糟糕的一件事。但對這種行動而言，這卻是出奇的幸運；同樣幸運的是，北非事務並未導致國民委員會[9]轉型為合法政府。

對國家的恨，從查理五世開始，便以潛伏的、暗啞的、極度深沉的方式存在著，使得那些直接出自政府之口的話語，無法被任何一個法國人當成朋友的聲音。

另一方面，在這樣的行動中，話語要真的發揮作用，就得擁有某種官方形象。戰鬥法蘭西[10]的領導者們則構成了某種類似於政府的存在，類似的程度恰好足以讓他們的話語擁有某種官方形象。

這場運動[11]保留了非常多自身的原初特性，也就是由一些忠誠而徹底孤立的靈魂深處噴湧而出的反抗，因此出自他們口中的話語，能夠在每一個法國人的耳中，流露出親近、私密、熱切而溫柔的語調，宛如朋友的嗓音。

而在這些人之上，還有戴高樂將軍，他在跟隨者的簇擁中，成為了一個象徵。他象徵的是

9　譯註：Comité national，由流亡倫敦的自由法國政府（France libre）於一九四一年九月設立，直到一九四三年六月，與法國民兵與官兵總指揮部合併為法國解放委員會。

10　譯註：France combattante，即戴高樂所領導的自由法國運動組織，以倫敦為基地，於一九四二年七月十三日由法國國民委員會改名為戰鬥法蘭西。

11　譯註：指戴高樂所領導的自由法國運動。

法國對自身的忠誠，有時這幾乎完全集中體現在他一個人身上，特別是，他象徵了人性中一切對低級的暴力崇拜的拒斥。

一切以他的名義所說的話，在法國都具有某種由象徵所賦予的權威。結果，不論誰以他的名義說話，都可以按照他的意願與當下看來較好的方式，從法國人心中醞釀的情感與思想的高度汲取激勵，甚至按他想要的、更高的高度中汲取，因為有時什麼都妨礙不了這個人從比天還高的地方汲取激勵。一個政府必然會被行使權力時的卑鄙行為所玷汙，若說這樣的政府所說的話有多不合適，那一個在眾人眼中代表至高者的象徵所說的話就有多合適。

一個政府運用的話語和思想若是高出自身太多，不但不會得到任何一絲榮耀，還會讓這些話語和思想喪失信用，讓自己變成小丑。這就是一七八九年的原則和「自由、平等、博愛」的公式在第三共和時期的遭遇。所謂的國民革命[12]所稱頌的那些字眼[13]，經常陳義過高，而結果也是如此。確實，在後面這個例子裡，叛國的恥辱以閃電般的速度，讓他們信譽掃地。但幾乎可以肯定，他們總會信譽掃地，就算是透過其他方式，只是速度會慢得多。

現在——或許不會持續太久——倫敦的法蘭西運動擁有特殊的優勢，因為它具有高度的象徵性，這讓它能夠傳播最高層次的激勵，既不會讓人民喪失對這些激勵的信賴，也不會讓運動陷於為難的境地。

因此，這個從運動一開始就具有的非現實性——因為發起者原本就與國內隔絕——如果能夠善用的話，可以產生某種豐富得多的現實性。

「【力量】能力在軟弱上顯得完全[14]」，這是聖保羅（Saint Paul）的話。

在充滿各種美好可能的情況下，卻產生出墮落的欲望，成為處境庸俗、平凡的流亡政府，這是種罕見的盲目。天佑吾國，這樣的欲望並未得到滿足。

此外，從其他國家的角度來看，當前的處境也有類似的好處。

從一七八九年開始，法國事實上就在各國之間擁有某種獨特的地位。這是相當晚近的現象，因為一七八九年不是太遙遠。從十四世紀末，查理六世殘酷鎮壓弗萊明城市與法蘭西城市的年代，到一七八九年為止，在外國人眼裡，從政治的觀點來看，法國所代表的除了專制主義的暴政與臣民的奴性之外，什麼都不是。當詩人貝萊（Joachim du Bellay）[15]寫下「法蘭西，藝術、武力與法律之母」時，最後一項是言過其實了。孟德斯鳩已經明白闡述過，在他之前的

12 譯註：Révolution nationale，納粹掌控的魁儡政權——維希法國所發動的意識形態計畫，主要內容包括：反對議會與多黨制、（對國家元首的）個人崇拜、社團主義、責怪特定群體的戰爭責任、國家反猶主義、反對階級鬥爭、傳統價值、反對文化現代性與知識分子及都會菁英。

13 譯註：指「勞動、家庭、祖國」，維希法國以此取代大革命格言「自由、平等、博愛」。

14 譯註：出自〈哥林多後書〉12：9：「他對我說，我的恩典夠你用的，因為我的能力是在人的軟弱上顯得完全。」

15 譯註：指貝萊（1522～1560），文藝復興時期詩人，七星詩社成員。——〔全集註〕見貝萊的詩作〈遺恨〉（Les regrets）。

雷茨（Retz）也給過宛如天才一般明晰的解釋：在查理五世死後，法國就沒有任何法律可言。從一七一五到一七八九年，法國滿懷謙卑的熱誠學習英國教育。當時英國人在眾多奴隸民族當中，似乎是唯一配得上公民之名的民族。但從一七九二年起，在法國擾動了所有被壓迫者的心靈之後，它自己卻陷入了一場與英國敵對的戰爭，於是便將一切屬於正義和自由的名聲都集中在自己身上了。這造成的結果是，在接下來的一個世紀裡，法國人身上出現了一種其他民族未曾認識的狂熱，而法國人則從中獲得了某種榮耀。

然而不幸的是，法國大革命卻導致了歐洲各地以暴力拔除過去，以致於任何溯及一七八九年之前的傳統，實際上就等於是古代的傳統了。

一八七〇年那場普法戰爭則展現了法國在世人眼中的德性。在這場戰爭中，法國人是侵略者，儘管是因為中了埃姆斯密電[16]的陰謀，然而這個詭計本身也證明了發動侵略的是法國。德國人內部當時還處於分裂狀態，他們想起拿破崙時依然感到顫慄，只能坐待法國人的入侵。當普魯士像刀切奶油一般挺進法國時，肯定感到十分驚訝。但更讓他們驚訝的是，在整個歐洲的眼中，普魯士被視為某種恐怖的東西，而他們唯一犯下的錯誤，就是在捍衛家園時獲得勝利。法國是輸家，況且，儘管曾有拿破崙的例子，但因為一七八九年的革命，就足以讓勝利者顯得恐怖了。

我們可以從腓烈特列王子（Prince Frederick）的私人日記中看到，這個對他們而言難以理解的斥責，對最優秀的那些德國人而言，帶來何等痛苦的驚訝。

或許，就是從這時候開始，德國人染上了某種自卑情結，表面上看來十分矛盾地混合了罪惡感和受到不公正對待的感受，並由此產生了某種殘酷的反應。無論如何，從這一刻起，在歐洲人的意識中，普魯士人已取代了先前人們眼中典型的德國人——藍眼睛又愛幻想的音樂家、「老好人」[17]、抽著菸斗、喝著啤酒、與世無爭——在巴爾札克（Honoré de Balzac）的小說中還能找到這種典型。德國變得越來越像是自己的新形象了。

法國在道德上所受到的傷害絲毫沒有比較小。我們讚美法國一八七一年之後的復興。但我們沒看見這是用什麼代價換來的。法國已經變得現實，不再相信自己了。巴黎公社的屠殺，不論在人數或是殘酷的程度上都令人震驚，這在勞動者心中永久留下了自己作為賤民被國家排除的感覺，又藉由罪惡感的效果，在資產階級的心中，永久留下了某種對工人的生理恐懼。我們在一九三六年六月還能感受到這點，直到一九四〇年六月崩解，在某種意義上，這是一八七一

16 譯註：埃姆斯密電事件（Dépêche d'Ems）：一八七〇年，因為西班牙想請普魯士國王的堂兄登基為西班牙國王，引起法蘭西第二帝國皇帝拿破崙三世的不滿，而在外交密函聯繫中，俾斯麥修改了普魯士國王威廉一世的電報，以及不友善的字眼刺激法國，並將電報公諸報紙，導致法國向普魯士宣戰。

17 譯註：原文為德文 gutmütig。——〔全集註〕可翻譯為「天生的好人」。

年五月這場短暫而血腥的內戰的直接影響，在隱密中延續了將近四分之三個世紀[18]。從那時候開始，各高等學院[19]的青年學子與人民之間的友誼——十九世紀的法國思想莫不從中汲取營養——便就此走入記憶。另一方面，戰敗的羞辱則反過來，將青年的思想導向最庸俗的觀念：國家的強大。法國承受過征服，被征服削弱，卻執迷於此，並感到自己再也無法承擔更高的志業，除了征服他人。

就這樣，法國變得和其他國家一樣，只想著要在這個世界上為自己割下黃人或黑人的肉，並在歐洲謀取霸權。

在強烈興奮的體驗後，摔到這麼低下的境地，這必然會產生某種深刻的不安。這個不安在一九四〇年六月時到達極限。

不得不說（因為這是事實），在災難過後，法國的第一個反應是吐出自己的過去，她不久前的過去。這不是維琪政府的宣傳所造成的。相反地，這首先是法國大革命獲得成功表象的原因，這是個正當而合理的反應。災難唯一被認為有好處的面向，就是提供了某種可能性，讓法國把造成災難的過去給吐掉。在這個過去中，法國什麼事也沒做，只是為某個使命要求各種特權，但法國早就否認這個使命了，因為對此她已不再相信。

在國外，只有那些受到一七八九年精神影響的地方，法國的崩潰才會引起情緒上的不安。法國作為一個國家，一時的毀滅，可以讓她在諸國中變回曾經的自己，變成人們長久以來期待她成為的樣子：某種激勵。為了讓法國在世界上恢復某種崇高——這種崇高，就算是對國內生活的健康而言，也是不可或缺的——她必須在打敗敵人、重新成為一個國家之前，先成為某種激勵。在戰勝後，因為各種理由，或許就不再可能成為激勵了。

同樣地，在倫敦的法蘭西運動，正處於我們夢中所能想到的最好的處境，只要我們懂得加以利用。這個運動正好具有以國家名義說話所必需的官方性質，但對法國人又不具有政府的權威，就連名義上或虛構的權威都沒有，一切都得於自由的同意，因此具有某種靈性的力量。運動在最黑暗的時刻中不受腐蝕的忠誠、日復一日以她的名義自由灑下的鮮血，都賦予了法蘭西運動權利，能自由地用這個語言中最美好的字眼。這個運動恰恰就在應該置身之處，好讓世界聽到法蘭西的話語。這個話語的權威並不來自於某種權勢，因為戰敗已消滅了權勢；也不來自於某種榮耀，因為恥辱已經抹去了榮耀。運動的權威首先來自於某種思想的提升，某種符合當前悲劇處境的思想；再來是出於某種銘刻在人民心中的靈性傳統。

這場運動的雙重任務不難定義。它幫助法國在苦難深處找到某種激勵，是符合她的天性、

18 譯註：也就是直到二戰，韋伊寫作本書的時候。

19 譯註：École，指高等學院（Grande école），法國在大學系統之外的另一個高等教育體系，建立於大革命時期。最早的高等學院之一，高等師範學院（École normale supérieure），便成立於一七九四年，培養過許多法國哲學家，韋伊便畢業於此，著名的同學包括了西蒙．波娃（Simone de Beauvoir）與沙特（Jean-Paul Sartre）。

也符合身處患難的人們當前的需求。一旦找到、或至少隱約看見這樣的激勵，就將它傳到各地。

如果我們全心投入此一雙重任務，將會額外接受許多較低階的事物。如果我們一開始就投入這些較低階的事物，這些事物反而會拒絕我們。

當然，這指的並不是口頭的激勵。一切真實的激勵都會進入肉身，化為行動，而今法國人能做的，只剩下協力驅逐敵人的行動了。

然而，如果我們認為，倫敦的法蘭西運動的任務，只是在反抗敵人的鬥爭中，盡可能地提高法國人力量的強度，這並不正確。

這場運動的任務是幫助法國找到某種真實的激勵，而這種真實性，將透過努力與英雄主義，自然地將激勵傾注到國家的解放中。

這會導致全然不同的結果。

因此，我們必須要完成某種層次更高的任務，讓威脅、承諾與暗示等粗暴而有效的方法，都不再足以影響人民。

相反地，用話語回應構成法國人民隱密的思想與需求，這種方法極為適合我們有待完成的任務，如果我們按照正確的方式執行。

為此，首先得讓法國有接收組織。換言之，需要有人辨認隱密的思想與需求，並和倫敦方面溝通這些思想與需求，以此做為他們首要的工作與關切。

對這項工作而言不可缺少的是：對人類以及他們的靈魂——不論是誰——懷有強烈的興趣、有能力為人們設身處地並注意到他們未曾吐露的思想徵兆、在完成任務的過程中要有某種歷史的直覺，以及透過書寫，表達微妙的差異與複雜關係的能力。

有鑑於需要觀察的是如此廣泛而複雜的對象，我們將會需要數量龐大的觀察員，事實上這卻無法做到。至少我們應毫無例外地緊急徵用一切可用之人。

假設在法國有了接受器官，雖然不足——不可能足夠——但卻真實的接受器官，那第二步行動，也是至二戰間最重要的一步，得在倫敦進行。那就是選擇的行動，這種選擇是足以塑造國魂的行動。

回應早已存在法國人心中的事物、因而能在他們心中產生共鳴的話語，對這種話語的認識，只是種對事實的認識。這種認識中並不包含任何對於善的指示，而政治——正如一切人類的活動——則是種朝向善的活動。

法國人的心靈狀態，只是某種事實，而非其他的什麼。原則上，它既不善也不惡；事實上，它是由善與惡的某種混合所構成，其比例可以大幅變化。

這是顯而易見的真相，但卻值得不斷重述，因為流亡所自然產生的感傷之情，會讓我們或多或少忘了這個真相。

在所有能在法國人心中激起某種共鳴的話語中，我們必須選擇那些能夠激起必要的共鳴的話語，必須不斷講述、複述這些話語。而其他的則不予講述，好終止那些應該消失的話語。

選擇的標準是什麼呢？

我們可以設想的標準有兩個。一個是善，按照這個字在靈性上的意義。另一個是效用。當然，這指的是與戰爭及法國的國家利益有關的效用。

關於第一個標準，首先得考慮一項假設。我們得極為謹慎、極為詳盡地，在靈魂與意識中斟酌，然後一勞永逸地接受或是拒絕這項假設。

一個基督徒只能接受這項假設。

這項假設是：只要是靈性上的善，便是在所有方面、在所有關係中、在所有時刻、在所有地方、在所有處境下的善。

這正是基督在這話中所表達的：「荊棘上豈能摘葡萄呢？蒺藜裡豈能摘無花果呢？這樣，凡好樹都結好果子，惟獨壞樹結壞果子。好樹不能結壞果子；壞樹不能結好果子[20]。」

這些話的意思如下。我們的思想平時在人世的、肉體的領域活動，善惡在其中總是混雜難辨，但在此之上，還有另一個靈性的領域，在這個領域中，善就只是善，並且只產生善，就算在較低的領域中也是如此；在這個領域中，惡就只是惡，並且只產生惡。

這是對神的信心所產生的直接結論。絕對的善並不只是一切善當中的至善——這依然是相對的善——而是獨一的、完全的善，它在最高的程度上包含了一切的善，其中包括了背離它的人所尋求的善。

直接出自於它的一切純粹的善，都具有相似的性質。

因此，在所有倫敦方面能夠在法國人民心中激發的共鳴中，首先必須選擇所有純然無偽的善，絕不能為時勢而有所權衡，除了真實性之外不作任何其他的檢驗。接著，必須盡可能以簡單而顯白的話語，經常而堅持不懈地將這一切傳遞給他們。

當然，一切僅屬於邪惡、仇恨與卑鄙的，一樣得予以拒斥，不能為時勢而有所權衡。

還有一些較為一般的動機，它們低於靈性的善，但本身也未必是惡，權衡時勢的問題便出現在這些動機身上。

對於每一個這一類的動機，必須要加以檢視，如果可能的話，得真的從頭到尾徹底檢視，看它們在各個方面、在各種可想像的環境底下，所有可能產生的效應。

不注意這點，我們就會錯誤地激發我們所不想要的，而非我們所想要的。

例如，從一九一八年起，和平主義者們相信的是，要讓自己的聲音更容易被接受，就得召喚人們對於安全與安定的渴望。他們希望藉此贏得足夠的影響力，以操控國家的對外政策。他們希望在這方面左右國家政策，以確保和平。

20 全集註：出自〈馬太福音〉7：16－18、12：33、〈路加福音〉6：43－44。

他們沒有問過自己，如果他們贏得的影響力就算不小，卻還是不足以決定對外政策的方向，那他們所激發與鼓吹的動機會有什麼效應。

只要他們問自己這個問題，答案立刻就會清晰浮現。在這件事情上，他們試圖激發的這些動機既無法阻擋戰爭，也無法延遲戰爭，只會讓最具侵略性、最好戰的陣營獲勝，並且長期下來，還會踐踏對和平的熱愛。

順帶一提，我們所理解的各種民主制度的運作，本身就不斷勸誘人們犯下這種罪惡而致命的疏忽。

要避免犯這樣的錯誤，就得仔細想過每一個動機：這個動機會在這些社會群體中造成影響，那還會在哪些其他群體當中造成影響呢？會在這些領域中造成影響，那還會在哪些其他領域中造成影響呢？可能會造成這樣、這樣或這樣的處境，那還會造成什麼其他處境呢？在每一種處境中，這個動機可能會在每個社會群體、在每個領域中，造成怎樣的影響？影響會立即出現，還是稍晚一些，還是會更晚出現？這所有影響在哪些方面可能會是有益的，在哪些方面又可能會是有害的？每一種可能性的或然率又有多高？

必須仔細考慮上述每一點，再全部通盤考慮過；必須暫時懸置對任何選擇的偏好，然後再做決定，並承擔犯錯的風險，而這是人類下所有決定都會有的。

決定一旦做出，就必須在實行中予以驗證，當然，設置在法國的紀錄機制將盡其所能，逐步區辨驗證的結果。

但話語的表達只是起步而已。行動是更強大的塑造靈魂的工具。對各種動機而言，行動有種雙重的特性。首先，一個動機只有在激發出某種由身體所執行的行動時[21]，才真實地存在於靈魂之中。

如果希望法國人將存在於心中、或是正在萌芽的動機化為行動並予以實現，那光是激發各式各樣的動機並不足夠。在此之外，倫敦方面還必須盡可能在最大的範圍內、盡可能以持續的方式、盡可能詳細地並透過一切合適的手段，包括電臺等等，指出該做的行動。

有位士兵曾在某天談到他自己在一場戰役中的表現：「我服從了一切的命令，但我感覺到，要我在沒有命令的情況下，自願迎頭走向危險，這對我而言是不可能的，完全超過我的勇氣所能負荷的程度。」

這段話包含了某種極為深刻的真理。命令就是一種具有巨大功效的刺激。在某些情況下，命令本身就包含了其所指示的行動所不可或缺的能量。

順帶一提，研究這些情況的構成、可能有的變化，並完成一份完整的清單，將能讓我們獲得解決最根本而緊急的戰爭與政治問題的關鍵。

21　全集註：手稿頁緣寫著「加上服從的動力」，下面畫雙線強調。

而一項責任，只要得到清楚的確認，並賦予人明確而徹底嚴格的義務，就能像一條命令一樣，推動人迎向危險。只有在全面發動行動時，並透過行動在各種處境中所產生的效用，才能顯示出這項責任。思慮越是明晰，就越能夠認識責任。另外，這還取決於正直的理智，這是種無限珍貴的美德，讓人不會為了方便而自我欺騙。

沒有某項命令或是明確責任的壓力，卻還能夠冒險，這樣的人有三種。有一些是天生就擁有過人的勇氣、幾乎不識恐懼為何物的性情、不生夢魘的想像力；這些人經常懷著冒險的情緒，輕率涉險，卻沒花多少心思選擇危險。還有一些是難以鼓起勇氣，卻能從不純的動機中汲取能量。對功勳的欲望、復仇、仇恨，都是這類動機的例子。這種動機多得很，且各不相同，端看特性與處境如何。另外，還有一些人是服從於直接來自上帝的特別命令。

最後這種人並不像我們想像的那麼罕見，因為這種例子的存在，通常隱而不顯，就連對當事人本身也不顯露；因為有些時候，符合這種情況的人，出自那些相信自己並不相信上帝的人。然而，雖然不像我們所想的那麼罕見，但不幸的是，這種情況也不常見。

另外兩種人的勇氣經常顯得引人注目，並獲得光榮的英雄之名，但在人性的品質上，卻遠遜於服從長官命令的士兵。

在倫敦的法蘭西運動所具有的官方色彩程度恰好適當，足以讓她所發出的指示含有屬於命令的振奮效果，卻又不會損害到隨著自願同意的犧牲而來的清醒且純粹的興奮。

因此，這場運動的機會與責任都非常巨大。

在這場運動的命令下完成的行動越多、接受命令行動的人越多，法國找回靈魂的機會就越大，這靈魂能讓她在重新投入戰爭時展現勝利之姿——不單是軍事上的勝利，還是靈性上的勝利——並在和平中重建故國。

除了行動的數量，行動的選擇是最重要的問題。

這個問題在許多方面都是最重要的，其中某些方面的層級與重要性，使得目前完全由陰謀技術專家掌握這整個領域所造成的分隔狀態，不能不被視為一種災難。

概括而言，在任何一種領域當中，只要技術（technique）握有完整或近乎完整的主權，就無法免於受到惡的統治。

專家們總是傾向於讓自己做主，因為他們認為自己了解自己的專長，而從他們的角度來看，這是完全正當的。當他們不可避免地造成了惡，責任就完全落在那些讓他們任意而為的人頭上。如果我們讓他們任意而為，這永遠只會是因為：對於各種技術應該順服於哪些特定的目的，我們的理智並不總是擁有清晰而完全明確的概念。

倫敦這邊對於在法國的行動所下達的指示，應該對於許多目的做出回應。最明顯的是直接的軍事目的，在情報與破壞方面。

在這方面，在倫敦的法國人沒有選擇，只能在英國的需求與法國國民的善意之間作為中介。

這些需求顯然極為重要，如果我們認識到，交通運輸比戰役對這場戰爭更能產生決定性的作用，而這點已經越來越清楚。破壞兩臺火車頭，對應的是兩艘潛水艇；破壞火車頭等於破壞潛水艇。這兩種破壞之間的關係，就是進攻與防守之間的關係。

阻礙生產的重要性則絲毫不會更低。

對於在法國所進行的行動，我們的影響力的強度或數量，主要取決於英國人交給我們支配的物質手段。我們對法國的影響力，不論是目前擁有的或是能夠獲得的，都可以為英國人帶來寶貴的用處。因此，這是種相互的需求，但我們的需求大得多——至少在直接的需求上是如此，而人們卻太常只考量這種需求。

在這種情況下，如果在我們與他們之間，沒有各種不單只是良好、甚至還懷抱著熱情的關係，沒有像真正的朋友一般、在某種程度上親密的關係，那將是不可忍受的，必須中止。在任何地方，人際關係只要不是應有的樣子，通常雙方都有錯。但是，要結束這種狀態，思考自身的錯誤總是比思考對方的錯誤有用得多。此外，我方的需求大得多，至少在直接的需求上是如此。再者，我們是他們所接納的流亡者，我們欠他們一份感激。最後，眾所周知的是，英國人並不具有抽離自身、置身於他人處境中設想的能力，因為他們最優秀的資質、他們自己在這個星球上的功能，幾乎都無法和這項能力相容。不幸的是，這種能力事實上也很少出現在我們之間，但按照事物的本質，這種能力卻正是我們所謂的法蘭西的使命。因為這一切理由，將關係中的熱情提升到合宜的程度，就是我們的責任，我方必須要有理解對方的真誠願望——當然，是其中不帶任何奴性的願望——穿透他們的含蓄，進入隱藏其中的、真實的友愛能力。

個人的情感在世界大事中所扮演的角色以及影響之廣，我們永遠無法完全認識。在某些特定情況下，兩個人或是兩個圈子的人是否彼此友愛，對於人類的命運可能具有決定性的意義。

這一點也不難理解。一項真理只會在個別的人的精神中出現。他如何能傳播這項真理呢？如果他試圖解釋，沒有人會聽他說的，因為，其他人既然不認識這項真理，就不會意識到這是一項真理。他們不知道他正在說的是真實的，而他們所能給出的關注，不足以讓他們有所領會，因為他們沒有任何動機要耗費注意的心力。

然而，友愛、欽慕、好感，或是任何其他善意的感情，會讓他們自然地付出某種程度的關注。一個有新鮮事要說的人——無聊之事無須任何專注——在一開始只有愛他的人會聽他說。因此，各種真理在人們之間的傳播，完全取決於感情的狀態，且對任何類型的真理而言都是如此。

對於那些無法忘卻故國的流亡者——忘卻的人已然希望全失——他們的心，情不自禁地轉向不幸的故國，以至於幾乎沒有任何情感上的資源，能對他們居住的國家產生友情。如果他們不對自己施加某種暴力，這種友情在他們心中就無法發芽成長。但這種暴力是一種義務。

在倫敦的法國人對於眼睜睜望著他們的法蘭西人民，最迫切的義務是在自己與英國人的菁英之間，建立起某種真實、充滿生命、熱情、親密而有效的友情。

在行動的選擇上，除了策略上的效益，還應該納入其他的考量。這些考量雖然重要性大得多，但卻排在後面，因為策略上的效益是行動得以實現的條件。一旦缺乏這項條件，剩下的就只是騷動，而不是行動，而行動的間接功效——主要價值之所在——因此也將不復存在。

這種間接的功效，又一次，具有雙重的特性。

行動將豐富的現實注入激發行動的動機中。光是表達出這些動機，外人聽到了，得到的也只是不完整的現實。行動具有某種截然不同的功效。

我們心中同時存在著許多不同的感情。在法國人民心中辨認出這些感情之後，我們必須從中選出某些情感，使之符合官方表達所賦予的存在程度，因為物質所需已經限制了我們的選擇。舉例而言，如果我們每天晚上對法國人民發表十五分鐘的談話，如果我們不得不經常重複談話的內容——因為電波干擾讓我們無法肯定人民聽見我們的聲音，也因為就教育而言，無論如何都必須重複——那我們能說的就只有數量有限的事情。

一旦我們進入行動的領域，限制將更為嚴苛。我們必須根據先前草擬的準則，進行新的選擇。動機如何轉化為行動，這依然有待研究。同一個行動可能產生於這個動機，或是另一個動機，或是別的另一個動機，更可能是幾個動機的混合；相反地，另外某個動機也可能無法產生這項行動。

要引導人們不僅是完成這項行動，並且更進一步，是在這個動機的激勵之下完成這項行動，最好的、或許是唯一的做法，似乎是透過言說，建立聯想。也就是說，每次只要電臺建議進行某種行動，做這樣的建議時，都應該同時表達某個或某幾個動機；每次只要重複這項建議，就應該重新表達這些動機。

確實，明確的指示得透過廣播之外的管道傳達。但所有指示都應得到加強，在廣播傳遞的鼓舞下，講著相同的主題，並只在謹慎容許的範圍內做出指示，少談詳情，多提動機。

在動機的範圍之內，行動還有第二種功效。行動不單是讓先前只像是半個幽靈般存在的動機獲得某種現實。它還讓先前未曾存在的動機與情感，在靈魂中湧現。

只要衝動或是環境的限制，迫使行動超出激發行動的動機中所包含的總能量，這樣的情況總會出現。

對於一個人自己生活中的行為或是對人們的行動而言，對這個機制的認識都不可或缺，因為它激發善與惡的能力是一樣的。

例如，我們經常看到，一個家庭出於真誠的情感，給予一個慢性病患無微不至的照顧，最後卻讓他的家人產生了某種隱而不宣的敵意，因為他們被迫付出的能量，比他們的情感所包含的更多。

在平民之間，日常的疲憊再加上這些義務，負擔如此沉重，有時會導致他們產生某種麻木不仁、甚至殘酷的表象，這是外人所無法理解的。正是為此，格林果（Pierre Gringoire）[22]有天好心地發現，兒童受虐的例子在平民當中更為常見。

有一則絕妙的佛教故事，說明了此一機制產生善的能力。

這則佛教傳說提到了，佛陀發願：只要懷著被祂的名號拯救的願望，不論是誰，只要誦念祂的名號，就能升天到祂身邊。「誦念佛號」的實踐，就是以這則傳說為基礎。此一實踐包含了以一定的次數，重複某些梵語、漢語或是日語音節，意思是：「榮耀歸於光明之主。」

曾經有個年輕的佛教僧侶，因為自己的父親是個眼中只有錢財的吝嗇老頭，擔心他無法得到永恆的拯救。住持將老頭請到寺裡，答應他：每次他複誦救主佛陀的名號，就給他一文錢；只要他晚上到寺裡說該給他多少，寺院就付給他。老頭高興不已，將所有可能的時間都投入到這件事情上。每晚，他都到寺裡來領錢。某天起，人們突然不再見他來了。一個禮拜後，住持派那位年輕僧侶去探詢他父親的近況。我們這才知道，老頭已經著迷於複誦救主佛陀的名號，以至於自己都數不清做了多少次了，而這正是讓他沒法前來領錢的原因。住持告訴年輕僧侶，什麼也不用再多做，只要等待就好。過了一段時間，老人來到寺裡，兩眼神采奕奕地說：他已經悟道了。

基督的教導所暗示的，正是這種現象。基督說：「只要積攢財寶在天上……因為你的財寶在哪裡，你的心也在那裡[23]。」

這表示，某些行動能夠讓人心中某部分的愛，從塵世轉向天國。

一個守財奴，一旦開始積聚錢財，就不再是個守財奴了。當然，一開始刺激他的，是金錢能買到多少享樂的念頭。但他每天的努力與節儉卻逐漸產生了某種吸引力。一旦犧牲遠遠超過了起初的衝動，犧牲的目標本身（即寶藏）對他而言就成了目的，他自己整個人則服從於這個目的。收藏家的瘋狂也建立在類似的機制上。我們還可舉出許多其他的例子。

因此，如果我們為某個對象所做出的各種犧牲，遠遠超出讓我們做出這些犧牲的動力，對於這個對象而言，若不是產生某種排斥的衝動，就是產生某種全新而更為強烈的執著，且這種執著與原本的動力毫不相干。

第二種情形有好有壞，得看對象的本性。

如果在病患的例子裡，經常出現的是排斥，那是因為這種努力沒有未來可言，且沒有任何外在的事物能回應內在累積的疲累。至於守財奴，他倒是能看著他的財富不斷增長。

然而，還是有某些情境、某些個性的組合，反而能夠讓病患在家中激發出狂熱的執著。若對這一切進行充分的研究，我們肯定可以辨別出各種規律。

---

22 譯註：可能是指法國文藝復興時期的詩人格林果（1475～1538）。

23 譯註：出自〈馬太福音〉6：20－21。

但是對於這些現象，只要有概略的認識，也能為我們提供某些實用的規則。

要避免產生排斥的效應，我們必須預見到動力枯竭的可能。每隔一段時間，我們就得為同樣的行動，以官方表述的權威賦予新的動力，以回應人心隱密處自動萌發的新芽。

要特別注意的是，讓守財奴眷戀財寶的移情機制，我們要使其產生善，而不是產生惡。任何可能由此激起的邪惡都得避免，或是無論如何要減少到最低程度。

該怎麼做則不難理解。

構成此處所指的機制的是：某個行動，被外在動力努力引導到自身之後，變成了自身執著的對象。這產生的結果有善有惡，得看行動本身是好是壞。

如果為了報效法國而殺了德國士兵，而在一段時間之後，讓殺人成為某種嗜好，這顯然是某種惡。

如果為了報效法國而協助逃離德國的工人，而在一段時間之後，伸手援助不幸之人成為某種嗜好，這顯然是某種善。

並非所有情況都如此顯而易見，但卻都可透過此一方式檢驗。在其他一切條件相同的情況下，我們總得選擇本身內在包含著某種向善衝動的行動模式。而當其他一切條件並不相同的時候，更應該經常做此選擇。之所以必須如此，不單是為了善（儘管這個理由已然足夠），這同時也是為了效益。

與善相比，惡更容易成為某種積極的動力，但只要純粹的善成了靈魂當中的積極動力，它就會成為某種堅定不移、源源不絕的推動力，這是惡永遠無法做到的。

出於愛國情感，人們完全可以肩負雙面間諜的責任，為了服務自己的國家而欺騙敵人。但如果人們在這種活動中所付出的努力超出了愛國動機的能量，在這之後，又對這種活動食髓知味，那不可避免的是，從某一刻起，他將再也分不清楚自己是為誰服務、欺騙誰，這時，他已準備好可以為任何人服務，或是欺騙任何人。

相反地，如果在愛國情感的驅動下，我們進行的活動，催生並助長了某種愛，以高於祖國的善為對象，那靈魂獲得的淬鍊便能造就烈士，祖國也能由此獲益。

信心比現實主義的政治謀略更為現實。一個人若無此確信，就不會有信心。

因此，對於在法國的非法抵抗行動，我們必須極度仔細地檢視並權衡其各種模式，每次都對問題的所有方面予以檢驗。

就此而言，在現場單就這個角度進行認真的觀察，是不可或缺的。

這並不排除發明新的行動形式，又同時顧及上述考量與眼前目標的可能。

（例如，立即策畫一場大規模的密謀，將與國家控制個人相關的官方文件予以銷毀，銷毀可透過各式各樣的不同方式，諸如縱火等等，這對當下與未來長遠而言都有好處。）

比行動更高的，且具有某種程度的真實性，得由協調各種行動的組織所建立。這樣的組織在尚未被人為地設立時，已各種日常的迫切需求中如植物般破土而出，同時以某種有耐心的覺醒，以及按照某種對於善的澄澈觀點加以模塑，這時或許就會有最高度的真實性。

在法國已經有某些組織存在。但更重要得多的是，還存在著某些組織的胚胎、嫩芽或是坯模，正在增長成形。對這些嫩芽必須就地予以注視及研究，並將位於倫敦的權威當作工具，謹慎而耐心地將這些坯模揉捏成形，就像是為了從大理石塊抽取出形式時，一位雕塑家會猜想大理石中包含著什麼。

這個模塑的過程必須同時接受直接與間接因素的指引。

前述一切關於話語與行動的觀點，同樣適用於此。

一個組織，若是能夠凝結並接收官方發出的話語，再將其中的激勵用自己的話轉譯為另一套語言，並在協調的行動中實現這些激勵，讓行動確保激勵的效力永遠增長，讓組織作為充滿活力、熱情、親密、友愛與溫柔的環境——這樣的植被，就是使不幸被災難拔了根的法國人可以生存、並在戰爭與和平中找到救贖的土地。

這件事應該現在進行。等到勝利之後，追求舒適生活或是權力的個人欲望一旦爆發，要開始任何事都是絕對不可能的。

這件事應該立刻進行。迫切得不可言喻。錯過這一刻，將承擔幾乎堪比犯罪的責任。

法國的拯救與偉大只有一個泉源，就是重新接觸深埋在不幸深處的自身的精神。現在就該毫不遲疑，著手進行。趁不幸依然深重，趁法國的前方依然存留著這種可能時，讓第一道意識到她的精神失而復得的曙光得以實現，讓這精神能藉由某種驍勇的行動得到表達。

在勝利之後，這種可能性就一去不回了，而和平並不能提供對等的東西。因為比起戰時的行動，想像或是構想某種和平的行動要困難得多。一項激勵要透過和平行動傳達，就得事先擁有高度的意識、光芒與現實性。這不會是法國在和平降臨時的狀況，除非戰爭的最後階段產生了這種效果。戰爭得成為發展與孕育激勵的教師，而為此，就得讓某種深刻、真誠的激勵，某種實在的光明，在戰爭期間浮現。

法國必須重新全身投入於戰爭當中，以血的代價分享勝利，但這還不夠。這也可能發生在黑影中，如此產生的真正利益則微不足道。

此外，法國投入戰爭的能量，只能從自身真實的、在不幸的深淵失而復得的精神得到餵養，儘管在這樣一段長夜之後，我們對這種精神的意識，在開始時不免非常薄弱。

同時，戰爭本身也能點燃火焰。

在倫敦的法蘭西運動，其真正的使命——就算是為了政治與軍事情勢的理由——在成為政治與軍事的使命之前，首先得是一種靈性的使命。

我們可以將這項使命界定為對整個國家的意識指引。

此處所草擬的政治行動模式，要求在做出每個選擇之前，都先對多種大不相同的考量予以凝思。這包含某種高度的專注，幾乎相當於藝術和科學當中的創造性工作所要求的程度。

但是政治——這決定萬民的命運、以正義為目的的事業，它所需要的專注程度，為什麼就該低於以美和真為目的的藝術與科學呢？

政治與藝術之間的親緣關係十分緊密，像是詩、音樂、建築等藝術都是。同時在好幾個層面上進行創作，這是藝術創作的法則，而這正是困難所在。

一首詩，在字詞的安排與每個字的選擇上，必須同時至少考慮五到六個創作層面。詩在形式上所採用的節律規則——音節與韻腳的數量；字詞在文法上的協調；邏輯在思緒的推展上的協調；由音節中內涵的聲音所構成的純然音樂性的連貫；由每個音節與每組音節的頓挫、終止與長短所構成的所謂具體的節奏；每個字詞可能包含的暗示使其置身於什麼樣的氛圍當中，以及隨著字詞的接續所產生的氛圍轉換；由字詞的長短所構成的、對應此一氛圍或是此一思維運動的心理節奏；重複與新奇的不同效應；或許還有其他方面，而賦予這一切某種一體性的，是某種獨特的審美直覺。

而靈感[24]是指靈魂的各種能力之間的某種張力，讓在多重層面上創作所不可或缺的專注程度成為可能。

沒有這種專注能力的人，只要心懷謙卑、堅忍與耐心，堅持不懈，在不可動搖的強烈願望驅使下，都能得到這項能力。

如果他不是擁有這樣一種願望的獵物，寫詩對他而言就不是必不可少之事。政治也一樣，是一種由多重層面創作所支配的藝術。任何人，如果他對正義感到飢渴，覺得自己在政治上有責任，他就應該會渴望獲得這種在多重層面上創作的能力，並且不可避免地，隨著時間過去，他終將獲得這項能力。

問題只在於，眼前時間緊迫，而各種需求又十分迫切。

此處草擬的行動方法超越了人類智力的各種可能性，至少超越了已知的可能性。然而這正是其價值所在。我們不應該問自己是否有能力運用這種方法，因為答案永遠是否定的。應該做的是以某種全然明晰的方式去構想這種方法，經常予以長時間的凝思，讓它深深地扎進靈魂中思想生根之處，在所有的決斷中都不應予以忽略。如此一來，我們的決定就算不完美，依然可能是好的決定。

希望自己創作的詩句能做到與拉辛（Jean Racine）[25]的詩一樣美的人，永遠寫不出一句好詩。但連這種希望都沒有的人，就更沒指望了。

---

24 譯註：inspiration，與文中的「激勵」是同一個字。

25 譯註：拉辛（1639～1699），法國古典戲劇代表作家，與莫里哀、高乃依齊名。

要寫出多少有點美感的詩句，就必須曾經有過這樣的欲望，要透過字詞的安排，追上柏拉圖所謂寓居於天界彼岸的、純粹而神聖的美。

基督信仰的基本真理之一是，要朝少一點不完美前進一步的行動，並不能由少一點不完美的欲望所產生。只有對完美的欲望，才有能力摧毀靈魂中被邪惡所玷汙的部分。因此耶穌的誡命說：「你們要完全，像你們的天父完全一樣[26]。」

人類的語言離神聖的美有多遠，人類的感性與知識的能力離真理就有多遠，而社會生活的需求離正義就有多遠。因此，說政治不像藝術與科學一樣需要創造性發明的努力，這是不可能的。

這就是為什麼所有的政治觀點，以及這些觀點交鋒的討論，總是無關乎政治，一如在蒙帕納斯[27]的小餐館，美學觀點的碰撞與藝術無關。在兩個例子裡，政治人物與藝術家各自都只能找到某種只應少量攝取的刺激。

我們幾乎從不將政治視為如此崇高的藝術。但這是因為數個世紀以來，人們已經習慣於將政治看成不過是（或無論如何，主要是）攫取與維持權力的技術。

然而權力並不能作為某種目的。按照權力的本性、本質與定義，它純然只是種手段。權力之於政治，正如同鋼琴之於作曲。作曲家創作旋律需要鋼琴，若是置身於沒有鋼琴的小鎮，他就會感到窘迫。但如果我們為他找來一架鋼琴，他就可隨心所欲地創作。

不幸的我們，卻將製作鋼琴與創作奏鳴曲混為一談。

一種教學方法，如果不是由某種完美人性的概念所啟發，就無甚價值。如果是對一個民族的教育，這概念就應該是種文明的概念。要探詢這個概念，不應該回到過去，因為在過去裡只有不完美的事物。我們更不應該到我們對未來的夢想中去尋找，那裡面必然只會有和我們一樣平庸的事物。這樣一種教育及其方法本身，都必須從銘刻於事物本性之上的永恆真理中尋求啟示。

以下是對於這個主題所做的一些提示。

有四個最主要的障礙，使得我們隔絕於某種有價值的文明形式：我們對於偉大的錯誤概念；正義感的衰落；我們對金錢的偶像崇拜；宗教啟示在我們身上的匱乏。我們可以毫不遲疑地使用第一人稱複數來自我表達，因為當下在地球表面是否還有人能免於這四種缺陷，十分可疑，而在白種人當中是否有這樣的人則更加可疑。但如果有這樣的人——無論如何都該如此盼望——他們也都躲起來了。

我們對於偉大的概念，是最嚴重的缺陷，但我們對這個缺陷最缺乏意識。這至少是我們自己的缺陷，因為如果這是敵人的缺陷，我們倒是會震驚不已。然而，儘管基督已經用樑木與刺

26 譯註：出自〈馬太福音〉5：48。

27 譯註：Montparnasse，法國巴黎的一個區域，位於塞納河左岸，在一九二〇與三〇年代，是巴黎的知識與藝術中心。

的比喻提出警告，我們還是沒想過要承認這是我們的缺陷。

我們的偉大概念，正是激勵了希特勒的整個生命的概念。當我們指責他的概念，卻絲毫沒有反觀我們自身，如果有天使對我們的政令宣傳感興趣的話，他們肯定哭泣或是發笑。

法西斯主義的歷史教育，似乎在北非特黎波里塔尼亞被占領之後就停止了。這很好。但是，如果我們能知道，法西斯主義的歷史教育和法蘭西共和國的歷史教育，在古代史方面有何差異，對我們將會大有助益。差異應該不會太大，因為共和主義法國的古代史權威，歷史學家卡科皮諾（Jérôme Carcopino）先生，針對古羅馬與高盧，在羅馬舉行了幾場講座，此地正好是適合舉行這些講座的地方，而講座也大受歡迎。

此刻，在倫敦的法國人對卡科皮諾先生不無責備，但卻不是針對他的歷史觀念。索邦大學有另外一位歷史學家，他在一九四〇年一月，對一位下筆嚴詞抨擊羅馬人的作者說：「如果義大利與我們為敵，您說的就算有理。」這並不足以作為判斷歷史的標準。

戰敗者經常從某種、有時甚至可說是不義的情感獲益，但這僅限於暫時的戰敗者。不幸只要與力量聯合，就會產生無限的魅力。弱者的不幸甚至連關注的對象都不是，儘管它確實也不是反感的對象。初代基督徒相信：基督儘管已被釘十字架，卻又緊接著從死裡復活，並將在榮耀中重返人間，獎賞他的門徒並懲罰其他所有人。自從他們有了這樣的信念之後，就不再害怕任何酷刑了。但在此之前，當基督不過是個絕對的存在者時，一旦遭逢不幸，祂就被拋棄了。

這些最愛祂的人，在心裡也找不到為祂冒險的力量。在直面酷刑的時候，一旦沒有任何回報作為刺激，酷刑就會壓倒勇氣。回報不需要是給個人的，如同在中國殉道的耶穌會士，支持他的是教會在世俗中的榮耀，儘管他自己無法期待從中獲得任何幫助。除了這種強力外，塵世間沒有其他強力。我們可以把這當成不證自明之理。至於超乎塵世的力量，要與之發生接觸所需付出的代價，不能低於於穿越某種死亡的過程。

除了強力之外，塵世間沒有其他強力，而將力量傳給各種情感（包括憐憫）的，正是強力。我們可以舉出上百的例子。為何一九一八年後的和平主義者同情德國甚於奧地利？為何對眾人而言，帶薪假的必要性，在一九三六年而非一九三五年，成為了如幾何般不正自明的公理？為何關心工廠工人的人，數量遠超過關心農場工人的人？等等。

對歷史而言也是如此。我們讚嘆戰敗者英雄式的抵抗，只要在接下來的時間中有所回報，而這是唯一的理由。被摧毀殆盡的事物，得不到人們的同情。對於耶律歌[28]、迦薩、推羅、西頓、迦太基、努曼西亞、希臘化西西里、以及克里斯多夫・哥倫布（Christopher Columbus）到之前的祕魯，誰給過一絲同情？

但是，人們會推說：對於已然消逝的事物，我們幾乎一無所知，要如何為這些事物哭泣

28 譯註：《舊約聖經》中，以色列人出埃及後，在進入迦南地的過程中，攻下的第一座城市。

呢？我們一無所知，是因為它們已經消逝了。那些毀壞它們的人，並不認為自己有義務保存他們的文化。

一般而言，最嚴重的錯誤，那些扭曲思想、令靈魂迷失於真與善之外的錯誤，都是難以察覺的。因為這些錯誤的產生，乃源自於此一事實，即某些事物不受人們的關注。如果它們不受人們的關注，那不管我們付出多大的努力，又如何能關注到它們？這就是為什麼，在本質上，真理是種超自然的善。

對歷史而言也是如此。被征服者不受關注。關注是種達爾文式的過程，比統治動植物生命的過程更為殘忍。被征服者消失了，因為他們被視為未曾存在。

據說，羅馬人為高盧人帶來了文明。在羅馬化高盧藝術之前，高盧沒有藝術；在高盧人有幸閱讀西塞羅的哲學著作之前，高盧沒有思想，等等。

我們對於這個高盧幾乎一無所知，但我們手上聊勝於無的跡象，已足以證明，這一切說法都是謊話。

高盧藝術絕不可能成為我們考古學家的論文主題，因為它們的素材是木頭。但布魯日這座城市是如此純粹的美的奇蹟，高盧人因為沒有親手毀掉它的勇氣，以至於輸掉了最後一場戰役。凱撒當然把城給毀了，同時還將城裡的四千人盡數屠殺殆盡。

我們透過凱撒了解到[29]，一名橡木賢者得花二十年的時間學習，包括將有關神明和宇宙的詩歌熟記於心。因此，高盧詩歌肯定包含大量的宗教與形而上學的詩篇，以至於得花上二十年的時間學習。這段絕無僅有的痕跡，提示了令人難以置信的豐富資產，與之相比，拉丁詩歌雖然有盧克萊修[30]，卻依然貧乏得可憐。

作家第歐根尼・拉爾修（Diogenes Laertius）[31]說過，某種傳統認為，希臘的智慧有好幾種外邦源頭，其中就包含了高盧的橡木賢者。其他還有文獻指出，橡木賢者的思想和畢達哥拉斯學派的思想非常相似。

因此，這個民族擁有如海洋般豐富的神聖詩歌，而我們只有柏拉圖的作品，才能想像其中所蘊含的激勵。

而這一切，都隨著羅馬人對橡木賢者的徹底殲滅而消失殆盡——以愛國主義的罪名。確實，按照羅馬人的說法，他們終止了高盧地區活人獻祭的做法。我們對這些祭祀的進行方式與其中的精神都一無所知，究竟這是處決犯人，還是宰殺無辜者？若是後者，又是否得到

29 譯註：韋伊在此應是指凱撒所寫的《高盧戰記》（*Commentarii de Bello Gallico*）。

30 譯註：盧克萊修（前99～55），羅馬共和國末期伊比鳩魯學派哲學家，著有《物性論》（*De rerum natura*）。

31 譯註：第歐根尼・拉爾修（Διογένης Λαέρτιος，約三世紀），羅馬帝國時期作家，著有《哲人言行錄》。

同意？羅馬人的證詞極為含糊，不能毫不懷疑就加以接受。然而，我們可以確知的是，在高盧與其他各地置千萬無辜人於死地的，是羅馬人，他們不是為了榮耀神靈，而是為了消遣大眾。這是最典型的羅馬體制，是他們到處輸出的體制，而我們竟然還敢把他們看作文明的傳播者。

然而，如果有人公開說：高盧在被征服之前，比羅馬文明得多，這聽來總是荒謬。這正是個典型的例子。儘管在同一片土地上，已經有一個國家——我們的國家——接替了高盧；儘管愛國主義在我們當中——如同在其他地方——總有向過往延伸的強烈傾向；儘管少量殘存的文獻構成了不容置疑的見證，但高盧軍隊的失敗，依然是無法跨越的障礙，讓我們無法認識這個被摧毀的文明所擁有的高度靈性品質。

然而，還是有少數嘗試——像是法國歷史學家卡米爾．于連（Camille Julian）[32]——是傾向高盧的。但是，當特洛伊的領土再也未曾是任何民族的所在，那誰還會費心透過《伊里亞德》、希羅多德、埃斯庫羅斯的《阿迦門農王》（*Agamemnon*）等作品，辨認其中以最明白無誤的方式展現的真相？特洛伊的文明、文化與靈性水準，遠高於對它發動不義之戰並摧毀了它的那些人；而特洛伊的消失，是人類歷史上的一場災難。

在一九四〇年六月之前[33]，我們在法國媒體上，還能看到有些文章以鼓舞愛國情緒的名義，將德法衝突比擬為特洛伊戰爭。他們的說法是，那場戰爭已然是文明對抗野蠻的鬥爭，而特洛伊人是野蠻的一方。然而，若不是因為特洛伊的戰敗，這樣的錯誤一點理由也沒有。

希臘人因自己犯下的罪，被悔恨所纏擾，並讓自己從受害者的角度做了見證，如果連關於他們的主題，我們都無法避免淪於這樣的錯誤，那在其他民族方面，他們所堅持的做法就是詆毀被他們所屠殺的人民，對這些民族，我們又將多犯下多少錯誤呢？

歷史的基礎是文獻證據。一個歷史學家的專業，禁止他提出毫無基礎的假說。這在表面上看來十分合理，然而在現實上，這卻是比表面上看來更高得多的要求。因為既然文獻中有許多遺漏，要達到平衡的看法，他就得考慮某種缺乏基礎的假說，並且在每一點上都有好幾個這樣只是符合主題的假說。

而正是因此，我們在閱讀文獻時，更應該重視字裡行間的弦外之音，想像自己整個人都回到文獻中所展示的各種事件當中，完全忘卻自我，並盡可能長時間將注意力停留在有意義的細節上，辨別出其中的意涵。

然而，對文獻的尊重，以及歷史學家的專業精神，都不讓他們的思考為這類實踐做任何準備。所謂的史學精神無法穿透紙頁，觸摸背後的血肉，因為這種精神只是思想對文獻的服從。

然而，按照事物的本性，文獻總是出自強者、征服者之手。因此，歷史不是別的，而是殺

32 譯註：卡米爾・于連（1859～1933），法國歷史學家、語文學家、金石學家，法蘭西公學院院士，對高盧歷史的研究有重大貢獻。

33 譯註：指二次大戰期間，德軍於一九四〇年六月進入巴黎、貝當總統投降求和一事。

人犯對受害者與自己所做的證詞全集。

人們所謂的歷史法庭，既然是透過這種方式得到訊息，那這法庭就只能以〈感染瘟疫的動物〉（Les animaux malades de la Peste）[34]這則寓言中的方式來進行審判。

在羅馬人方面，除了羅馬人自己以及他們的希臘奴隸所寫下的文字，我們什麼都沒有。這些不幸的奴隸們，在他們卑躬屈膝的緘默中，已經說得夠多了，只要我們願意費心以真正的關注來閱讀他們的緘默。但我們為何要費這種心思呢？沒有任何動力推動我們。迦太基人手上又沒有法蘭西學院的獎勵，也沒有索邦大學的教席。

同樣地，對於被希伯來人所滅絕或奴役的迦南人，我們又為何需要費心去質疑希伯來人所給出的的情報呢？耶利哥城的人民又沒有天主教學院的提名權。

我們可以從希特勒的某部傳記知道，有一本書對他的青少年時期產生了無比深遠的影響，是一本關於蘇拉（Lucius Cornelius Sulla Felix）[35]的三流作品。這本書是三流作品，那又怎樣？它還是反映了那些被稱為菁英的人的心態。有誰在筆下鄙夷蘇拉這個人呢？如果希特勒渴望得到他在這本書與所有其他書中看到備受稱頌的偉大，他並沒有什麼錯。他爭得的正是這種偉大，而正是在這種偉大面前，我們只要將目光轉向過去，就會以卑賤的姿態屈服。

對於這種偉大，我們在精神上屈服到最低的程度，但我們卻沒有像希特勒一樣，試圖親手抓住它。但就此而言，他比我們更強。一個人要是認為某種東西是善的，他就應該要有抓住這東西的欲望。克制自己不這麼做，這是一種懦弱。

讓我們想像一下這個青少年，悽慘悲涼，被拔了根，遊蕩在維也納街頭，感覺到對偉大的強烈飢渴。他確實該對偉大感到強烈的饑渴。他在犯罪的形式之外，沒能發現其他形式的偉大，這又該是誰的錯呢？打從人民能夠閱讀、又失去了口授傳統之後，向公眾供應各種偉大的概念、又用各種範例說明這些概念的，總是那些搖著筆桿的人。

這本關於蘇拉的三流作品的作者，或是所有筆下寫到蘇拉或是羅馬的作者，都使得該書得以寫就的氛圍成為可能，更推而廣之地說，所有人，只要有操縱話語和筆桿的權威，就都助長了少年希特勒成長於其中的思想氣氛，對於希特勒所犯下的罪行，這些人的罪孽或許比希特勒更重。他們大部分都死了，但當今這些人和他們的前輩一樣，生辰是偶然的，但這並不能使他們變得較為無辜。

人們說要懲罰希特勒。但懲罰希特勒是不可能的。他想要的東西只有一樣，而且他得到了：那就是被載入史冊。就算我們殺了他，對他施以酷刑、監禁與羞辱，歷史永遠會保護他的靈魂，免於一切痛苦與死亡的侵擾。我們能施加在他身上的傷害，必然是在歷史上的死亡、在歷

34 譯註：這是指法國詩人拉封丹（Jean de La Fontaine，1621～1695）的一首寓言詩，出自《拉封丹寓言》（*Fables choisies mises en vers*）。

35 譯註：指古羅馬獨裁者蘇拉（Lucius Cornelius Sulla Felix，前138～78）。

史上的痛苦，必然是歷史本身。正如同最終獲得了上帝完美的愛的那些人，對他們而言，一切事件都出於上帝，因此都是善的，同樣地，既然這個人以歷史作為偶像崇拜的對象，那對他而言，屬於歷史的一切就都是善的。此外，他還有一項巨大的優勢；人們對上帝的純粹熱愛，寓居於靈魂的中心，而這使得感性容易受到打擊，因為這種愛無法形成一副鎧甲。相對地，偶像崇拜則是一副鎧甲，能阻止痛苦進入靈魂。不論我們施加什麼樣的傷害在希特勒身上，都阻止不了他把自己看成偉大的人物。特別是，在二十、五十、一百或兩百年後，阻止不了一個愛做夢又孤獨的小男孩（不論他是不是德國人），會認為希特勒是個偉大的人物，從頭到腳都承擔著偉大的命運，並以他的全副靈魂渴望著某種類似的命運。若真如此，災難便要降臨在他的同時代人身上了。

唯一能夠處罰希特勒，並在未來的幾個世紀裡，讓渴望偉大的小男孩轉頭離開他的範例的，是徹底轉變偉大的意涵，將他排除於這種意義之外。

若我們以為我們無須在當今的世人之間，徹底轉變偉大的概念與意涵，就能將希特勒排除於偉大之外，這不過是種被民族仇恨遮蔽了眼睛的空想。要促成這種轉變，就得先在自己身上完成這種轉變。每個人在自己的靈魂裡面，甚至從這一刻開始，都可以懲罰希特勒，只要改變我們感受偉大的對象與範圍。這一點也不容易，因為反對的社會壓力與氣氛一樣沉重，密不透風。要完成這種轉變，就得在靈性上將自己排除於社會之外。這就是為什麼柏拉圖會說：辨識善的能力，只存在於那些命中注定的靈魂，這些靈魂接受過由神而來的直接教育。

試圖尋找拿破崙與希特勒之間的相似與相異之處，這沒有任何意義。唯一有價值的問題是，如果我們將其中一方排除於偉大之外，卻不排除另一方，這樣是否正當？他們被崇拜的理由是否相似，還是本質上有所不同？而如果我們再清楚提出上述問題，並長期直面這些問題之後，卻依然任由自己淪於謊言之中，那我們就沒有任何指望了。羅馬帝國最後一個皇帝馬可仕·奧勒留（Marcus Aurelius）曾經針對亞歷山大與凱撒，說過類似這樣的話：「如果過去他們是不義之人，那什麼都無法強迫我模仿他們。」同樣地，也沒有任何東西能強迫我們崇拜他們。沒有任何東西能強迫我們，除了強力這無可比擬的影響力。

我們是否能夠崇拜而不愛某個對象？而如果崇拜本身就是某種愛，那我們怎麼敢愛任何不屬於善的事物？

如果我們和自己立約，在歷史中，只愛那些流露出真理、正義與愛的精神的行動與生命；而在更低的層面上，只愛那些我們能從中認出某種對這類精神正在運作的真實預感的行動與生命，這應該都不難做到。

舉例而言，這就排除了聖路易（Saint Louis）[36]本人，因為他向朋友提出惡劣的建議：只要

36 譯註：指法國國王路易九世（1214～1270），曾參與過第七與第八次十字軍東征，亦是索邦學院（今巴黎索邦大學）的創辦者。

看到任何人發表受異端或不信所汙染的言論，就拔劍刺入他們的肚皮。

為了替他脫罪，有人會說：確實，這是當時的時代精神，畢竟他距離我們已經有七百多年了，比起我們總是蒙昧得多。但這是謊話。就在聖路易之前不久，貝濟耶的天主教徒在城裡，非但沒有拔劍刺入異端者的身體，甚且寧可選擇一死，也不同意將他們交出去。教會忘了將這些人加入殉道者的行列，但卻同意列入被自己的受害者處死的宗教裁判官。在過去三個世紀裡，宗教寬容、啟蒙與政教分離的業餘愛好者們，也絲毫未曾紀念這段過往，因為對於這種被他們平淡地稱之為寬容的美德，一旦採取如此英勇的形式，總是讓他們覺得不太舒服。

但就算這是真的，就算所有中世紀的人，靈魂都被狂熱主義的殘酷所支配，那我們能由此得出的唯一結論也是：這個年代沒有什麼值得我們崇拜，或是值得我們去愛。這不會讓聖路易與善之間減少一公釐的距離。真理、正義與愛的精神，與年代毫不相干，這種精神是永恆的，而惡就是擋在這種精神和行動與思想之間的距離。十世紀的暴行，和十九世紀的暴行一樣殘酷，並沒有更多，也沒有更少。

要認出一樁暴行，就得重視環境、行動與話語中的各種意涵，以及專屬於各種圈子的象徵語言；然而，某個行為一旦被確認為暴行，就是恐怖的行動，不論發生的時間地點為何。

我們無法讓自己不去感受到這種恐怖，只要我們像愛自己一樣愛所有不幸的人，這些人在過去兩三千年裡，承受了許多同類的暴行。

因此，我們無法像卡科皮諾先生一樣，動筆寫出「在羅馬帝國底下，奴隸制變得溫和了，因為已經很少用上比鞭子更重的刑罰。」

進步這種現代迷信是謊言的副產品，正是因為這個謊言，我們讓基督信仰變成了羅馬的官方宗教。和這個迷信密不可分的，是將被羅馬征服的國家的精神財富摧毀、是封印這些財富與基督信仰之間完美的連續性、是救贖的歷史概念，讓救贖成為一種此世的而非永恆的作為。進步思想後來又去除了宗教性，現在則成了我們這個時代的毒藥。要是我們說一樁非人道行為在十四世紀是偉大的好事，但在十九世紀卻是一件駭人之舉，那我們要如何在二十世紀阻止一個熱愛閱讀歷史書籍的小男孩告訴自己：「我真心感到，人道作為美德的時代，現在已經結束了，非人道的年代即將重新降臨」？有什麼能禁止人們想像某種循環往復，而非某種線性的延續呢？進步的教條把善搞成某種時尚，從而玷汙了善。

此外，這個教條之所以看來符合事實，只是因為歷史精神相信殺人犯所說的話。就算恐怖偶爾會穿透李維（Tite-Live）[37]的讀者厚重遲鈍的感覺，他也會告訴自己：「這是那個年代的風俗。」然而，我們在古希臘史學家的作品中可以清楚感受到，羅馬人的殘暴嚇壞了同時代人，讓他們動彈不得，正如同今天的德國人一樣。

37 譯註：指古羅馬史學家提多．李維（公元前59～17），代表作為《羅馬史》（*Ab Urbe Condita Libri*）。

如果我沒記錯，在古代史中，我們所能找到的關於羅馬人的一切事蹟，只有一個例子屬於完全純粹的善。在三巨頭[38]統治底下，名列史冊的執政者、執政官與行省總督在被流放的時候，抱著奴隸的膝蓋，乞求他們搭救，稱他們為主人與救星——這展現了就連羅馬人的驕傲，也無法抵抗不幸。奴隸把他們推開了，這麼做並非沒有道理，只有很少數的例外沒有推開他們。但有一個羅馬人，不用屈身下跪，就被奴隸藏到自己家裡。看見他進了屋子的士兵們，為了強迫奴隸們把他交出來，就嚴刑拷打這些奴隸。這些奴隸們承受一切，毫不屈服。但這個主人在藏身之處看到了這場酷刑。他再也忍受不了眼前所見，便走了出來，把自己交到士兵手裡。他當場就被殺了。

如果要在各種命運當中做出選擇，只要心擺得正，任何人都會選擇成為這個主人或是這批奴隸之一，而非進入西庇阿家族[39]、或是成為凱薩、西塞羅、奧古斯都（Augustus）[40]、維吉爾、或甚至是格拉古兄弟[41]之一。

誰可以成為我們正當的崇拜對象？這就是一個例子。完全純粹的事情，在歷史中並不常見，而其中大多數當事人的姓名都消失了，像是這個羅馬人，或是十三世紀初貝濟耶的居民。如果我們要找出那些展現了這種純粹性的人的名字，也不會找到太多。在希臘的歷史上，我們或許只能提出阿里斯忒得斯（Aristides）[42]、柏拉圖的朋友狄翁（Dion）[43]、以及阿吉斯（Agis）[44]（一個抱持這會主義思想的年輕斯巴達國王，被殺的時候才二十歲）。在法國的歷史上，除了貞德，我們還找得到別的名字嗎？難說得很。

但不要緊。誰說我們非得崇拜很多東西呢？重要的是崇拜我們能夠以整個靈魂崇拜的對象。如果不是靈魂卑劣，誰崇拜得了亞歷山大呢？

是有人提出過取消歷史教育的主張。確實，應該取消荒謬的歷史教學習慣，停止簡化到幾乎只剩骨頭的日期與大事記，並將我們對文學的關注同樣地使用在歷史上頭。但至於取消歷史教學，這將會是一場災難。沒有哪個祖國是沒有歷史的。一個民族少了時間向度會是什麼樣子，我們在美國身上已經看得太清楚了。

另外還有一些人主張要繼續歷史教學，但把戰爭當成背景就好。這是在撒謊。我們如今再

38 譯註：公元前六〇年，羅馬的凱撒、克拉蘇和龐培結盟，通常稱為「前三頭同盟」。

39 譯註：Scipio，古羅馬政治家族。

40 譯註：奧古斯都（公元前63~公元14），羅馬帝國創建者，凱撒是他的舅公。

41 譯註：指 Tiberius Gracchus 和 Gaius Gracchus，兩人是公元前二世紀羅馬共和國的平民派政治家，分別都在任保民官時領導過政治改革，但先後都被保守派刺殺。

42 譯註：阿里斯忒得斯（前 530 ~ 468），雅典政治家，戰功彪炳，後被人民放逐。

43 譯註：公元前三九九年，蘇格拉底受審並被處死，弟子紛紛遠走避風頭，柏拉圖到過義大利，在三八八年拜訪敘拉古狄奧尼索斯一世時，結識狄翁，兩人成為至交。

44 譯註：應是指阿吉斯四世（Agis IV，公元前 265 ~ 241）。

明白不過地感受到，且在過去同樣顯而易見的是：對各民族而言，沒有比戰爭更重要的事。我們必須繼續談論戰爭，甚至該談得更多，只是得換種方式來談。要了解人類的心靈，除了讓歷史研究與生命經驗產生連結，並探究兩者之間如何相互啟發之外，別無他法。我們有義務為青少年及所有人的心靈提供這種食糧。但這必須是供應真理的食糧。歷史教育中的史實不僅要確切且可受驗證，而且必須從與善惡相關的真實視角中予以呈現。

歷史由卑劣與殘暴交織而成，在其中，只有幾滴純粹的光芒遙相照應。若真是如此，那首先是因為人類本來就沒有太多的純粹可言；再者，這少得可憐的純粹大多都隱而未顯。因此，我們該盡可能地找出那些間接的證據。羅馬式教堂和格利高聖詠只會出現在某些民族當中，他們曾經擁有的純潔，比後來幾個世紀要多得多。

若要愛法國，就得感受到她有一段過去，但卻絕不能愛上包覆著這段過去的歷史。應該要愛的是，那些沉默、無名、已然消逝的部分。

認為有某種上天註定的機制，會將一個時代最好的所有傳給後代，這絕對是種錯誤。按照事物的本性，會傳下去的是虛假的偉大。上天注定的機制確實存在，但它只能以將少數真正的偉大摻在大量虛假的偉大之中運作，而分辨真假則是我們的責任。沒有這種機制，我們將會茫然若失。

幾個世紀以來，虛假的偉大代代相傳不單是發生在歷史身上。這是種普遍的法則，同樣受支配的還有文學與藝術等例子。相應於政治天才在空間中的支配，文學天才確實支配了這幾個世紀。這兩種支配具有相同的本質，兩者同樣屬於塵世、同樣屬於物質與強力的向度、同樣低劣。兩者都可以成為市場交易的對象。

阿里奧斯托（Ludovico Ariosto）[45]曾經在他的詩中，毫不臉紅地對埃斯特公爵（Duke of Este）[46]說過類似這樣的話：我這一生都在您的手裡，您決定我是貧是富。但您未來的名譽卻在我手裡，三百年後，人們說您是好是壞，或是啥都不是，則由我決定。聽一下彼此的意見，對你我都有好處。因此，給我庇護與財富，我就為您寫讚美詩。

該如何體面地公開進行這種性質的交易，維吉爾再明白不過了。而事實上，這正是他和奧古斯都之間的交易。他的詩句經常讀來美妙萬端，但儘管如此，對他和他的同類人而言，我們該為他們找個詩人之外的稱號。詩不能賣。如果在這種條件下創作的《埃涅阿斯紀》，被認為和《伊里亞德》價值相當，那神就不是公義的了。但神是公義的，而《埃涅阿斯紀》也遠遠搆不上這種價值。

事實上，不只是歷史學習，所有我們推薦孩子們學習的內容，都鄙視良善，等到他們長大

---

45 譯註：阿里奧斯托（1474～1533），義大利文藝復興時期詩人，著有《瘋狂的羅蘭》（*Orlando Furioso*）。

46 譯註：埃斯特公爵，應是指阿方索一世．埃斯特（Alfonso I d'Este，1476～1534），屬於貴族世家埃斯特家族。

成人後，除了在這種鄙視中變得冷酷無情的動機，他們將無法從我們提供給他們的精神食糧中有所獲得。

才能與道德毫不相干，這項真理在孩子與成人之間，顯然已經成了老生常談。然而在一切領域中，我們推薦孩子和成人予以崇拜的，都只有才能。不論是哪種才能，只要有所展現，他們只能看到人們厚顏無恥地炫耀德性的匱乏，而這還是我們建議他們實踐的德性。人們還能得出什麼結論呢？不就是德性正是平庸的特質嗎？這種信念如此深入人心，以至於連德性這個字眼現在都成了笑話了，但在過去，德性這個字眼的意涵是多麼豐富，正如同正直與仁慈等字眼。英國人比任何其他國家都更接近過去；而相應的是，法蘭西語言如今已經沒有任何字眼能夠翻譯「善好」(good）與「邪惡」(wicked)。

一個孩子，在歷史課上看到暴行與野心得到稱頌；在文學課上看到自我中心、驕傲、虛榮、以及自我吹捧的渴望得到稱頌；在科學課上看到一切驚動人類生活的發現得到稱頌，卻絲毫沒有顧及發現的方法，也沒談到驚動的影響。如此下來，他怎麼能學會崇尚良善呢？這個潮流是如此全面（例如對法國微生物學家巴斯德〔Louis Pasteur〕的讚頌），任何與之抗衡的嘗試，聽起來都是錯的。在充滿了虛假偉大的氣氛中，想要找回真實的偉大，不過是種徒勞。我們應該做的是要蔑視虛假的偉大。

確實，天才與道德毫不相干，但重點是，天才並無任何偉大可言。如果說在完全的美、完全的真與完全的正義之間毫無關聯，那就錯了。這三者之間不但彼此相關，而且共同構成了神祕的合一，因為善本身不能分割。

創造美的天才、彰顯善的天才、英勇、與聖潔，在偉大當中聚合為一個點，彼此不可分割。當我們朝這個點邁進時，便已見到各種偉大相互交融。我們無法將喬托（Giotto di Bondone）[47]作品中的繪畫天才與方濟會精神分開；在中國禪宗的繪畫與詩詞當中，我們也無法將畫家或詩人的天才與神祕的開悟狀態分開；當維拉斯奎茲（Diego Vlázquez）在畫布上畫出君王與乞丐時，我們也無法區分畫家的天才，與穿透他靈魂深處的、炙熱而無差別的愛。不論是《伊里亞德》、埃斯庫羅斯的悲劇，或是索福克勒斯的劇作，這些作品都帶著顯著的標記，說明作者創作時所處的聖潔狀態。不考慮任何其他因素，純粹從詩的角度來看，創作聖方濟的讚美詩，這完全之美的珍寶，遠比創作雨果的所有作品要好得多。拉辛在靈魂深受改宗問題纏擾時，寫出法國文學中唯一幾乎可與古希臘的偉大傑作相比肩的作品。他在創作其他作品時，一點也談不上聖潔，而同樣的，我們在這些作品中也找不到這樣令人揪心的美。如同《李爾王》（*King Lear*）這樣的一部悲劇，是由愛的純粹精神所結的果子。聖潔也在羅馬式教堂與格利高聖

47 譯註：喬托（約 1267 ～ 1337），文藝復興時期義大利畫家與建築師，被譽為「歐洲繪畫之父」。

詠當中綻放。不論是蒙特威爾第（Claudio Giovanni Antonio Monteverdi）[48]、巴哈、莫札特，他們的生命與作品都一樣純粹。

如果有這樣一些天才，在他們身上，生命顯然已經純粹到極為接近最完美的聖徒才有的偉大，我們何需浪費時間去崇拜其他人呢？這些其他人可以為我們所用，從中汲取知識與享受，但何必愛他們呢？為何要將自己的心放在善以外的其他東西身上呢？

在法國文學中，有某種清晰可辨的純粹之流。就詩歌方面，我們非得從維庸（François Villon）[49]開始不可，他是第一個、也是最偉大的法國詩人。對於他的過錯，我們一無所知，我們甚至不知道他是否有過過錯。但他靈魂的純粹，從他肝腸寸斷地表現不幸中顯露無遺。最後或者可能是最後一個的，則是拉辛，因為他寫了《費德爾》（*Phèdre*）和數篇《讚美靈歌》（*Cantiques spirituels*）。在這兩人之間，我們還可舉出名字的有莫里斯・賽夫（Maurice Scève）[50]、德奧比涅（Théodore-Agrippa d'Aubigné）[51]、戴奧非爾・維奧，這是三位偉大的詩人，也是三位罕見的高尚之人。到了十九世紀，所有的詩人多少都已經變成了文人，他們可恥地糟蹋了詩，但至少還有拉馬丁（Alphonse Marie Louise Prat de Lamartine）[52]和維尼（Alfred Victor）[53]還真心嚮往某種純粹而真實的事物。傑哈・內瓦爾（Gérard de Nerval）[54]也寫過少數貨真價實的詩。到了十九世紀末，馬拉美（Stéphane Mallarmé）[55]作為詩人所得到的崇拜，絲毫不下於他被當成某種聖徒所得到的崇拜，這兩種偉大在他身上難以區分。馬拉美是個真正的詩人。

在散文方面，或許在拉伯雷（François Rabelais）的作品中是有某種神祕的純粹性，但話說回來，他身上的一切本來就很神祕。這個純粹性確實也存在於蒙田（Michel de Montaigne）的作品中（儘管他有不少失誤），他身上總是寓居著某個純粹的存在，不然他或許會一直維持平庸的狀態——這說的就是拉波哀西（Étienne de La Boétie）[56]。到了十七世紀，我們可以想到的有笛卡兒、雷茲、皇港[57]、以及特別是莫里哀。到了十八世紀，還有孟德斯鳩和盧梭。大概就這麼多了。

---

48 譯註：蒙特威爾第（1567～1643），文藝復興時期的義大利作曲家兼製琴師。

49 譯註：維庸（約1431～1474年），中世紀法國詩人，生平不詳。

50 譯註：莫里斯・賽夫（約1501～1564），文藝復興時期法國詩人。

51 譯註：德奧比涅（1552～1630），文藝復興時期法國詩人。

52 譯註：拉馬丁（1790～1869），法國浪漫主義詩人、作家、政治家。

53 譯註：維尼（1797～1863），法國浪漫主義運動重要詩人與劇作家。

54 譯註：傑哈・內瓦爾（1808～1855），法國浪漫主義詩人。

55 譯註：馬拉美（1842～1898），法國象徵主義詩歌代表人物。

56 譯註：拉波哀西（1530～1563年），宗教改革時期法國作家，被稱為「現代法國政治哲學的奠基者」，反對絕對王權，傳世著作為《論自願為奴，或反獨夫》（*Discours de la servitude volontaireou le Contr'un*, 1576）。他和蒙田是摯友，後世對他的記憶也以此為主。

57 譯註：**Port-Royal**，韋伊在此處指的可能是田間皇港修道院（Port-Royal-des-Champs），建於一二〇四年，並於一六三七年創立了許多被稱為「皇港小學園」的學校，被認為是當時即優良的教育體系，任教者包括法國哲學家巴斯噶，而法國詩人拉辛則曾受教於此。

假設這份清單多少還算精確，這並不表示不應該讀其他人的作品，只是在讀的時候不應認為可以在其中找到任何法國的精神。法國的精神只存在於純粹的事物中。

我們絕對有理由可以認為這是種基督與希臘的精神。正是因此，在對法國人的教育與教養中，專屬法國的事物應該要少得多，而羅馬式藝術、格利高聖詠、敬拜詩歌、以及希臘黃金時期的藝術、詩詞、散文則應該要多給一些，這些才是能讓我們在各方面暢飲絕對純粹的美的事物。

希臘文被視為專屬於專家們淵博知識的素材，這是種不幸。如果我們不再將希臘文的學習擺在次於拉丁文的位置，只要我們試著讓一個孩子能方便而愉悅地閱讀一份有譯文對照的希臘文本，我們就可以大量傳遞某些基礎的希臘文知識，甚至在中學前就能實現。只要是有點天分的孩子，就能與這個文明產生聯繫，因為我們關於美、真理與正義的觀念，都是從這個文明當中汲取而來的。

若我們還相信任何領域裡的偉大，依然可能出自善之外的任何東西，便永遠也不可能在人民內心深處點燃對善的愛，儘管對拯救這個國家而言，這種愛不可或缺。

這就是為什麼耶穌會說：「好樹就結好果子，壞樹就結壞果子[58]。」一件完美的藝術作品若不是壞果子，這件作品所產生的激勵便近乎聖潔本身。

如果此世中純粹的善永遠無法在藝術、科學、理論思辯、公共行動中產生真實的偉大；如果在所有領域中都只有虛假的偉大；如果在任何領域中，什麼都可以蔑視，進而都可以譴責，那世俗生活將會毫無盼望可言，此世也不會有任何來自彼岸的光亮。

但這並非事實，正因如此，區辨真實與虛假的偉大，並建議人們只愛前者，就是我們無可推諉的責任。真實的偉大是好樹結的好果子，而好樹是某種靈魂近乎聖潔的秉性。其他所謂的偉大都應該冷靜地加以檢驗，就像我們檢視自然的奇珍一樣。如果在事實上，這兩邊的區分可能出錯，將這種區分的原則扎入內心最深處依然至關緊要。

對於當前世界的殘酷，該為此負責的，是現代的科學觀念。正如歷史和藝術觀念，現代科學觀念也應該予以轉化，在這之前，我們無法盼望能見到一個更好的文明萌芽。

這點至關重要，因為儘管科學嚴格來講應該是專家們的事務，但科學與學者們在所有人心中的威望是如此巨大，而在非極權國家，他們的威望更是無可比擬。這場戰爭爆發時，在法國，這或許是唯一依然有效的威望，任何其他威望都已不再是尊敬的對象。在一九三七年在發現宮博物館[59]中的氣氛，具有某種類似廣告的東西，但同時又近乎具有宗教性（就這個字眼最

---

58 譯註：此處韋伊引述的是〈馬太福音〉7：17－18：「這樣，凡好樹都結好果子，唯獨壞樹結壞果子。好樹不能結壞果子，壞樹不能結好果子。」類似的話也出現在〈路加福音〉6：43。

59 譯註：Palais de la Découverte，位於法國巴黎第八區大皇宮內的博物館，這裡指的是一九三七年巴黎世界博覽會的狀況。

寬泛的意義而言）。科學，以及純屬其應用的技術，是我們作為西方人、白種人、現代人的驕傲唯一的依靠。

玻里尼西亞人祖先留下了充滿詩意而美麗的創世傳說，一個傳教士說服他們放棄，並接受孕育自類似詩意的〈創世紀〉（Genesis）傳說，這時，這名傳教士說服的力量，乃是汲取自他意識中的優越性，即身為白人的優越性，這種意識的基礎正是科學。然而就他個人而言，他可能和玻里尼西亞人一樣，是科學的門外漢，因為只要不是專家，就是個徹底的門外漢。〈創世紀〉和科學更沾不上邊。一個鄉下的小學老師若是嘲笑本堂神父，他的態度會讓孩子們停止參加彌撒，而他說服的力量，還是汲取自他意識中的優越感，即身為現代人相對於中世紀教條的優越感，這種意識也是以科學為基礎。然而，就驗證的可能性而言，愛因斯坦的理論，和基督教關於基督的受孕與降生的傳說一樣，沒有什麼基礎可言，並且違背常識。

在法國，我們什麼都要懷疑，我們什麼也不尊重，有人鄙視宗教、祖國、國家、法院、財產，反正什麼都要鄙視，但他們的輕蔑，卻在科學面前嘎然而止。最粗糙的科學主義的信徒中，沒有比無政府主義者更狂熱的了。勒·當泰克（Félix-Alexandre Le Dantec）[60]是他們的偉人。博諾（Jules Joseph Bonnot）[61]的「悲劇匪幫」就是受他啟發，而這幫人當中最被同伴當成英雄看待的，就叫做「科學雷蒙」。而在另一個極端，我們遇到的則是神父和修士，他們完全投入宗教生活，到了蔑視一切世俗價值的程度，但他們的輕蔑，也在科學面前嘎然而止。在所有宗教與科學可能產生衝突的爭論中，教會這邊總有某種智力上近乎滑稽的劣勢，而這並不是因為對手的論點強而有力（通常這些論點都很平庸），只是因為教會自己有自卑情結。

時至今日，沒有人不是科學威望的信徒。這就讓知識分子、哲學家以及作家們在談論科學時，肩負了某種與十三世紀的神父一樣的責任。前者與後者作為人類，都受到社會的供養，這是為了讓他們有閒暇能探索、發掘與傳遞真理為何。不論是在二十世紀還是十三世紀，花在這件事上頭的麵包，有可能都被不幸地浪費了，甚至更糟。

十三世紀的教會有基督，但也有宗教裁判所。二十世紀的科學沒有宗教裁判所，但也沒有基督，或是任何相應於基督的事物。

當今的知識分子和所有著書探討科學的人，身上擔負著如此重大的責任，相較於希特勒本人對於希特勒所犯的罪刑，這些人，以及更大程度上還有歷史學家，他們說不定罪責更重。

在《我的奮鬥》（*Mein Kampf*）裡，出現過這樣一段話：「人類永遠不該犯下這樣的錯，誤信自己是自然的主人與主宰……他將會明白，在一個行星與太陽按照軌道運轉、衛星圍繞行星

60 譯註：勒・當泰克（1869～1917），法國生物學家、科學哲學家。

61 譯註：博諾（1876～1912），法國無政府主義者，是俗稱「波諾幫」的非法組織領導人，犯下謀殺與搶劫案，其中包括法國興業銀行搶案，這是第一次汽車被應用於搶劫案，當時的法國媒體稱他們為「悲劇匪幫」（Bandits tragiques）。

打轉的世界裡，強力在任何地方都是弱者唯一的統治者，弱者只能被迫溫馴地屈身為奴，要不然就會被輾成碎片。人類無法從屬於特殊的法則。」

這幾行字以一種無懈可擊的方式，表達出從我們封閉在科學之中的世界觀，我們只能得出這種合情合理的結論。希特勒的一生，不過是將這種結論付諸實現。誰能指責他將他自認為是真理的內容付諸實現呢？那些心理相信同樣的原理的人，他們對此毫無意識，也未曾付諸行動，他們沒犯下同樣的罪，只不過是因為他們沒有希特勒的那種勇氣罷了。

讓我再說一次。指責那個被遺棄的青少年，或是那個可悲的、靈魂火熱燃燒的流浪漢，這並不正當，該指責的是將謊言為給他吃的那些人。餵他吃謊言的那些人是我們的長輩，而他們和我們十分相像。

在我們這場時代的災難中，不分劊子手與受害者，兩者首先都是身不由己的見證者，見證我們深埋其中的、殘酷的苦難。

如果我們想要有權處罰那些罪魁禍首，就得先將他們的罪從我們身上清醒乾淨，這些罪以各種偽裝，存留在我們自己的靈魂裡。但如果我們能成功做到這點，一旦成功，我們就不會再有任何處罰的欲望，而如果我們相信自己有義務這麼做，我們也會盡可能輕一點下手，同時心裡會帶著極度的痛苦。

希特勒深刻地理解到，這個十八世紀的概念不合邏輯，雖然這個概念至今依然風行於公眾之間，但卻早在笛卡兒手上便已生根抽芽。兩、三個世紀以來，我們既相信強力是一切自然現象的唯一主宰，又相信人類彼此之間的關係可以，並且應該建立在理性的方法所確認的正義之上。此中的荒謬令人心驚。我們無法想像：宇宙中的一切都絕對臣服於強力的控制，人類卻能從中逃脫，但人類不過是血肉之軀，思想卻任由感官印象的引領，任意飄移。

我們要做的選擇只有一個。我們必須意識到，在強力之外，宇宙中自有另一種原則在運行，不然，我們就得承認：強力在人類的關係中，同樣是獨一而至高無上的主宰。

在第一種情況下，我們就尖銳對立於現代科學，其基礎由伽利略、笛卡兒以及其他許多人所奠定，並接著在十八世紀（特別是牛頓）、以至於十九、二十世紀不斷得到深究。在第二種情況下，我們尖銳對立於人文主義，雖然它在文藝復興時期突然湧現，在一七八九年大獲全勝，並以一種極度降格的形式，為第三共和帶來激勵。

鼓動世俗精神和激進政治的哲學，就同時建立在這種科學與這種人文主義的基礎上，但我們已經清楚可見，這兩者顯然互不相容。因此，我們不能說一九四〇年希特勒戰勝法國，是謊言戰勝了真理。事實上，這是某種徹底的謊言戰勝了不夠徹底的謊言。這就是為什麼在軍事上屈服的同時，人們在精神上也屈服了。

過去幾個世紀以來，人們模糊地感受到在科學與人文主義之間存在著矛盾，但卻一直缺乏精神上的勇氣與以直視。我們還沒先揭露這個矛盾，就試圖解決它。這種智識上的不正直，永遠會因犯錯而受罰。

效益主義（utilitarisme）就是這種嘗試所結的果子。它假設：藉由某種美妙的小機制，強力在進入到人類的關係當中時，就應該會自動產生出正義來。

十九世紀資產階級的經濟自由主義，就完全建立在對此一機制的信仰上。其中唯一的限制是，要讓財產自動產生出正義，強力就應該採取金錢的形式，排除不論是武力或是政治權力的使用。

馬克思主義也只是某種對這類機制的信仰。在這種信仰中，強力得到了「歷史」的名字，以及階級鬥爭的形式，而正義則被拋到未來，必須先經歷某種末日災難才會到來的未來。

希特勒有過短暫的精神勇氣與洞見，但之後，他也淪入了對這種小機制的信仰。但他需要的是某種新機器的模型。只是，除了少數天才直覺的閃光之外，他既缺乏品味，也沒有在理智上創新的能力。因此，他從一些惹他厭惡、以至於他揮之不去的人身上，為他的機器借了個模型。他只是為這個機器選擇了選民種族的概念，這個種族命定要讓萬物折腰，接著在自己的奴隸中間建立某種適合奴隸制的正義。

對於所有這些看似各不相同、骨子裡卻如此相似的概念，只有一個缺點，這些概念全都有同一缺點，那就是：它們全都是謊話。

強力並不是一架會自動創造正義的機器，它是種盲目的機制，只會偶然而無差別地產生正義或不正義的結果。但是，因著概率法則的關係，結果幾乎總是不義的，就算時間流逝也不會有任何差別，因為這個機制的運作，不會增加任何比例上微不足道的結果，且會意外地與正義相符。

如果強力是絕對的王者，那正義就是絕對的虛構了。但正義並非虛構，我們透過經驗就能明白。在人們內心深處，正義是真實的。人類內心世界的結構是種現實，和星宿的軌道一樣，是宇宙間的諸種現實之一。

人沒有這樣的能力，能將一切正義都從自己為行動所設定的目地中徹底排除出去。納粹他們自己也做不到。如果有誰可能做到這點，那納粹黨徒肯定早就做到了。

（順道一提，他們認為自己的勝利必然會得到公正秩序的結果，而他們對於公正秩序的概念，其思想基礎是「對於天生為奴者，奴役是更公正也更幸福的條件」。聖托馬斯．阿奎那雖然不贊成奴隸制，但對於包括正義在內，人類理性所能研究的所有主題，他卻將亞里斯多德視為最大的權威。結果，當代基督教中托馬斯主義潮流的存在，與其他思想建立了許多共謀的聯繫，很不幸地，其中就包含了與納粹陣營及反納粹陣營的共謀。因為，我們雖然拒斥亞里斯多德的這種思想，然而，我們的無知，也會迫使我們接受其他各種扎根於其中的思想。一個費心為奴隸制提出辯護的人，不會熱愛正義。這和他活在哪個世紀毫不相干。將一個不熱愛正義的人的思想當作權威予以接受，這就構成了對正義的汙辱，無法免於判斷力受損的懲罰。如果阿奎那犯下這樣的汙辱之罪，可沒有什麼能強迫我們重複同樣的罪行。）

如果正義不能從人的心頭抹去，它在世上就是種現實的存在。因此，錯的是科學。準確地說，錯的不是科學，而是現代科學。我們的科學，是以希臘人有過的某種科學為基礎。其中包含了算數、幾何學、某種形式上專屬於他們的代數、天文學、機械、物理學、生物學。他們所累積的知識總量自然是少得多。但就科學特性而言，依照這個詞對我們的意義、根據我們眼中認為有效的判準，這種科學不但比得上我們的科學，甚至還超乎其上。它更為精準、更為明確、更加嚴格。證明與實驗方法的運用，都孕育於此完美的明晰當中。

如果說這並未得到普遍的承認，那只是因為這個主題本身鮮為人知。如果不是受到特殊使命的驅使，沒有多少人會想到要投身於希臘科學的氣氛中，彷彿這是某種現實而充滿活力的事情。但做了的人就能毫無困難地意識到這個真理。

如今這一代年屆四十的數學家們，在經歷了數學發展中長年的科學精神衰退後，他們已經承認，必須藉由運用和古希臘幾何學幾乎一模一樣的方法，這便某種學者所不可或缺的嚴謹正在回歸。

在技術應用方面，如果希臘科學並未產生大量的成果，這不是因為它做不到，而是因為那些古希臘學者們不想這麼做。這些人看來落後我們許多，畢竟他們距今已有二十五個世紀，但他們擔心技術發明的成果可能為暴君與征服者所用。因此，他們並未盡可能地將大多數的技術發現公諸於眾或待價而沽，反而嚴守祕密，不洩漏他們出於自娛的成就，而他們也很有可能持守著清貧的生活。但阿基米德有過一次為了保衛故土而運用了他的技術知識。他獨力完成一切，沒對任何人洩漏任何祕密。時至今日，關於他所做的奇事，很大一部分的故事內容依然超乎我們的理解。他太成功了，以至於羅馬人只能靠一場近乎叛變的行動才能攻進敘拉古。

然而這種科學，雖然和我們的科學一樣具有科學性，甚至猶有過之，但卻絕對不是唯物主義的。甚者，它並不是種世俗的研究。古希臘人視之為某種具有宗教性的研究。

羅馬人殺了阿基米德。不久之後，他們消滅了希臘，就像德國人一樣，若沒有英國，他們就會消滅法國。希臘的科學徹底消失了。絲毫沒有留存於羅馬文明中。中世紀若對此還有一絲記憶流傳下來，那也只留在祕傳教派團體中所謂的靈知派[62]的思想裡。但在這個例子裡，很可能也只是保存而非繼續創造，或許除了與煉金術相關的一切都被保存，但對此我們所知甚少。

無論如何，要等到十六世紀初（如果我沒記錯），希臘科學才在義大利與法國，重現於公共領域之中，並以驚人的速度突飛猛進，侵入了歐洲生活的所有方面。時至今日，我們的思想、我們的習俗、我們的反應、我們對一切的態度，幾乎全都蓋上了其精神或應用的烙印。

62 譯註：gnosticisme，譯為靈知派或諾斯底派，是一個對許多古代宗教都發生影響的思想與信仰傾向，主張透過真知（gnosis）獲得拯救，而迄及真知的實踐包含守貧、守貞、博愛等等，有強烈的靈肉二元論傾向，因此在基督教史中被定為異端。

這對知識分子而言非常真實，就算他們未必是我們所謂的「科學家」；這對工人又更加真實，因為他們一輩子就在科學應用所構成的人造世界中度過。

然而，就像某些童話所說的那樣，這個昏睡了將近兩千年後又被叫醒的科學，已經不是同一種科學了。它被我們改變了，成了另一種東西，絕對無法與任何宗教精神相融。

就是因為這樣，今日的宗教才成為某種禮拜日上午的事情。一周中剩餘的時間都是由科學精神所統治。

不信任何宗教的人，他們整個星期都降伏於科學精神底下，感覺到某種洋洋得意的內在統一性。但他們錯了，因為他們的道德感與科學之間的矛盾，絲毫不下於其他人的宗教。希特勒看得太清楚了。此外，他也讓許多人看清楚了，不論在哪，只要是感受得到納粹黨衛隊的存在或是威脅的地方，甚至是更遠之處。今天，除了毫無保留地擁護褐色[63]、紅色[64]或其他顏色的某個極權體制之外，沒有什麼能夠給人某種內在一體性的牢固幻象。這就是為什麼這種擁護會對這麼多不安的靈魂構成如此強烈的誘惑。

在基督徒當中，宗教精神與科學精神之間——他們同時擁護兩者——絕對的不相容，在他們的靈魂中，永遠留下了某種暗啞而有口難言的苦悶之感。這幾乎是感覺不到的，可能按照個人的情況，又多少感覺得到，但是，這幾乎總是說不出口的。這種苦悶妨礙了內在的一致性，抵擋一切浸潤於基督之光的思想。在這種苦悶持續的間接影響下，最虔誠的基督徒在一生中無時無刻不做出各種判斷、發出各種意見，運用的卻是他們自己都不知道有悖於基督精神的標準。但這種苦悶最致命的後果是，他們再也不可能徹底行使智性正直的德性。

大眾缺乏宗教信仰的現象，幾乎完全由科學與宗教之間的互不相容得到解釋。當我們開始將城市人口安置於一個人造的、代表科學結晶的世界後，這個現象又得到了更進一步的發展。在俄羅斯，官方宣傳又加快了這種轉化的速度，為了將信仰連根拔起，這種宣傳幾乎完全建立在科學與技術精神之上。觸目所及，只要城市居民開始不信宗教，鄉村居民在面對城市的自卑情結影響下，就會追隨他們的腳步，只是程度輕一些。

正是因為人民捨棄了教會，宗教才被自動轉交給右派，變成某種資產階級的、「思想正統之人」的東西。因為事實上，一個制度化的宗教非得倚靠那些上教堂的人，而無法倚靠那些待在教堂外的人。確實，在被捨棄之前，教士對世俗權力卑躬屈膝，讓他們犯了不少嚴重的錯誤。但只要不被捨棄，教會還是可以彌補這些錯誤。如果說這些錯誤在某種程度上促使人民離棄教會，那程度也很輕微，因為造成教會人去樓空的，幾乎就是科學而已。

如果在資產階級中有某部分人，比工人階級更少感覺到在自己的虔誠中被科學所折磨，那

63 譯註：指納粹黨。

64 譯註：指蘇聯共產黨。

首先是因為這些人較少以肉體持久地接觸各種科學應用。但最主要的原因是，這些人沒有信仰。沒有信仰的人，就沒有信仰可喪失。對他們而言，除了少數幾個例外，奉行宗教不過是符合禮俗罷了。科學的世界觀並不阻擋人配合禮俗。

就這樣，除了幾處光亮之外，在現實中，基督教已經變成了禮俗，關乎的是人民的剝削者的利益。

因此，在與當前的邪惡形式對抗的時候，如果基督教在此刻只能扮演某種總地來說極為平庸的角色，絲毫不令人驚詫。

更進一步說，就算在某些圈子、某些心靈當中，還有強烈而誠摯的宗教生活，但因為缺乏真理的精神，這種宗教生活就連核心都有某種不純潔的原則，這太常見了。科學的存在讓基督徒自覺心虛。使得基督徒當中沒有幾個人敢肯定，要是自己以一種絕對無私的批判精神，從零開始、不帶任何偏好地考慮過所有問題後，還能將基督教的教條視為明白而徹底的真理。

這種不確定性應該要讓他們不再與宗教緊密相繫，但這樣的事情並未發生，而不讓事情變成這樣的原因是：宗教生活提供了某種他們需要的東西。他們自己或多或少模糊地感覺到：有某種需求使得他們聯繫於宗教。但人與神之間正當的關連並不是需求。正如柏拉圖所述，在本質上，需求與善之間相隔萬里。神不求回報地把自己整個交到人類手中，並且還要給得更多，但人類不應該有接受的欲望。他應該要完整地、無條件地奉獻自己，而他唯一的動機應該是：

他持續不斷地追求良善，在一個又一個的幻象當中漂泊，直到他轉身向神，才肯定自己找到了真理。

俄國作家杜斯妥也夫斯基（Fyodor Dostoyevsky）說過最可憎的褻瀆語言，他說：「如果基督不是真理，我寧可站在真理之外，與基督在一起[65]。」基督說過：「我是真理。」他也說過自己是麵包與酒，但他說的是：「我是真的麵包，真的酒」，也就是說，他是僅出於真理的麵包，僅出於真理的酒。對基督的渴望，首先必須是因為他是真理，在此之後才是因為他是營養。

這些肯定都已經被忘得一乾二淨了，因為人們連柏格森（Henri Bergson）都可以看成一個基督徒，但他相信在神祕主義者的能量中，看見了被他奉為偶像的生命衝動的最高形式。在神祕主義者與聖徒身上，真正的奇蹟不是他們的生命更多，或比別人更強烈，而是在他們身上，真理變成了生命。在此世的生命中，柏格森當作寶貝的生命衝動不過是個謊言，只有死亡才是真的。生命迫使人相信我們為了活著所必須相信的事物？這種奴役在實用主義的名下，已然被

65 全集註：見杜斯妥也夫斯基於一八五四年二月寫給娜塔莉·馮維辛（Nathalie Fonvizine）的信。在信中，杜斯妥也夫斯基吐露自己是個「不信與懷疑的孩子」，但卻「渴望相信」，以及他對基督教教義的傾慕，以至於「如果有人證明基督在真理之外，真理也真的在基督之外，那我寧可選擇待在基督這邊，而非真理這邊。」而在他的作品《群魔》（*The Possessed*）當中，查托夫（Chatov）以下述問題質問斯塔夫羅金（Stavroguine）：「但不正是您對我說過，如果有人能確切無疑地向您證明真理在基督之外，您寧可與基督而非與真理同在？」

升格為教義了，而柏格森的哲學正是某種形式的實用主義。有些人儘管自己不過是血肉之軀，但依然在心中跨越了等如死亡的限制，跨過限制後，他們接受了另一種生命，這種生命並不首先得自於生命，而是首先得自於真理。得自於一種變得鮮活的真理。宛如死亡一般真實，宛如生命一般鮮活。就像《格林童話》（*Grimms Märchen*）中所說的，一種潔白似雪、鮮紅如血的生命[66]。這種生命才是真理的氣息，才是聖靈。

巴斯噶在追尋上帝的途中，就犯了不誠實的罪。他雖然擁有科學實踐所造就的才智，但卻不敢期待只要讓這種才智自由地運行，就會在基督信仰的教義中發現某種確定性。他也不敢冒險拋下基督教。他進行了一趟智性的追尋，但卻預先決定了這趟追尋將帶他走向何方[67]。為了避免任何走偏的風險，他屈服於某種有意識的、刻意的建議。在這之後，他才去找證據。在或然率與跡象的領域中，他瞥見了某些強而有力的東西。但若要談嚴格意義上的證據，他只能提出一些不忍卒睹的東西，像是賭博的論據、預言、神蹟[68]。對他而言最嚴重的是，他從來沒有得到確定性。他一直沒能接受信仰，而這正是因為他試圖讓自己獲得信仰[69]。

大部分走向基督信仰，或是生為基督徒而從未離開這個信仰的人，他們對信仰的依戀是出於某種真誠與熱切的情感，而他們都受到內心某種需求的推動與支撐。他們無法放棄宗教。至少他們無法在放棄宗教時，不感到這在他們心裡產生了某種墮落之感。如果自己的宗教是真理以外的任何東西，若要使宗教情感完全出於真理精神，一個人就得準備好放棄自己的宗教，就算這樣會讓他失去一切活著的理由。只有在這種精神狀態下，我們才能分辨出這種宗教中是否有真理。不然我們就會連提出認真的問題都不敢。

在人心裡，神不應該被當成活著的理由，像是寶藏之於貪財者一樣。阿巴貢（Harpagon）[70]與葛朗（Grandet）[71]深愛他們的寶藏，為了寶藏可以赴死、可以斷腸、更可以實現勇敢大能的奇蹟。我們也可以這樣愛神，但我們不該這樣。毋寧說，我們只能容許靈魂的某個部分這樣去愛，因為這個部分感受不到別種愛，但這個部分還是應該順服於靈魂裡更有價值的部分，並受它支配。

我們可以毫不誇張地斷言：如今，真理的精神在宗教生活中，幾乎已消失殆盡。

---

66 全集註：見童話《白雪公主》的開場。

67 全集註：韋伊在其他領域也經常指出這種錯誤。在對於列寧的《唯物主義與經驗批判主義》的評論中（一九三三），韋伊表現出對下述方法的蔑視：「為了反駁而反思，在探索之前便得出解決方法。」（《全集》〈卷二之一：歷史與政治文稿〉，三〇四頁）。她後來也指責馬克思「先設計結論再設計方法。」（〈論馬克思主義的矛盾〉，《自由與壓迫》）。

68 全集註：原手稿中此處為二四二頁，紙張下緣被切斷，裁切處有字跡。

69 全集註：「尋求的人不只是對神的工作毫無幫助，甚至造成阻礙。神接受的人絲毫不會尋求神，在巴斯噶使用尋求這個詞的意義上。」（〈對上帝之愛的隨想〉（Pensée sans ordre concernant l'amour de Dieu），《全集》，〈卷四之一：馬賽手稿〉，二一七八頁）。

70 譯註：指莫里哀一六六八年的劇作《守財奴》（*L'Avare*）當中的主角。

71 譯註：指巴爾札克一八三三年的小說《尤珍妮·葛朗黛》（*Eugénie Grandet*）的女主角。

最能證明這點的，就是各種為基督教辯護的論點的本質。這類論點大多都是某種粉紅藥丸[72]廣告。柏格森和所有受他啟發的人正是如此。對柏格森而言，信仰似乎就像是某種高級粉紅藥丸，能給人不可思議的生命力。從歷史立論也是一樣。這種論點說：「您看，人在基督降臨之前是多麼平凡。基督降臨了，您再看，儘管有些失敗的例子，但人類整體卻變得良善了。」真相絕非如此。但就算這是真的，這也只是把護教學拉低到成藥廣告的層次：病人「使用前、使用後」的描述。這是用歷史的、屬世的、人性的效應，來衡量基督受難的效力，而這些效應並不真實，即便是真的，也必然是有限的，但基督受難如果不是虛構的，其效力必然是無限的。

信仰的概念本身，已經遭到實用主義的入侵與糟蹋。

在宗教生活中，真理精神如果已不復存在，那在世俗生活中會有真理精神就是奇談怪論了。這反轉了整個永恆的等級體系。但事情並非如此。

學者們要求公眾賦予科學某種宗教性的尊敬，這種尊敬的基礎是真理，公眾也相信了他們，但卻受騙了。科學並非真理精神的果實的事實清楚得很，只要我們稍加注意就能明白。

因此，從十六世紀至今所理解的科學研究，無法以真理之愛為動力。

普遍適用的確切標準是：不論衡量什麼事物，都要盡力辨認善的比例，不是在這件事物本身當中的比例，而是在努力產生這件事物背後的動機中的比例。因為在動機中有多少善，事物本身就只會有這麼多善，不會更多。基督關於果樹與果子的談話就是擔保。

確實，只有上帝能分辨人心中各種隱而未顯的動機。但支配某個行動的概念（這個概念一般而言並不隱密）只能與某些動機並存，與其他動機卻不相容，因為這個概念必然會排除某些動機，此乃事物的本性。

因此，重點在於檢視支配行動的概念以及與之相容的各種動機，並提出某種分析，引導我們對某個特定人類活動的成果做出評價。

我們可以從這個分析引出某種方法：藉由改變這些支配行動的觀念，讓最純粹的動機得以發揮作用。不論是一個民族還是個人，每個人都可從自身開始，藉此方法讓人變得更好。

任何觀念，只要和真正純粹的動機不相容，便是受到了謬誤的汙染，這種確信是信仰的首要條款。信仰首先是確信「善只是一」。若人們相信有許多種截然不同又相互獨立的善，像是真理、美、道德，這不僅是任由想像力擺弄阿波羅與雅典娜，更是構成了多神教的罪。

用這種方法來分析過去三到四個世紀的科學，我們就該承認：真理的美名無限地超乎真理之上。學者們終其一生日復一日地貢獻心力，但推動他們的，不可能是擁有真理的欲望。因為，他們得到的不過是知識罷了，而知識本身無法作為欲望的對象。

72 譯註：pilules Pink，十九世紀末到二十世紀初的，由加拿大醫生威廉·傑克遜（William Frederick Jackson）取得專利的成藥，全名為「威廉醫師的弱雞專治粉紅藥丸」，成分包含鐵氧化物與瀉鹽，一八九三年起在法國販售。

一個孩子上了一堂地理課，是為了得到好成績、服從他所接到的命令、取悅雙親、從遠方的異國或是國名當中感受到某種詩意。如果這些動機全都不存在，他就不會學這門課。

如果在前一刻，他還不知巴西首都在哪，但他在下一刻學會了，他就多了一項知識。但是和先前相比，他和真理的距離卻絲毫沒有拉近。獲得一項知識，在某些情況下讓人更靠近真理，但在其他情況下卻不讓人更靠近真理。這些情況該如何區分呢？

如果一個男人撞見他所深愛、全心信賴的女人，在他眼前做出不忠的行為，他就和真理發生了劇烈的接觸。對於某個初次聽聞名字、住在某個他不認識的城裡、他完全不認識的女人，他就算知道這個女人背叛了丈夫，也絲毫不會改變他和真理的關係。

這個例子為我們提供了線索。知識的獲得若能讓我們接近真理，只會是在與我們所愛相關的知識的情況下，任何其他情況都不行。

「對真理的愛」是種完全[73]不當的說法。真理並非某種愛的對象。它不是對象。我們所愛的，是某種實際存在的事物，是我們所思考、並藉此可能成為真理或謬誤之原因的事物。真理總是關乎某事物的真理。真理是實在（réalité）的光芒[74]。愛的對象並非真理，而是實在。渴望接觸某種實在，這就是愛。我們渴望真理，只是為了在真理中去愛。我們渴望認識我們所愛的事物的真理。與其說對真理的愛，不如說在愛中的真理精神。

真實而純粹的愛總是且首先渴望的，是完整而無條件地浸潤在真理之中，不論是怎樣的真理。任何其他種類的愛首先渴望的都是滿足，因此成為謬誤與謊言的根源。真實而純粹的愛本身就是真理的精神，就是聖靈（Saint-Esprit，神聖的精神）。我們譯為「精神」的希臘詞彙，其字面意義正是火熱的氣息、與火混合的氣息，而這個詞在古希臘時期的意涵，正是當今科學用「能量」這個詞所指的概念。而我們譯為「真理的精神」的詞彙，則是指真理的能量，真理乃是活躍的力量。純粹的愛正是這種活躍的力量，這種愛在任何情況下，都會不計代價地拒絕謊言與謬誤。

為了讓學者們以這種愛來做為他們殫精竭慮的研究背後的動機，就必須讓他們有某種愛的對象。他們拿來作為研究對象的概念，必須包含某種善在其中。但現實卻正好相反，從文藝復興時期開始——更確切地說，是從文藝復興時期的後半開始——就連科學這個概念本身，指的就是某種對象超乎善惡、特別是超乎善的研究，科學被認為與善和惡都沒有任何關係，尤其是與善沒有任何關係。科學只研究事實本然的樣子，而數學家則將數學關係視為精神事實。事實、力量、物質，全都各自獨立，和任何其他事物都沒有關係，其中沒有任何人類的思想能愛

73 全集註：手稿中「完全」兩字被劃去。

74 全集註：這幫助我們了解西蒙．韋伊在〈筆記〉中所說的：「真理不存在於證據、而存在於探索中，它永遠具有實驗性。」實在（réalité）這個詞在此應理解為柏拉圖的存有論理解：「存在者（ce qui est, τόόν）」（見《全集》，〈卷六之二：筆記〉，四九一頁）。

的事物。

新知識的獲得本身，並不足以刺激學者付出心力。還需要有別的東西。他們首先要有包含在打獵、運動、遊戲當中的刺激。我們經常聽到數學家將自己的專業比擬成象棋。有些人會比擬成需要嗅覺、心理直覺的活動，因為他們認為，如果他們全心研究這些數學觀念，在證明有效或無效之前，他們還是得先猜測一番。這依然是種遊戲，而且幾乎是機運的遊戲。很少有學者穿透科學到夠深的程度，好讓他們的心被美所擄獲。有個數學家曾經心甘情願地將數學比喻成一座雕像，如果藏在一塊特別堅硬的石頭裡。這些人在公眾面前表現得像是真理的祭司，卻又莫名其妙地自貶身價，把自己承擔的角色比喻作象棋選手，相比雕刻師的比喻還更光榮一些。但一個人要是志在雕刻，那與其做數學家，還不如去做雕刻師。若我們仔細審視，這個比喻在當今的科學概念中是說不通的。它事實上是對另一種觀念的極度混雜的預示。

在科學的威望中，技術所占的比例如此之大，以至於人們總是傾向於假設，因為對學者而言，應用方面的思考是種有力的刺激。事實上，真正的刺激並非應用思考，而是應用賦予科學的威望本身。就好比政治人物醉心於創造歷史，學著們也醉心於對某種偉大事物的感受。但這些事物的偉大，是種虛假的偉大，是一種不考慮任何善的偉大。

他們當中有某些人，那些主要做理論研究的人，一面啜飲著這番醉意，同時又驕傲地說自己對技術應用毫不在意。因此，他們享受到兩種好處，這兩種好處在現實上並不相容，但在幻覺中卻能並存，因為這種處境總是極為愜意的。在那些掌控人類命運的人當中，這種人為數不少，但他們一旦對人類命運感到冷漠，人類就被貶為螻蟻，他們擁有的地位宛如上帝。但他們不知道的是，在當前的科學概念中，如果刪掉了各種技術應用，那就沒剩下什麼能被視為善的東西了。熟悉一個類似象棋的遊戲並沒有任何價值。要是沒有技術，今天在公眾中不會有任何人對科學感到興趣；而若是公眾對科學毫無興趣，那些追隨科學事業的人就會選擇另一種事業。那些掌控人類命運的人沒有權利採取這種事不關己的態度。然而，這種態度雖然不正當，卻依然是種刺激。

對其他人而言，應用的思想卻反而是種刺激。但他們只在乎其重要性，而不在乎善或惡。一個學者，儘管感到他的發現可能會顛覆人類的生活，他還是會竭盡全力達到目標。看起來他幾乎或是完全不會停下來，衡量一下在善惡方面的巨變可能造成的影響，並在更有可能產生惡的情況下，放棄他的研究。這樣的英雄主義甚至看來毫無可能，但卻應該是不言自明的。但這方面和任何其他方面一樣，受虛假的偉大所統治，使得量才是這種偉大的特徵，而不是善。

最後，社會動機不斷地刺激著學者們，這些動機卑鄙到幾乎難以啟齒，並且沒有什表面上的偉大角色，但卻又極端強大。法國人在一九四〇年六月，是多麼輕易地就拋棄了祖國，但在幾個月後，還沒真的蒙受到飢餓的痛苦，法國人又展現出奇蹟般的耐力，為了弄到一顆蛋，不顧數小時的疲憊與寒冷，誰要是看過這一切，就不會忽視卑鄙動機底下那難以置信的力量。

學者們首要的社會動機，純粹只是專業責任。學者是我們付錢來製造科學的人，因為我們期待他們製造科學、因為他們覺得自己有責任製造科學。但是作為刺激，這並不足夠。升等、教職、各種獎金、榮譽與金錢、外國的接待、同儕的尊重與讚美、美名、聲望、頭銜，這一切都非常重要。

最好的證據就是學者們的習性。在十六和十七世紀，學者們會挑戰彼此。他們在發表自己的研究發現時，會刻意漏掉證明過程中的某些環節，要不就是將次序打亂，免得他們的同儕徹底了解這項發現。他們就是用這種方式，確保對手不會比自己更早獲得同樣的發現。笛卡兒自己就承認，他在《幾何學》（*Géométrie*）一書中就是這麼做的。這就證明了他並不是畢達哥拉斯（Pythagoras）[75]和柏拉圖意義上的哲學家，他不是一個熱愛神聖智慧的人。希臘消失後，就再也沒有哲學家了。

在今日，一個學者一旦發現了什麼，還沒等到這項發現逐漸成熟或是被證明有價值，就急著先寄出一份所謂的「報告紀錄」，好確保自己的先占權利。在我們的科學中，高斯（Johann Karl Friedrich Gauß）[76]或許是個獨特的例子：他將自己最出色的發現記在手稿上，卻忘在抽屜深處，然後，等到有人發表了引人注目的成果，他才輕描淡寫地說：「他說的都對，我十五年前就發現了，但我們還可以沿著這個方向走得更遠，提出這樣、這樣或那樣的定理。」但話說回來，他是個第一等的天才。或許在過去三、四個世紀裡，還有幾個人像他一樣，但就一小撮人，科學對他們而言意味著什麼，依然是他們的祕密。對其他人而言，他們日常的辛勞中，扮演重要角色的卻是次級的刺激。

如今，和平時期世界交通的便利，和被推到極限的專業化，使得各領域——每個領域對彼此而言都是獨一無二的專業——的學者們形成了某種類似村落的群體。閒話傳不完，每個人都認得其他人，不是同情這個就是討厭那個。各個世代與國籍的人彼此攻擊，私生活、政治與生涯上的競爭倒成了主角。到了這時候，這個村子裡的集體意見免不了要餿掉，然而，只有集體意見能控制學者，因為不論是業餘人士或是其他專業的學者們，都對他們的工作一無所知。社會刺激的力量，讓學者的思想臣服於這種集體意見，使學者試圖取悅這種意見。只要是這種意見願意承認的，科學就會接受；這種意見不承認的，就會被排除。沒有任何人能做公正無私的法官，因為每個專家——正因為是專家——都成了利害相關的法官。

有人會說，一項理論是否產生豐碩的成果，便是種客觀的標準。但這項標準只能用在那些

75 譯註：畢達哥拉斯（Πυθαγόρας，約前 580 ~ 500），古希臘哲學家、數學家、音樂理論家。著名的勾股定理就是由他發現的（故又稱畢達哥拉斯定理）。他也是第一個提出地球是球體的人。他的數學研究也激發了理念論，後來被柏拉圖發揚光大。

76 譯註：高斯（1777 ~ 1855），德國數學家、物理學家、天文學家。

被接受的理論上。一個被學者村的集體意見所拒絕的理論，注定無法開花結果，因為沒有人會試圖從中得出新的進展。這種狀況在物理學特別明顯，在這個領域裡，研究與檢證的方法，都被壟斷在一個極為封閉的小圈圈手裡。在普朗克（Max Karl Ernst Ludwig Planck）[77]第一次發表量子理論的時候，如果人們沒為之入迷，不在意這理論看來如此荒謬——或許正因為它看來荒謬，因為大家對理性都感到厭煩了——我們永遠都不會知道這會是個成果豐碩的理論。但人們迷上這個理論時，並沒有任何論據可以預見它將會產生豐碩的成果。因此，在科學中，有某種達爾文式的進程。理論隨機抽芽，適者生存。這樣一種科學可以是某種生命衝動的形式，但卻不是一種追尋真理的形式。

就連一般大眾也不會不知道——他們也真的知道——和所有集體意見的產物一樣，科學也臣服於時尚底下。學者們經常對大眾說某些理論已經過時了。如果我們還沒蠢到無法感受到任何醜聞的話，這種說法根本就醜聞。對於某種臣服於時尚的事物，我們怎麼能付出虔誠的尊敬呢？信奉拜物教的黑人比我們優越得多，但他們遠遠不如我們的，是偶像崇拜的程度。他們虔誠地尊敬一塊雕工精美的木頭，而美賦予了這塊木頭某種永恆的特質。

事實上，我們染上的正是偶像崇拜的病，而且已經病入膏肓，以至於連基督徒為真理做見證的能力都被剝奪了。任何聾人之間的對話，都無法像現代精神與教會之間的爭辯一樣充滿喜感。沒有宗教信仰的人以科學的名義，為了提出反對基督信仰的論點，竟然選擇了間接或甚至是直接清楚證明信仰的真理。基督徒從未意識到這點，卻在自我欺騙中，在理智誠然令人痛苦地的匱乏中，虛弱地勉強自己否認這些真理。他們的盲目，懲罰的正是他們偶像崇拜的罪。

~~缺乏科學動力的真理無法存在於科學中~~[78]。

一樣充滿喜感的是，偶像的崇拜者們試圖表達他們的滿腔熱情時，也感覺到困窘。他們尋找可讚揚的對象，但卻什麼都找不到。簡單的是讚賞科學的應用，只有應用，也就是技術，而不是科學本身。科學本身有什麼好讚賞的呢？更確切地說，既然科學就寓居於人心中，那學者身上還有什麼可讚賞的？這就不容易區別了。在需要推薦某個學者給公眾仰慕的時候，我們總是選擇巴斯德，至少在法國是如此。他已經成了科學偶像崇拜的藉口，正如同貞德是民族主義偶像崇拜的藉口一樣。

人們選擇了巴斯德，是因為他為緩解人類的生理病痛做了許多事。但如果成功的意願不是他的努力背後的主要動力，那他所完成的事情，就必須視為純粹的巧合。而如果他的主要動力正是這點，那他應得的讚賞，就和科學的偉大沒有任何關係，那只是某種實踐的德性。在這種情況下，巴斯德應得的歸類，和一個宛如英雄般奉獻一切的護士一樣，而且，除了成果的範圍

77 譯註：普朗克（1858～1947），德國物理學家，量子力學創始人。

78 全集註：這句在手稿上被劃去。

大小，他和這名護士毫無差別。

科學的動機裡既然沒有真理的精神，科學本身就不會有。如果有人反過來想在哲學或文學中找到更多的真理精神，他肯定要失望了。

作者在動筆之前，以及接著在交稿付印之前，真心掛慮的問題是：「我說的是真理嗎？」給人這種印象的書本或文章很多嗎？讀者在打開一本書之前，真心掛慮的問題是：「我在這裡面找得到真理嗎？」這樣的讀者很多嗎？如果我們提請神父、牧師、哲學家、作家、學者、各領域的教授等所有以思考為職業的人，在兩個命運當中選擇一個：從現在這一刻起，立刻徹底淪為（字面意義上）的白痴，承受這種崩壞所帶來的一切羞辱，只留下足以體驗所有苦痛的神智；或是讓理智的能力神奇地突飛猛進，確保自己立即擁有世界性的聲譽，並在死後千年備極哀榮，唯一的缺點是自己的思想總是多少有點不符合真理。我們能相信，面對上述的選擇，會有多少人稍作猶豫嗎？

如今，在宗教與科學、以及一切類型的思考中，真理的精神幾乎已消失殆盡。由此出現了兇殘的邪惡，我們在其中掙扎，卻尚未體驗到這裡面的所有悲劇所在。「這虛謊與錯謬的精神是國王敗亡的悲慘預兆[79]」，拉辛說的這話，如今已非主權者的專利，而是擴展到人民中的所有階層，萬國盡皆為其掌握，陷入狂亂之中。

治療方法則在於：讓真理的精神重新降臨到我們中間，並且得從宗教與科學開始。這就意味著兩者必須要相互和解。

真理的精神可以寓居於科學當中，只要學者的動機是對其研究對象的愛。這個對象，就是我們生活於其中的宇宙。而除了美，我們還能愛宇宙的什麼呢？因此科學真正的定義，就是對世界之美的研究。

我們一想到這點就知道，這是不證自明的。科學的對象並非物質與盲目的力量。這些都不是思想所能觸及的，因為它們會逃離思想。學者的思維永遠只能觸及物質與力之間的各種關係，這些關係構成了一張看不見、摸不著、無可改變的網，構成了秩序與協調的網絡。老子說過：「天網恢恢，疏而不失[80]。」

人類的思想，如何能以思想以外的其他東西作為對象呢？這個知識理論上的難題如此著名，以至於人們不再加以思索，便當作是共通的事實擺在一邊。但這問題是有答案的。答案就是：人類思想的對象，還是思想。學者的目標，就是讓他自己的精神，與永遠銘刻在宇宙中的神祕智慧聯合。如此一來，在科學精神與宗教精神之間，又怎麼會有對立乃至於分離呢？科學研究不過是宗教沉思的一種形式。

79 全集註：拉辛，《阿塔麗》（*Athalie*），二九三～二九四節，原文中應是「輕率而錯謬的精神。」

80 譯註：語出《道德經》〈第七十三章〉。——〔全集註〕西蒙・韋伊在此的引述乃憑記憶。她在一九四一年九月住在波特（Poët）市的期間，讀過皮埃爾・薩萊翻譯的《道德經》。

希臘正是這樣的一個例子。他們的科學在羅馬人劍下撲倒、昏厥之前，曾經擁有宗教精神的本質，但從長久的昏睡中甦醒後，是怎麼變成唯物主義的科學的？在這段期間發生了什麼事？

在這段期間裡，宗教發生了某種轉變，但這指的並不是基督教的來臨。原始基督教，也就是我們在《新約》、特別是〈福音書〉中還能找到的基督教，和古代的神祕宗教一樣，作為某種徹底嚴格的科學的核心激勵，毫無扞格。但基督教經歷了某種轉變，或許和它晉升為羅馬帝國官方宗教的過程有關。

在這場轉變後，除了幾個總是面臨被判刑的、危險而罕見的神祕主義者，基督教已經不再承認任何其他神聖上帝的概念，只承認一個有位格的上帝（Providence personnelle）[81]。

我們可在福音書中找到這個概念，因為神在這裡被稱為父。但在其中也有某種非位格的神的概念，並且是在某種幾乎像是機械論的意義上。「要做你們天父的兒子，因為祂叫日頭照義人，也照歹人，降雨給義人，也給不義的人【……】所以你們要完全，像你們的天父完全一樣[82]。」（〈馬太福音〉5：45）

此處推薦給人類靈魂的完美典範，是惰性物質盲目的公正，是塵世秩序無情的規律性，它對人類的品質毫不在意，並因此經常被指控不義的罪名。這是種極為深刻的思想，如今我們甚至連把握的能力也沒有，因為當代的基督教則已完全失去了這種思想。

所有關於種子的比喻，都是在回應這種個非位格的神的概念[83]。恩典從上帝降臨到所有存在者身上，至於恩典變成什麼樣子，端看這些存在者是什麼，只要是在真的充滿恩典的地方長出的果子，便是出自於某種類似於機械論的過程，在一段時間內發生的。耐心──或者，用更精確的字眼翻譯這個希臘詞──安靜等待的德性，便與這段時間之必要有關。

神恩運行時，上帝並不介入，這也已經表述得再清楚不過了：「神的國如同人把種子撒在地上。黑夜睡覺，白日起來，這種子就發芽漸長，那人卻不曉得如何這樣。地生五穀是出於自然的：先發苗，後長穗，在後穗上結成飽滿的子粒。」(〈馬太福音〉4：2)

【福音書中】關於請求的一切記述，也都展現出某種機械論的類比。並對某種純粹的善的真實欲望，一旦達到某個特定的強度，這個善就會降臨。如果沒發生這樣的效應，那這個欲望就不是真實的，或是太過微弱，不然就是他所期盼的善並不完美，或是混雜著惡。只要條件滿足，上帝從來不會拒絕。這和神恩的萌芽一樣，是一種在綿延的時間中完成的過程。這就是

81 譯註：位格（person）是基督教的概念，基督教信仰的神是三位一體的神（trinity），所謂的三位就是指三個位格，分別是聖父、聖子、聖靈。

82 譯註：此處韋伊引述的應是〈馬太福音〉，5：45、48。

83 全集註：〈馬太福音〉13：1－9、18－23、24－30、31－32，〈馬可福音〉4：1－9、14－20、26－29、30－32，〈路加福音〉8：4－8、11－15、13：18－19。

為什麼基督要求我們要堅持不懈地糾纏下去。在這點上，他所使用的比喻也表現出某種機械論。正是這種心理機制，迫使法官滿足寡婦的要求：「我就給這寡婦伸冤吧，免得他常來纏磨我！」（〈路加福音〉18：5），也迫使入睡的人起身為朋友開門：「就算不為了對他的友情，他也要為了他的強求而起床開門[84]。」（〈路加福音〉11：8）如果我們對上帝施加某種強制，這也只能透過某種上帝所設立的機制。超自然的機制至少和自由落體的法則[85]一樣精確，但自然機制是各種事件產生的條件，與任何價值考量都沒有關係；而超自然的機制則是純粹的善產生的條件。

對此，聖徒已在實踐經驗中予以確認。據說，他們曾經觀察到：自己有時能靠著欲望的力量，讓善降臨到某個靈魂，這善比他自己所渴望的還要大。這就證實了善由天上降臨到地上時，只會相應於地上實際實現的條件。

聖十字若望的所有作品，都不過是在嚴格的科學意義上，對於超自然機制的研究。柏拉圖的哲學同樣也沒有不同。

就連福音書中的審判，也似乎是無位格的：「相信的，就不受審判；不相信的，已經被審判了。定他們的罪就是在此：【……】凡作惡的便恨光，【……】但行真理的必來就光。」（〈約翰福音〉3：18）「我怎麼聽見就怎麼審判，因為我的審判也是公平的。」（〈約翰福音〉5：30）。「若有人聽見我的話卻不遵守，我不審判他。我來本不是要審判世界，乃是要拯救世界。棄絕

我、不領受我話的人，有審判他的——就是我所講的道在末日要審判他。」（〈約翰福音〉12：47－48）

在十一點鐘工人的故事裡，葡萄園的主人似乎有點任意而為。但只要稍微多注意一點就能發現，事實正好相反。他只給一種工錢，因為他也只有一種工錢。他沒有零錢。聖保羅如此定義這份工錢：「我將認識，如我已被認識。」這沒有什麼程度上的差異。同樣地，在配得工錢的行為中，也沒有程度上的差異。人們受到呼召，但有人趕來，有人不來。沒有人能夠跑在呼召前面，就算早一秒也不可能。時機並不重要，而在葡萄園中工作的量和質也都不用考慮。人是否進入永恆，端看他是同意還是拒絕進入永恆。

「凡自高的，必降為卑；自卑的，必升為高[86]」這呈現的是一支天秤，彷彿靈魂的塵世部分在一面托盤上，神聖的部分則在另一面托盤上。有一首聖周五[87]的讚美詩也將十字架比擬為天

84 譯註：和合本聖經原文是：「雖不因他是朋友起來給他，但因他情詞迫切的直求，就閉起來照他所需用的給他。」

85 全集註：對於西蒙．韋伊而言，這是關乎靈性的根本觀念：「超自然理性的邏輯比自然理性更為嚴格」（〈筆記〉第十三本）；「不應該在對於超自然的思考中【……】尋找需求之鍊的鬆弛之處。」（同上引）。

86 全集註：出自〈馬太福音〉23：23，〈路加福音〉14：11。

87 譯註：Vendredi Saint，即耶穌受難日，復活節的前天。

秤[88]。「他們已經得到他們的報償。」因此，上帝只能報償那些在世上得不到報償的努力，這些努力歸於虛空，而虛空吸引著神恩。歸於虛空的努力，構成了耶穌稱為「積攢財寶在天上」的活動。

儘管福音書傳給我們的，只是耶穌的教誨中的一小部分，但在其中我們還是可以找到某種可稱為人類靈魂的超自然物理學的內容。和所有的科學學說一樣，這種物理學只會包含明白可解並且在實驗上可驗證的內容。只是其驗證乃是由朝向完善的步伐所構成，因此我們必須相信那些已臻完善者的話語。但當學者告訴我們在實驗室裡發生了什麼事的時候，我們深信不疑，毫不檢證，儘管我們完全不知道他們是否熱愛真理。相較之下，相信聖徒的話反而更為正當，至少相信貨真價實的那幾個，因為他們肯定極度熱愛真理。

神蹟的問題在宗教與科學中造成糾紛，只是因為人們用糟糕的方式提出這個問題。要正確提出神蹟的問題，就得界定神蹟。如果我們說神蹟是一件違反自然法則的事實，這種說法等於徹底剝奪了一切的意義。我們並不認識自然法則。我們只能提出關於自然法則的假設。如果我們所假設的與事實相反，我們的假設就至少是部分錯誤的。然而，說神蹟是神的特殊意志的結果，這同樣荒謬。在發生的各種事件中，我們沒有任何理由斷言，是哪些事件比其他事件更包含著神的意願。我們只知道，普遍而言，所發生的一切，毫無例外，都符合神的意志，因為祂是造物主，而所有包含著一份純粹的善的事物，都含有某種來自於神的超自然的激勵，因為祂是絕對的善。但當一個聖徒行了一項神蹟時，善在於他的聖性，而不在於神蹟。

一項神蹟是一個物理現象，在其先決條件中包括：靈魂將自身徹底交到善或是惡的手中。

我們必須說是交到善或是惡的手中，因為魔鬼也行奇蹟。「因為假基督、假先知將要起來，顯神蹟奇事，倘若能行，就把選民迷惑了。」（〈馬太福音〉13：22）「當那日，必有許多人對我說：主啊、主啊，我們不是奉你的名傳道、奉你的名趕鬼、奉你的名行許多異能嗎？我就明明地告訴他們說：我從來不認識你們，你們這些作惡的人，離開我去吧！」（〈馬太福音〉3：22[89]）

將靈魂徹底交付給善或是惡，對應著只能在這種情況中產生的物理現象，這絲毫不違反自然的法則。不這樣才是違反自然的法則。因為每一種人類靈魂的存在方式，都對應著某種物理狀態。與悲傷對應的是眼中的鹹水；那麼，人們講述的某種特定的神祕狂喜，為什麼就不能對應著上升離地的身體？事實是否確實如此，並不重要。確切無疑的是，如果神祕的狂喜在靈魂中是真實的，就應該對應著某些身體現象，是當靈魂處於其他狀態中所不會出現的。在神祕狂喜和這些現象之間產生連結的機制，類似於將悲傷連結於眼淚的機制。我們對於第一種機制一

---

88 全集註：暗指出自拉丁文讚美詩〈旌旗飛揚〉（Vexilla Regis prodeunt）的一句詩句：「至福十架上，雙臂／交出吾人贖價！／承負肉身的天秤／拯救世人離煉獄！」作曲者為福圖納．普瓦提埃 Fortunat de Poitiers，530 ~ 597）。西蒙．韋伊經常引用這首天主教在受難節期間的晚禱詩。

89 譯註：此處韋伊的記憶有誤，本經節出自〈馬太福音〉7：22－23。

無所知，但我們對於第二種機制的了解也好不了多少。

在塵世間唯一的超自然事實，是聖潔本身，以及接近聖潔的事物。這個事實就是：在那些喜愛神的人身上，神聖的誡命變成了某種動力、某種活躍的力量、某種推進的能源，按其字面上的意義，就像是汽車裡的汽油一樣。如果除了服從上帝的欲望，別無其他動力便踏出三步，那這三步就是神蹟，不論是在地上或是在水面上都一樣[90]。若只是在地上踏出的三步看來無甚奇特之處。

有人說，在水上行走和死裡復活的故事，在印度十分常見，以至於除了愛看熱鬧的閒人之外，沒有人會費心去看這種事情。無論如何，可以肯定這類主題的記述十分常見。在希臘衰退的時期也常聽說這類事情，如同我們在呂席昂（Lucien）[91]的作品中所見。這大大減弱了神蹟在基督教中的護教價值。

有一則印度軼事提到過一名苦行僧，在獨居十四年後，回來看他的家人[92]。他的兄弟問他修行的成果。他便領他兄弟到一條河邊，在他眼前憑雙腳渡河而過。他的兄弟叫了一名擺渡人，乘船到了對岸，付了錢，對苦行僧說：「花十四年的努力，只為了我花一塊錢就能做到的事情值得嗎？」這就是常識的態度。

對於福音書中所記述的不同尋常的神蹟，我們無法確認或是否認其準確性，只能憑猜測，而這個問題事實上也毫無意義。基督肯定擁有某些特殊的力量，既然我們能證實印度教的聖人與西藏高僧有這些能力，我們又如何能懷疑這點？知道每一件特定的軼事究竟有多準確，對我們毫無幫助。

基督行使的能力並不是某種證據，而是一系列證明中的一個環節。這能力是個確切的標誌，表明了基督超乎一般人性之外，而位列那些將自己交付給惡或是善的人中間。這能力並未指明是交給善還是惡。但透過基督所展現的完美、他純粹的生命、他至美的話語，以及他只為了憐憫之舉才行使能力的事實，我們還是不難做出區別。由此我們能做的結論只有：他是個聖人。肯定他是聖人的人，要是聽到他表明自己是神的兒子，他們也會遲疑於這樣的話語當中的涵義，但他們還是必須相信這話當中包含著某種真理。因為當一個聖人這麼說的時候，他不能騙人也不能騙自己。我們也是一樣，只能相信基督所說的一切，除了那些我們能夠假設經文抄寫錯誤之處，而證據的力量，則在於美。在討論善的時候，美是種精準而確實的證據，甚者，不存在任何其他的證據。任何其他證據的存在都是不可能的。

90 譯註：韋伊在此處指的是彼得見耶穌在海面上行走，也求耶穌讓他在水上走，但卻只走了幾部的故事。見〈馬太福音〉14：28－29。
91 譯註：呂席昂，（約 120～180），希臘修辭學家、諷刺作家。
92 全集註：西蒙．韋伊可能是從她哥哥那而聽到這則軼事的，後者從一九三〇年一月起，在印度執教兩年多。

基督說過：「我若沒有在他們中間行過別人未曾行的事，他們就沒有罪[93]。」但他也說過：「我若沒有來教訓他們，他們就沒有罪[94]。」他也在別處提到過他的「善事」（belles actions）[95]。因此，行動和話語是分不開的。這些行動卓然的特性，目的只在於引人注意。一旦引起注意，那就不會再有別的證明，除了美、純粹，與完美可以證明。

對多馬所說的話：「那沒有看見就信的有福了[96]。」並不適用於那些未曾眼見，便相信復活之事的人。這頌讚的是盲從，而非信心。到處都有這種老婦人，她們別無所求，只願毫無差別地相信任何死人復活的故事。這裡所說的有福的人，肯定是那些無須復活就能相信的人，對他們而言，完美與十字架就是證據。

因此，從宗教的觀點來看，神蹟是次要的事物，而從科學的觀點來看，神蹟自然就進入了科學對世界的想像。侵犯自然法則來證明上帝，這種想法對於初代基督徒而言，肯定是駭人聽聞的。這種想法只會出現在我們這種有病的心智當中，這種心智以為世界秩序的穩固能夠為無神論者提供正當的論據。

人間各種事件的更迭，也一樣出現在福音書中，彷彿受到某種在某個意義上無位格、類似於機械的神意所安排。基督對他的門徒說：「你們看天上的飛鳥，也不種，也不收，也不積蓄在倉裡，你們的天父尚且養活牠。【……】你想野地裡的百合花怎麼長起來？它不勞苦，也不紡線。然而我告訴你們，就是所羅門極榮華的時候，他所穿戴的，還不如這花一朵呢[97]！【……】

兩隻麻雀不是賣一分銀子而已嗎？若是你們的父不許，一個也不能掉在地上[98]。」這表示：上帝對聖徒的關切，和祂緊纏著飛鳥與百合的，是同樣的一種關切。自然法則規定了樹汁在植物裡上升、花朵綻放、以及鳥兒尋覓食物的方式，而這些安排是為了讓美得以產生。自然法則同樣按照神亦安排，為了讓首先尋求天父的國與祂的義的決心不會自動招來死亡。

如果我們願意，我們也可以說：神看顧每隻鳥、每朵花、和每位聖徒，因為這說到底是同一件事。整體（tout）與各部分（parties）的關係，是人類的理智所能理解的。在這個層面上，我們可以把宇宙視為一個整體，或是視為按照我們的意願，以空間、時間或任何分類方式所切割成的各部分，或是視為另一個部分、又一個部分、或是各部分的集合。簡言之，我們大可以自己的意願使用整體與部分的概念，但宇宙與神的意志相符合這點依然不變。一片無人看見的

---

93 譯註：出自〈約翰福音〉15：24。

94 譯註：出自〈約翰福音〉15：22。

95 全集註：出自〈約翰福音〉10：32。韋伊在寫給古圖里耶神父（père Couturier）的信中說到：「當基督提到他的 *καλαέργα* 時，翻譯成『神蹟』並不合理。我們同樣可以翻譯成『善功』（bonnes oeuvres）、「善事」。」（見《致一位修士的信》〔*Lettre à un religieux*〕）。

96 譯註：出自〈約翰福音〉20：29。

97 全集註：出自〈馬太福音〉6：26、28、29；〈路加福音〉12：24、27－28。

98 全集註：出自〈馬太福音〉10：29。

落葉符合神的意志，如同一場暴雨一樣。在事件的層面上，符合上帝意志的概念和實在的概念是同一件事。

在善與惡的層面上，根據與善和惡的關係，就會有與神的意志相符或不相符的狀況。對神的信心就在於肯定宇宙整體符合神的意志，不只是在第一層意義上，也是在第二層意義上。也就是說，在這個宇宙中，善勝過惡。而這說的只能是宇宙的總體（totalité），因為在個別的事物上，很不幸地，我們無法懷疑惡的存在。因此，這個確信的對象，就是某種永恆而普世的設計（disposition），這構成了世界不變的秩序的基礎。除非我錯了，不然聖神永遠不會以其他的方式顯現，不論是在中國、印度、和希臘的聖書中，還是在福音書中。

但當基督宗教被羅馬帝國正式採納為國教後，神與神聖天意的無位格的一面，就被人藏到陰影底下了。我們把神當成皇帝的替身。猶太教的傾向讓這便得更為容易，而基督教出於歷史根源的事實，也無法清洗掉這種猶太教傾向。在流放[99]之前的文獻中，耶和華和希伯來人有某種法理上的主奴關係。他們過去是法老的奴隸，因為耶和華讓他們脫離了法老王的手，使得他們繼承了法老王的權利。他們是祂的財產，而祂統治他們，就和任何人統治自己的奴隸一樣，只是祂安排的賞罰更為寬泛。祂向他們下令，不分善惡，但更多的時候是惡的命令，而不管是哪種情況，他們都只能服從。他們出於最低劣的動機而保持服從，這毫無所謂，只要執行命令就好。

這樣的概念和羅馬人在心靈與智力上的高度相當。在他們的世界裡，奴役早已穿透並敗壞了一切人與人的關係。他們玷汙了最美的事物。他們強迫哀求者撒謊，藉此羞辱了哀求者；他們把感激看成是輕微的奴役，從而汙辱了感激。在他們的觀念裡，一個人接受了恩惠，就在交換中讓渡了自己部分的自由。如果這份恩惠極大，道德習俗會迫使人們說自己是施惠者的奴隸。他們還玷汙了愛，因為對他們而言，愛就是要獲得所愛之人作為財產，甚且，若是無法做到這點，他們會卑躬屈膝地拜倒在對方跟前，只為了獲得肉體的歡愉，就算得接受和另外十個人分享。他們藉由將愛國主義視為將一切非國民貶為奴隸的意志，他們也汙辱了祖國。列出沒被他們玷汙的事物會快得多。我們可能一樣都找不出來。

被他們玷汙的，還有主權。古代的合法主權觀念，在我們所能猜測的範圍內，似乎是極端美好的事物。我們只能猜想，因為在希臘人當中並不存在這個觀念。但它或許在西班牙曾存續到十七世紀[100]，以及到今天的英國，只是程度低得多。

熙德（Cid）[101]在經歷殘忍而不義的流放，又獨力征服了比自己出身的王國更廣大的領土

99 譯註：指巴比倫流放。

100 全集註：見韋伊〈反思希特勒主義的起源〉（Quelques réflexions sur les origines de l'hitlérisme），《全集》〈卷二之三：歷史與政治文稿〉，二九四頁。

101 譯註：羅德里戈・維瓦爾（1043～1099），人稱熙德（Cid）中世紀西班牙軍事領袖，卡斯提里亞王國貴族。

後，獲得了與國王會晤的機會。他一看到國王出現在遠方，便翻身下馬，雙膝下跪，雙手伏在地面上，親吻大地。根據洛佩．維加（Félix Lope de Vega y Carpio）[102]的《賽維亞之星》（*Étoile de Séville*）[103]，國王想阻止一個殺手被判死刑，因為這個殺手正是自己祕密派出的。國王分別召見了三名法官，向他們傳達自己的旨意；每個法官都跪了下來，保證自己完全服從。隨後，三人在法庭剛聚首，便一致同意做出死刑判決。面對要求解釋的國王，他們回答：「作為臣民，我們在一切事情上臣服，但作為法官，我們只服從自己的良知。」

這個觀念即無條件而完全的順服，但順服的卻只是合法的對象，且在任何方面都不考慮權勢、福禍或賞罰的可能性。這和修道院中對上級的服從，完全是同一個概念。一個人民願意順服的國王，是因為對臣民而言國王真的具有上帝的形象，就像修士眼中的修道院院長一樣，不是透過某種讓他顯得神聖的幻覺，而只是出於某種人們認為得到上帝認可的慣例。這是種宗教性的尊敬，與偶像崇拜完全無關。這種合法領主的觀念，在國王底下，被應用到從上到下的整個社會階層之上。整個公共生活就這樣浸潤在宗教服從的德性中，就像全盛時期的本篤會一樣。

在我們所熟悉的時代，我們在阿拉伯人中間還能找到這種觀念，勞倫斯便（Thomas Edward Lawrence）[104]做過見證；在西班牙，在這個不幸的國家被迫承受路易十四的孫子統治直到喪失靈魂之前，也能找到這種觀念；在羅亞爾河以南，在法國征服他們之前，甚至在那之後，也還能找到這種觀念，因為在戴奧非爾．維奧的作品中，這觀念的影響還很明顯。法蘭西王國長期在這種合法順服的觀念與羅馬人的觀念之間徘徊，但最終選擇了羅馬人的觀念，而這是為什麼，恢復王國的概念在法國連談都不用談的原因。如果我們曾經有過任何一種真正合法的王國的可能性，那我們就可說是太幸運了。

有一定的跡象引導我們做出這樣的結論：西班牙的合法王室觀念，是古代東方君主制的觀念，但它太常受到破壞。亞述人對此造成的傷害不小；還有亞歷山大帝——這個亞里斯多德教育的產物，亞里斯多德從未否認過自己是他的老師；希伯來人，這些漂泊的奴隸，他們則未曾認識過這個觀念；羅馬人當然也是如此，他們不過是一小撮為了需求而集結的冒險家。

在羅馬，取而代之的是主奴關係。西賽羅曾經羞愧地承認，他在自己眼中，不過是凱撒的

102 譯註：洛佩．維加（1562～1635），西班牙劇作家。

103 譯註：Étoile de Séville（La estrella de Sevilla，1623），法譯版收錄於《十六世紀西班牙戲劇》，B．吉爾（B. Gille）譯，加利馬爾（Gallimard）出版，一九九四年。故韋伊可能讀的是原文。

104 全集註：湯瑪斯．勞倫斯（1888～1935），人稱「阿拉伯的勞倫斯」，《智慧七柱》（*Seven Pillars of Wisdom*，1926）的作者，西蒙．韋伊高度讚賞此書，曾考慮為《*Nouveaux Cahiers*》寫一篇討論勞倫斯的文章。——譯註：勞倫斯原本是考古學者，一戰爆發後，因為阿拉伯語能力與對中東的了解，而被倫敦參謀總部調往開羅的英國陸軍情報局工作。一戰牽動鄂圖曼帝國境內阿拉伯民族反抗土耳其統治，導致一九一六～一九一八年間阿拉伯起義，勞倫斯在期間為英國進行外交工作，也成為阿拉伯起義部分領導人的軍事顧問。《智慧七柱》是他有關阿拉伯戰爭的回憶錄。在這本書中，他表明他為阿拉伯人民贏得政治自由的夢想，本意是想作為一份禮物送給一位名為塞利姆．艾哈邁德（Selim Ahmed）的阿拉伯男子，勞倫斯與艾哈邁德很可能是一對戀人。

半個奴隸。從奧古斯都開始，皇帝就被視為羅馬帝國所有居民的主人，如同奴隸主一樣。

人們不會想像自己自然而然地施加在他人身上的不幸，會有別人施加在自己身上。但當這在現實中發生，輪到他們自己陷於恐懼中時，他們還是覺得這很自然，因為對於自己施加在他人身上卻毫不反感的作法，使他們無法在內心深處找到任何憤怒或反抗的資源。至少，當他們處於這樣一種處境，就連在想像中，也沒有任何東西能作為外在的支持，當人們除了內心隱密處，再沒有任何其他資源的時候，情況便是如此。如果過去的罪行摧毀了這些資源，那就會導致人們徹底的軟弱，而任何程度的羞辱也都變得可以接受了。「擄掠人的，必被擄掠」[105]這句〈啟示錄〉的箴言所表述的互逆關係，正是建立在人類心理的這種機制上。

因此有許多法國人，他們覺得和法蘭西殖民地裡被壓迫的原住民談論合作，沒什麼不自然的，而他們和德國主子談話時，繼續使用這個字眼也就毫不費力了。

羅馬人也認為奴隸制是社會的基礎制度，對於一個宣稱有權把他們當作財產、並以武力凱旋支持這種宣稱的人，他們在心裡找不到任何說不的理由。對於這個人的繼承人，透過繼承權成為這個人的財產，他們也沒有任何理由說不。這就是各種懦弱的來源，列舉這些懦弱曾經讓塔西陀作嘔，更讓他噁心的是自己的懦弱也榜上有名。要是接到自殺的命令，羅馬人就會自殺，而不會做別的，但奴隸不能自殺，因為這是竊取了主人的財產。卡里古拉（Caligula）[106]在吃飯時，會讓元老院議員身穿長袍站在身後，這對羅馬的奴隸而言是羞辱的獨特標誌。在席間，他會領一名貴族婦女離開一時半刻，到他個人的廂房裡，再領著這個臉紅亂髮的女人回到賓客間，而賓客中就有她的丈夫。但這些人總是覺得，對於自己的奴隸，甚至對於各行省被殖民的人民而言，這都是再自然不過的對待方式。

因此，在皇帝崇拜中，真正被神化的是奴隸制。成千上萬的奴隸產生出對主人的偶像崇拜。就是這點決定了羅馬人在宗教事務上的態度。我們說過，他們是宗教寬容者。事實上，他們寬容一切缺乏靈性內涵的宗教實踐。

希特勒要是心血來潮，他很可能也會容忍毫無危險的神智學[107]；同樣地羅馬人可以輕易地寬

105 譯註：〈啟示錄〉，13：10。

106 譯註：指羅馬帝國第三任皇帝卡里古拉（Caligula，12～41），被認為是羅馬帝國早期典型的暴君。

107 譯註：Théosophie，屬於西方密教哲學，名字由 Theos（θεός，神）和 sophia（σοφία，智慧）組合而成。神智學的目標在於探索神聖、人性與世界的起源。Théosophie 這個字在初代教父時期便已出現於希臘文與拉丁文著作中，基本上是神學的代名詞。但後來兩個字眼被區分開來，並在歷史中有各種不同的理解。當代談到神智學時，意思指的是一八七五年創立於紐約市的神智學會（Theosophical Society），該學會以研究神智學、神祕主義、精神力量為主。一八九五年，學會開始分裂，其中最重要的是一九〇二年成為德國奧地利分會祕書長的魯道夫・史坦那（Rudolf Steiner）在分裂後成立「人智學會」，他在一戰後的部分言論後來吸引了納粹領導人，特別是希姆萊。

容米特拉崇拜[108]，因為這不過是專供趕時髦的男人和無所事事的女人一種虛假的東方情調罷了。

但有兩個他們不寬容的例外。首先，他們自然無法容忍任何其他人宣稱對自己的奴隸擁有財產權。他們對耶和華的敵意就是這麼來的。猶太人是他們的財產，不可以有另一個所有者，不論是人還是神。這不過是場蓄奴主義者之間的爭執罷了。最後，羅馬人出於聲譽的考慮，以及為了驗證他們主人的身分，幾乎殺光了所有產權有爭議的人類牲畜。

另一個例外是關於靈性生活的。羅馬人絲毫不能容忍任何靈性上的富足。上帝之愛是一把危險的火，對他們可悲的奴役神聖化而言，碰到這火是致命的。他們還無情地摧毀了所有形式的靈性生活。他們極度殘酷地迫害畢達哥拉斯學派，以及所有屬於真實傳統的哲學家。順帶一提，一段暫時的雨過天晴，竟然讓一個真正的（由希臘而非羅馬所啟發的）斯多噶派[109]登上皇位，這是多麼神祕的事，而更神祕的是他虐待基督徒的事實。他們將高盧的所有橡木賢者屠殺殆盡；消滅了埃及的崇拜；對於迪奧尼索斯的敬拜，他們予以血洗，再用巧妙的汙衊加以羞辱。至於他們對於初代基督徒都做了什麼，我們也清楚得很。

但他們也對自己過於粗鄙的偶像崇拜感到不適。和希特勒一樣，他們知道靈性的虛幻包裹有多少價值。他們只願能拿某個真實宗教傳統的外皮，來遮掩他們太過刺眼的無神主義。希特勒也希望能找到或建立某種宗教。

奧古斯都曾經試圖收編厄琉息斯密教[110]的教士。但在亞歷山大大帝後繼者的時代，厄琉息斯密教的組織已被摧毀殆盡，原因不明。蘇拉（Lucius Cornelius Sulla）[111]的大屠殺曾經讓雅典血流成河，宛如洪水潰堤，這對他們肯定沒有任何好處。等到了羅馬帝國時期，是否還留著這項傳統的任何貨真價實的痕跡，十分令人懷疑。然而厄琉息斯密教的教徒還是拒絕了奧古斯都的收編。

但基督徒卻接受了，在他們受夠了屠殺、又因為看不到凱旋到來的世界末日而感到不幸的時候。就這樣，基督的天父順從了羅馬的風俗，成了個主子與奴隸主。耶和華完成了這個轉變，使迎接祂再也沒有任何麻煩。在耶路撒冷滅城[112]之後，在羅馬皇帝與祂之間，就不再有任

108 譯註：culte de Mithra，大約一到四世紀時在羅馬帝國境內的一種神祕主義宗教，特別是在羅馬軍裡，受波斯對米特拉神（Mithra，原始印歐語 Mitra）的崇拜所啟發。但二〇世紀七〇年代以來，學者普遍認為羅馬的米特拉崇拜與原始的波斯米特拉崇拜有不少不同之處。

109 全集註：見西蒙・韋伊在〈關於希特勒主義之起源的反思〉（Quelques réflexions sur les origines de l'hitlérisme）當中對馬可仕・奧勒留的看法，收錄於《全集》，〈卷二之三：歷史與政治文稿〉，二〇八頁。

110 譯註：mystères d'Éleusis，古希臘時期祕密教派，學界認為該密教始於公元前一五〇〇年的邁錫尼時代，直到羅馬帝國皇帝迪奧多西一世於公元三九〇年代將之滅除。該密教崇拜古希臘中掌管農業的地母神迪密特，與迪密特的女兒、冥王之妻博瑟芬。

111 譯註：蘇拉（拉丁文：Lucius Cornelius Sulla，前 138 ～ 78），古羅馬政治家、軍事家。曾施行恐怖統治。

112 譯註：此處應是指公元六六～七〇年爆發的猶太戰爭，在這場戰爭中，聖殿被焚毀。羅馬以圍城方式攻擊，造成嚴重的傷亡，死亡人數超過百萬人，並讓耶路撒冷淪為無人居住的死城六十年之久。

何財產爭議了。

確實，福音書充滿了以奴隸制為題材的比喻[113]。但在基督口裡，這個詞是種愛的圈套。奴隸，意思是指那些全心甘願像奴隸一樣將自己奉獻給上帝的人。而儘管這是在一瞬間完成的一次性贈與，但在此之後，這些奴隸一刻也不會停止祈求神同意維持對他們的奴役。

這和羅馬人的觀念無法調和。如果我們是神的財產，那我們怎麼能將自己作為奴隸交給祂呢？祂創造了我們，這個事實就解放了我們。我們位在祂的王國之外，只有我們的同意能隨著時間，完成相反的運作，讓我們自己變成某種惰性的東西，某種類似於虛無的東西，在其中，神才是絕對的主宰。

幸運的是，真正屬於基督徒的激勵，被神祕主義者保存了下來。但在純粹的神祕主義之外，一切都被羅馬人的偶像崇拜給玷汙了。說他們是偶像崇拜，原因是他們崇拜的形式，而非崇拜對象的名字，才能真正區隔偶像崇拜與宗教。如果一個基督徒崇拜神的心態，和一個羅馬異教徒向皇帝致敬的心態一樣，那這個基督徒也是個偶像崇拜者。

羅馬人的上帝觀念如今依然存在，一直到像馬里旦之流的心靈中。他曾經寫道：「權利的概念比道德義務的觀念更為深刻，因為神對其受造物擁有至高的權利，但祂對受造物卻無任何道德義務（儘管祂對自己有責任，要為受造物提供他們的天性所需）[114]。」

不論是義務還是權利的概念，都不適合上帝，但權利的概念更是無限地不適合。因為權利的概念是無限地遠離純粹的善。這個概念混合著善與惡，因為擁有某種權利，意味著行使於善或惡的用途上的可能性。相反地，履行某項義務，無須任何條件，就在所有方面都永遠是一種善。這就是為什麼一七八九年的人們在選擇權利的概念作為激勵的原則時，他們犯了災難性的錯誤。

根據羅馬人的觀念（或是其他本質上相同的觀念），至高的權利，指的就是財產權。賦予上帝至高而無義務的權利，這是將上帝變得無限地和羅馬奴隸主相等。這只是卑屈的獻身。一個奴隸獻身給某個視他為財產的人，這種獻身是低賤的。在愛的驅使下，一個自由人將自己的身體與靈魂，奉獻給構成完美之善的事物，這種愛與奴隸之愛完全相反。

在天主教會的神祕主義傳統中，靈魂必須經歷淨化，而淨化的主要目的之一，就是徹底放棄羅馬的上帝觀念。只要這種觀念還有一絲存留，愛的契合就毫無可能。

但神祕主義者們的光輝已然如此微弱，無法在教會中滅除這個觀念，像是在靈魂中滅除這個觀念一樣，因為教會和帝國一樣需要這個觀念。為了教會在塵世的統治，這個觀念是必要

113 全集註：韋伊在此所指的可能是諸如〈馬可福音〉10：43－45，〈路加福音〉17：7－9。

114 全集註：雅克・馬里旦（Jacques Maritain），《人權與自然法》，紐約：法國之家（Maison Française）出版社，文明文庫，一九四二。

的。因此，權力被區分成了屬靈權力與屬世權力，而在中世紀，我們經常談到這點。而這種區分比我們想像得還要複雜。服從國王，在古典西班牙的概念中，是種無限虔誠與純粹的事情，遠勝於服從教會，因教會有宗教裁判所，並且提出一種蓄奴制上帝的觀念。在十三世紀時，情況大致上就是這樣。很可能，若以十三世紀的亞拉岡王國[115]為例，國王所持有的是真正精神性的權威，而教會的則是真正世俗性的權威。無論如何，羅馬的帝國主義精神與宰制精神從未徹底放過教會，以至於教會無法罷黜羅馬的上帝觀念。

而這造成的後果是，神意的概念變得晦澀難辨。它包含著某種極端的荒謬，讓思維暈頭轉向。信仰的真正奧祕也是荒謬的，但這是種照亮思維的荒謬，能讓思維產生出豐碩的真理，是理智所能明白的。其他的荒謬可能都是魔鬼的奧祕。這兩者混合在流行的基督教思想中，如同是麥子混雜了稗子[116]。

對應著羅馬式的神的神意概念，是位格神親自介入宇宙，為了特定目的而調整某些手段的概念。人們假定：如果任由世界的秩序自行其是，沒有神在某個時刻為了某個目的予以特別的介入，那產生的結果可能就會不符合神的意志。人們假定神會實行某些特定的介入。但人們也假定：這些為了改正因果關係的介入，本身也服從於因果關係。上帝闖入世界的秩序，好讓某些東西出現在世界上，而這不是指他所想要產生的東西，而是透過結果，能造成他想產生的東西的原因。

如果我們對此予以反思，這些假定恰恰對應著人在物質前面的處境。人有某些特定的目的，為此他不得不進行某些特定的干預，而這些干預服從於因果律。讓我們想像一個羅馬大地主，擁有廣大的地產與無數奴隸，接著我們再將他的地產擴張到整個宇宙本身。羅馬就是這樣實際上控制了部分基督教的上帝觀，這種觀念的汙點或許玷汙了近乎整個基督教，除了神祕主義者之外。

如果我們想像一個這樣的奴隸主，他獨自活著，未曾遇見任何同類，也和自己的奴隸沒有任何關係，我們便會自問：他的思維中如何能出現任何特定的目的？他自己沒有什麼需求得不到滿足。他會為自己的奴隸尋求福祉嗎？若真如此，他就要頭痛了，因為奴隸們事實上正受罪惡與不幸的折磨。如果我們試著列舉他們命運中的所有幸福，以激發他們美好的情感——過去美國宣傳奴隸制的人很可能就是這麼做的——這只會更清楚地顯示出自己這部分的善是多麼有限，而歸給主子的權勢與歸給善和惡的權勢，彼此之間是多麼的不成比例。人們既然掩飾不了這點，便對奴隸說：他們若是不幸，那也是出於他們的過錯。但這樣的斷言，就算我們接受了，也不能說明什麼，讓我們更了解主人的意願究竟為何。除了想像他的意願是任意而為，且

115 譯註：Aragon，十一世紀時建立於今日西班牙東北地區的王國，一直維持到十八世紀初才告解體。

116 全集註：本頁手稿背面有三行被橫線畫去的字：「在愛的驅使下，一個自由人將自己的身體與靈魂，奉獻給構成完美之善的事物，這種愛與奴隸之愛完全相反。（——）淨化的主要目的」。

其中包含某些仁慈的部分之外，不可能做其他的想像。事實上，人們就是這樣想像的。

想要在宇宙的結構中洞悉主人慈善跡象的一切嘗試，無一例外，都和貝納丹·聖皮耶（Bernardin de St. Pierre）[117]關於西瓜與家庭晚餐[118]的比喻處於同一等級。這種嘗試和對於造成肉身之效果的歷史思考一樣，其中包含著同樣的根本荒謬。賜給人、讓人在宇宙中觀察的善是有限的、受限的。試圖在其中找到神聖行動的跡象，這是將神本身便為有限的、受限的善。這是種褻瀆。

在歷史分析中的同一類嘗試，可以透過一份紐約的天主教評論中，所表達的巧妙的思想予以闡明，該刊出版於上次美洲大發現紀念日。這個思想表示：神已經差派了哥倫布到美洲，好讓一個能夠打敗希特勒的國家得以在數個世紀之後出現。這甚至比貝納丹·聖皮耶的水準還低，甚至是殘忍。在此，神顯然自己也鄙視有色人種，因為為了拯救二十世紀的歐洲人，美洲人在十六世紀遭遇的種族滅絕顯然算不上什麼代價，而且神也無法以較不血腥的方式為他們帶來拯救。我相信，與其在四個多世紀前差派哥倫布到美洲去，在一九二三年前後差派什麼人去暗殺希特勒還更簡單得多。

如果我們以為這是超乎尋常的愚蠢，那就錯了。只要以神意詮釋歷史，就必然會不偏不倚地落到這個水準上。波舒哀（Jacques-Bénigne Bossuet）[119]的歷史觀正是如此，既惡劣又愚蠢，不論對理智或是心靈而言都令人厭惡。要看出這位阿諛奉承的主教偉大的精神，我們非得對文字的聲響極度敏感才行。

即使將神意的觀念引入私人生活，結果一樣充滿喜感。若是有閃電落在一個人身旁一公分，而這人毫髮無損，他通常會相信是神留他一命。但在一公里外的人卻不會認為自己的命應歸功於神的介入。顯然，在宇宙的機制正要奪走一個人類的性命時，神問自己是否樂意救這人一命，而如果祂決定要這麼做，祂就會以幾乎無從感知的方式，對這個機制伸出手。為了拯救一條命，祂完全可以將閃電挪開一公分，但祂卻不會挪開一公里，更不會乾脆直接防止閃電落下。我們只能相信人們是這麼想的。要不然，人們也會說：在我們生命中的每一刻，神意都在干預，免得我們被閃電給殺死，正如同閃電落在我們身邊一公分的時候一樣。閃電殺死一個人類的時刻，也只會在神意不再介入以免閃電殺死那人的那一刻，假設此事真的發生的話。一切沒發生的事，同樣都是神所阻止的。一切發生的事，同樣都是神所允許的。

神意是神為了特定的目的而行使、出於神的位格的獨特介入，這種荒謬的概念與真實的信

117 譯註：貝納丹・聖皮耶（1737～1814），法國作家、植物學家。最著名的作品是他在法國大革名時期寫下的小說《保羅與維珍妮》（*Paul et Virginie*）。

118 英文版註：聖・皮耶非常相信自然在本質上的和諧，以至於他相信自己在表皮上看出西瓜可被分成幾片的事實，表示西瓜應該在晚餐時全家一起吃，這具有神聖的重要性。

119 譯註：波舒哀（1627～1704），法國神學家，路易十四的宮廷布道師，鼓吹君權神授。

仰互不相容。但這種不相容並不是不證自明的。這種觀念與科學的世界觀不相容，這種不相容才是不證自明的。在教育與環境的影響下，基督徒懷著這種神意概念，也擁有科學的世界觀，這將他們的心靈分裂為兩個部分，彼此之間密不透風——一個部分是科學的世界觀，另一個部分是世界作為位格神意行動的領域。因此他們對任何一部分都無法思考。此外，第二更是無從思考的。非信徒不受任何一邊所阻擋，因此能輕易地分辨出這種特定的位格神意是可笑的，而在他們眼裡，信仰本身也因此變得可笑。

我們歸之於神的特定意圖，只是我們在超乎無限的複雜因果關聯中所切下的斷面。我們切下這些斷面，是在時間的綿延中，將特定的事件連結於某些結果，但卻是該事件所造成的千萬結果中所選出的特定結果。宣稱這些斷面符合神的意志並沒有錯。但同樣地，在複雜的宇宙中、在任何時空當中，任何人類或非人類所能切下的斷面，不論大小，也都無一例外，符合神的意志。

我們不能從時空的連續當中切下某個事件，像切下一個原子一樣，但人類語言的弱點，讓人不得不說得像是我們可以一樣。

在整個時間的長流中構成宇宙的所有事件，其中的每一個事件、諸多事件的各種可能的聚合、兩個或更多個事件之間的每一段關係、兩組或多組事件聚合之間的關係、任一個事件與一組事件聚合之間的關係——這一切都在同樣的程度上是神所允許的。這一切，都是神特別的意願。神的特別意願的總和，就是宇宙本身。只有惡不在其中，而就算是惡本身也不應整個被排除於所有關係之外，只應排除在惡的關係之外。在任何其他關係中，這都符合神的意願。

一位士兵受了重傷，極度痛苦，因而無法參與戰役，而他的同袍全都在這場戰役中被屠戮殆盡，這位士兵可能會相信神的意願不是要讓他痛苦，而是要救他的命。這裡有種極度的天真，這是種自愛的陷阱。神願意讓他痛苦，也願意救他一命，並造成一切所產生的效果，但神的意願並不是使其中某個效果甚於另一個效果。

只有在一種情況下，能夠合法地說神有特殊的意願，也就是當一個人的靈魂中浮現出某種特殊的衝動，且是明顯標誌著神的命令的衝動。但這時我們所說的只是做為激勵泉源的上帝。

當前的神意觀念，相當類似於在進行所謂法文講解的學校功課時，一名差勁的老師解說一首美妙絕倫的詩篇的樣子。這個老師說：「詩人使用某個字來達到某種效果。」但這只有對於第二流、第十六或第五十流的詩才成立。在一首美妙絕倫的詩作片斷中，一切效果、一切共鳴、一切因某個字被放在某處可能產生的聯想，都在同樣的程度上——也就是完美地——回應著詩人的靈感。這對所有藝術而言都是一樣的。詩人就是這樣模仿上帝。詩的靈感，其完美的最頂點，是某種人性的事物，它能夠透過類比，給出某種神的意志的概念。詩人是有位格的人（personne），然而在觸及詩性完美的那一刻，穿透他的卻是某種無位格的靈感（inspiration impersonnelle）。只有在平庸的時刻，他的靈感才是個人的（personnelle），而這並不真的是靈感。

將詩性靈感用於設想神的意願的類比時，不應採取平庸的形式，而應採取完美的形式。

神的聖意對塵世秩序而言，並非某種攪擾、某種反常，而是塵世秩序本身。或者不如說，是這個宇宙的組織原則。祂就是永恆的智慧，獨一無二，在至高的關係網絡中穿透整個宇宙。

在羅馬之前的古代世界，人們設想的神意正是如此。而被古代的宇宙靈感所穿透的《舊約聖經》，每個部分都以無可比擬的輝煌話語，包裹著這個觀念。但我們都瞎了眼。我們讀了，卻不理解。

原始的強力並非此世的至高主宰，因為強力本質上就是盲目不定的。此世的至高主宰，是確定性，是限制。永恆智慧將這個宇宙囿限在網中，在一個確定性之網中。宇宙在其中並不掙扎。在我們看來，至高無上的是物質的原始強力，但那事實上只是完美的順服而已。

這是給人的擔保，是約櫃，是盟約，是此世可見、可觸摸的許諾，是盼望的可靠支撐。這就是真理，每當我們感受到世界之美時，這真理就勾住我們的心。這真理以無與倫比的喜悅聲調，閃耀在《舊約》中最美的部分、在希臘的畢達哥拉斯派及其他學者口中、在中國的老子、在印度教的聖書、在埃及的殘簡中。這真理或許也隱藏在無數的神話與傳說中。只要有天上帝能打開我們的眼睛，就像他對夏甲所做的一樣，這真理就會出現在我們面前、在我們眼皮底下，在我們的科學裡。

就連在希特勒聲稱提出與此相反的謬誤說法時，我們也能從他的話中發現這樣的真理：

「在這樣一個世界裡，行星與恆星依著循環的軌道運行，衛星繞著行星運轉，只有強力統御各方，主宰弱者，不是迫使弱者溫順屈服，就是予以碾碎……」盲目的強力如何產生這些循環呢？並不是使弱者溫順屈服於強力之下，而是強力順服了永恆的智慧。

希特勒和他年輕的狂熱追隨者，在夜裡觀看星辰時，從未感受到這點。但誰又曾教過他們呢？我們引以為傲的文明，用盡一切方法掩飾這項真理，而既然我們的靈魂能夠為這個文明感到驕傲，我們在希特勒的任何罪行上就都不是清白無辜的。

在印度有個詞，其原意為「平衡」，這個詞同時代表著世界秩序與正義。以下是關於這個主題的聖典內文，這些段落以象徵的形式，同時關聯於世界的創造與人類的社會。

「事實上，神起初便絕對獨自地存在著。既然是獨自存在，便不顯明自身。祂創造出一種高級形式，即至高者……正是因此，在至高者之上別無其他。正是因此，在祭典中，祭司坐在至高處……」

「神依然不顯明自身。祂創造出農民、工匠與商人的階層。」

「祂依然不顯明自身。祂創造出奴僕階層。」

「祂依然不顯明自身。祂創造出一種高級形式，即正義（justice）。正義是至高者的至高者。正是因此，在正義之上別無其他。藉由正義，無力者能與大有能力者平等，就像有國王的權威。」

「正義，即真理（vérité）。正是因此，當有人說出真理時，我們說：『他說得對。』（Il est juste.）當有人說出正義時，我們說：『他是真實的。』（Il est vrai.）因為正義和真理真的是同一件事。」

有一首極為古老的印度詩說到：

太陽由此升起
太陽在此落下
諸神在此行使正義
今日如此，明日依然

阿那克西曼德（Anaximandre de Milet）曾經寫過：

「萬物生於不定，毀滅亦即歸於不定，因必然性而完成。事物因其不易，致使其按照時間的秩序遭受懲罰，相互補贖。」

這說的是真理，而非希特勒從現代科學的通俗化中所汲取的駭人觀念。一切可見又可觸摸的強力，都服從於它永遠無法跨越的限制。在海上，一道浪升起、升起、再升起，但當浪升高到某個點，一個只屬虛空的點，浪便被停住，被迫下降。同樣地，德國的浪潮也將在芒什省的海岸停住，卻無須任何人明白究竟原由何在。

畢達哥拉斯派的學者們說，構成宇宙的是不確定，以及決定、限制與停止的原則。而主宰一切的總是這個原則。

彩虹的傳統，肯定是摩西從埃及借來的，這個傳統以最動人的方式，表達出世界秩序給人帶來的盼望：「神說：……我使雲彩蓋地的時候，必有虹現在雲彩中，我便紀念我與你們和各樣活物的約，水就不再氾濫[120]。」

彩虹美麗的半圓形，見證了此世的現象，儘管恐怖，卻全都順從於某種限制。這段文字詩意燦然，為的是要上帝記得行使自己的職責，即限定的原則。

「你定了界限，使水不能過去，不再轉回遮蓋地面。」(〈詩篇〉104)

而正如同海浪的起伏，在這個世間，一切事件的接續，全都是失衡彼此間相互的補償，生與滅，興與衰，這些都讓人感覺到那張限制之網，無質無形，卻堅似鑽石。正是因此，萬物的更迭是美好的，儘管讓人感受到必然性的無情。必然性是無情的，但卻不是強力，而是強力之上的至高主宰。

但是，真正讓古人陶醉的思想是：讓盲目的強力服從於物質的並不是另一個更強的力量，

120 譯註：〈創世紀〉，9：14－15。

而是愛。他們認為為了愛的緣故，物質順從於永恆智慧，愛讓物質願意服從。

柏拉圖在《蒂邁歐篇》（*Timaeus*）裡說，神的聖意透過進行智慧的勸服，宰制著必然性。一首主前三世紀的斯多噶派詩篇（儘管其靈感來自更古老的多的時代）對神說：

> 環繞大地的世界服從於祢
> 任祢引領，同意你的統治
> 這僕人的德性，祢握在不可見的手中
> 雙刃，烈焰，永遠鮮活，閃電

閃電，由天際直射地面的火，這是神與他的創造物彼此交流的愛，這就是為什麼「投擲閃電者」是對宙斯典型的形容。

這就產生出斯多噶派的觀念：「熱愛命運」（Amorfati），愛這個世界的秩序，他們視之為一切美德的核心。我們必須愛這個世界的秩序，因為這是對神純粹的服從。不論這個宇宙接受還是加害於我們，這都是宇宙在服從中的作為。當一個許久未見、讓人焦急等待的朋友握住我們的手，他手上的力道是否讓人愉快或痛苦並不重要，我們甚至不會注意到他是否握得太緊，把我們弄痛了。當他開口說話時，我們不會去想他的嗓音本身是否美妙。手上的勁道、嗓音，這對我們而言，都只是某種存在的徵兆，因而是無限寶貴的。同樣地，我們生命中所發生的一切，都是出於宇宙對神的完全服從，讓我們與構成了神聖抑制的絕對善產生接觸。因此，我們應該以同樣的愛與感激的內在態度，歡迎所有朦朧的喜悅與痛苦，毫無例外。

人不認識真正的善，就不服從神，意即他們身為能思考的受造物，在思考上卻不能同意服從神。但對於在最高的意義上支配物理與心理物質的各種機制的法則，人們的身體與靈魂卻是絕對服從的。他們內在的物理與心理物質完美地服從著人，因為作為內在的物質，它們是徹底服從的，而既然它們既不擁有、也不渴望唯一能將人提升到物質之上的超自然之光，它們就不會是物質之外的任何東西。正是因此，內在物質對我們造成的傷害，必須被當成是惰性物質對我們造成的傷害而接受下來。除了對於誤入歧途而受苦的人類思想應予同情之外，我們應該像愛惰性物質一樣地愛它們，因為它們也是宇宙純然美麗的秩序的一部分。

當然，羅馬人既然相信在採納斯多噶主義時，還應該予以羞辱，他們的愛就被某種以傲慢為基礎的冷漠給取代了。由此便產生了一種偏見，至今依然存在的偏見，即斯多噶主義與基督信仰是彼此對立的，但這事實上是一對孿生的思想。就連三位一體的各位格的名稱、道、靈（Pneuma）等詞，都借自斯多噶派學者的詞彙。他們將對某些斯多噶派理論的認識，鮮活的光亮投在《新約聖經》中許多神祕的段落上。這兩種思想曾經有過交流，因為彼此之間的心性相投。在兩者的核心，都有謙卑、服從與愛。

但許多文獻都指出，斯多噶思想也是整個古代世界的思想，包括遠東地區。全人類在過去都曾讚嘆於這樣的思想：我們身處其間的宇宙，無非是完美的服從。

希臘人陶醉於在科學中尋找這種完美服從的明確肯定，這就成了他們熱衷科學的動力所在。智力在科學研究中的運作，讓高於物質的至高必然性，在思維中顯現為非物質而無強力的關係網絡。只有在各種關係以決然非物質的關係出現時，才能完美地想像必然性。因此，只有出於靈魂中不屈服於強力的那一點，所產生的高度而純粹的專注，才能讓這樣決然非物質的關係網絡出現在思維之中。人類靈魂中屈服於強力的部分，便都處於需求的掌控中。必須忘記一切需求，才能設想這些關係非物質的純粹之處。只要我們能做到這一點，那對於決定是否滿足需求的強力，我們就能明白它的規則。

塵世間的強力，最終是由必要性所決定的，而必要性是由各種思維的關係所構成的。因此，塵世間的強力最終是由思維所決定的。人類是會思考的受造物，因為他身處於對強力發出命令的一邊。人類確實不是自然的主宰或主人，希特勒說得對，人要是這麼相信就錯了，但人卻是這個主人的兒子，這座屋宇[121]的孩子。科學可證明這一點。在一個富裕的家庭裡，一個年幼的孩子在許多事情上得服從家裡的僕役，但當他坐在父親的膝上，在愛中與父親同一時，他就在父親的權威上有分。

只要人容忍自己的靈魂中充滿了自己的思想、個人的思想，他整個人，就連其私密的想法，都會屈服於需求的束縛與強力的機械規則。他要是以為自己不是這樣，他就錯了。但當他透過某種真正的專注，傾空了自己的靈魂，任其被永恆智慧的思想所穿透，一切就改變了。這時候，他內在就有連強力都得屈服的思想。

關係的本質，與設想關係所不可或缺的專注的本質，在希臘人看來是種證據，證實了必然性真的是對神的服從。對此他們還有另一個證據，就是銘刻在關係本身之上的象徵，像是畫家在畫作上的簽名一樣。

希臘的象徵體系，解釋了為何畢達哥拉斯在發現半圓中內含一個直角三角形後，會欣喜地獻祭。

在希臘人眼裡，圓是神的形象。因為圓是一個繞著自己轉動的，絲毫不改變任何東西，全然自足。對他們而言，圓形運動的象徵所表達的，就是基督教教義的永恆活動概念，而三位一體的各個位格之間的關係，便是源於這種永恆活動的概念。

在他們看來，比例中項(mean term of proportion)就是神與其受造物之間的神聖中介的形象。畢達哥拉斯派學者們的數學研究，目的便在於尋找（不屬於等比數列的）數的比例中項，例如在一與一個非平方數之間的比例中項。直角三角形為他們提供了解決方法。直角三角形是一切

121 譯註：指自然。

比例中項的倉庫。但既然它可內接於半圓形當中，那就這個功用而言，它就可由圓形取代。因此，圓，即上帝的幾何形象，便是神聖中介的幾何形象的來源。如此神奇的相遇值得一次獻祭。

因此，幾何學是種雙重語言，既給了我們關於在物質中運行的力的訊息，同時又訴說著神與其受造物之間的各種超自然的關係。它就像是編碼的字母，在解碼前後看來都是同樣連貫的。

對象徵的關切，在我們的科學中已然消失殆盡。然而，至少在現代數學中的某些部分（例如集合論或是積分）當中，只要願意費心，很容易就能發現和圓與中介一樣清晰、一樣美、一樣充滿靈性意義的象徵。

從現代思想到古代智慧之間的道路，可以又直又短，只要我們願意走上去。

在現代哲學中，幾乎隨處可見這樣的分析，以不同的形式，為一種感性知覺的完整理論做預備。這種理論所揭示的根本真理是：感官所知覺到的客體，其實並不寓居於感官印象當中，而僅在於各種必然性當中，這些必然性的印象構成了各種符號。

我們這個可感知的宇宙沒有其他的實在，除了必然性，而必然性是種關係的組合，一旦沒有受高度而純粹的專注所支持，這些關係就會消散。我們周圍的宇宙，是由物質存在於我們肉身之中的思想所造的。

不論在哪個分支裡面，科學都試圖在所有現象中把握數學關係，或是類似數學關係的事物。永恆的數學是種具有雙重目的的語言，是編織世界秩序的布料。

一切現象都是種能量分配的改變，因而受到能量的法則所決定。但能量有很多種，並且有其等級秩序。機械力、重力、或是牛頓意義上的引力，這些力量不斷讓我們感到束縛，但卻不是最高等級的那種能量。無從觸摸、毫無重量的光，是能讓樹木與麥稈不顧重力、向上攀升的能量。我們吃下麥子與水果，也就吸收了這光，使這光存在於我們裡面，給我們站立與勞動的力量。

在特定的條件下，一個無限小的事物，會以決定性的方式發揮作用。沒有哪個事物其質量能大到一個點無法與之相當。因為只要我們在一個點上撐住，一個事物就不會落下，條件是這個點必須是重心。某些化學變化的條件，就是要有幾乎看不見的細菌活動。催化劑是難以察覺的少量物質，但對於其他化學變化而言，卻是不可或缺的存在。其他微量的細小物質，成分近乎相同，但其存在產生了同樣具有決定性的抑制作用；近來發現的最強力的藥物，其依據就是這個機制。因此，不單是數學，整個科學（不用我們想到要指出這點）都是超自然真理的一面象徵之鏡。

現代心理學想把對靈魂的研究變成一門科學。只要再多一點精確性，就足以做到這點。必須以心理物質的概念為基礎，作為一種物質，它受到對所有物質都有效的拉瓦節定理[122]所約束，即「什麼也不會消失，什麼也不會創生」的定理；換言之，所有的變化，若不是形式的改

122 譯註：指質量守恆定理。

變（某物在其中依舊持存），不然就是位置的改變，但永遠不會僅只是出現與消失。還得導入限制的概念，並設立下述原則：靈魂中屬世的部分是有限的、受限制的，終將消耗殆盡。最後還必須導入能量的概念，並假定心理現象就像物理現象一樣，是能量的分配與性質的改變，是由能量法則所決定。

當代各種建立社會科學的企圖，一樣需要以多一點精確性為代價。必須以柏拉圖式的巨獸概念[123]、或是〈啟示錄〉的獸的概念[124]作為基礎。社會科學是研究巨獸的科學，應該細緻地描述巨獸的解剖學、生理學、自然反射與條件反射、矯正的能力等等。

如果超自然的概念未能得到嚴格的定義，並導入到科學當中作為一個科學概念以極度的精確加以運用，那就完全不可能有靈魂科學或社會科學。

如果能以這種方式，透過嚴格的數學方法，將研究人的科學建立起來，並同時保持與信仰的聯繫；如果象徵詮釋在自然科學與數學中重拾過去曾經擁有的位置，那建立在這個宇宙中的秩序統一性，就會在至高的明晰性中顯現。

世界的秩序，是這個世界的美。唯一不同的是關注的方式，端看人是試圖想像構成此一秩序所必要的關係，還是沉思此一秩序的光華。

這秩序向來是相同的一件事物：相對於神，是神聖智慧；相對於宇宙，是完美的服從；相對於我們的愛，是美；相對於我們的理智，是必要關係的平衡；相對於我們的肉身，是暴力。

在二戰間，科學、歷史、政治、勞工組織、甚至宗教，既然都已沾上羅馬人的汙點，它們為人類思想提供的，就只剩殘酷的力量。這就是我們的文明，這棵樹結出與它相襯的果子。回歸真理，會顯現出許多事物，包括身體勞動的真理。

自願的勞動是自願死亡之外，服從之德性的最完美的形式。

因為缺乏某種正確的懲罰觀念，人們誤解了〈創世紀〉的故事中所說的勞動的懲罰特性。我們在這個文本中，錯誤地讀出某種蔑視勞動的弦外之音。這種特性很可能是由某個極度古老的文明所傳承下來的，在這個文明中，他們敬重身體勞動甚於任何其他的活動。

許多跡象指出，曾經有過這樣的一個文明，在很久之前，身體勞動長期被視為是典型的宗教活動，因而是神聖的。各種祕傳教派、羅馬之前的所有古希臘宗教，完全都是建立在得自於農業的靈魂救贖之象徵的表達上。同樣的象徵也出現在福音書的寓言中。在埃斯庫羅斯（Aeschylus）[125]的《普羅米修斯》裡，赫菲斯托斯（Hephaestus）[126]的角色似乎讓人想起某種鐵

123 譯註：柏拉圖在《申辯篇》中，讓蘇格拉底稱城邦為「巨獸」，指群眾。
124 譯註：《新約聖經》〈啟示錄〉中的獸，代表撒旦的權勢。
125 譯註：埃斯庫羅斯（前 525/524 ~ 456/455），古希臘悲劇作家，著有《被俘的普羅米修斯》。
126 譯註：赫菲斯托斯，古希臘神話的火神和工匠之神。

匠的宗教。普羅米修斯正是基督的永恆投射，一個被釘十字架的上帝，一名贖罪者，前來將火擲向大地。和福音書一樣，在希臘的象徵體系中，火是聖靈的形象。埃斯庫羅斯，這個從不隨意開口的人，他說普羅米修斯帶給人類的火，是赫菲斯托斯的私產，這似乎表示赫菲斯托斯是火的體現。赫菲斯托斯是個鐵匠之神。我們可以想像一個鐵匠的宗教，在讓鐵順從的火中，看見聖靈對人性所做的功的影像。

很可能在某個時候，同一項真理被翻譯到不同的象徵體系中，每個體系都對應著一項身體勞動，使之成為信仰的直接表述。

無論如何，包括《舊約聖經》在內，所有古代的宗教傳統，都將各種手藝追溯到神直接的教導。大部分傳統都宣稱：為了這個教學的使命，神道成肉身。例如，埃及人認為歐西里斯（Osiris）[127]化身為人，既是為了這項實踐的教育，同時也是為了透過受難施行拯救。

不論這些極度神祕的故事中，包含著是什麼樣的真理，對於神親自教導手藝的信仰，都意味著對來自某個時代的回憶，某個操持手藝被認為是典型的神聖活動的時代。

這個時代沒有留下絲毫痕跡，不論是在荷馬、海希奧德、古典希臘、或是我們略知皮毛的任何其他古代文明中。在希臘，勞動是奴隸的事。我們沒法知道在多利安人入侵[128]之前，佩拉斯吉人的時代，是否就已經如此，或是各種祕傳教派是否在其祕傳教導中，明白保存了對尊崇勞動的年代的記憶。打從古典希臘時期的開端，我們就看到一種文明形式的終結，對這種文明而言，除了體力勞動之外，所有人類活動都是神聖的，因為當時的藝術、詩、哲學、科學與政治，並不自絕於宗教之外。一、兩個世紀之後，透過某種我們還難以辨認、但總之金錢扮演重要角色的機制，所有這些活動都變成純然世俗的活動，斷絕了一切靈性的激勵。僅存的一點宗教，都被貶黜到專供崇拜的場所。到了這個年代，柏拉圖都已經是遙遠的過去的遺老了。希臘的斯多噶派則是來自於同一個過去的、依然存活的火星所顯現的火光。

羅馬人，這個無神論又唯物主義的民族，在他們所占領的土地上，透過滅族的手段，滅掉了僅存的靈性生活，因為只有在清除掉基督教的靈性內涵後，他們才能接受基督教。在他們的統治底下，所有的人類活動，毫無分別，都是奴隸的活動，而最終，他們因為將所有人類都貶低到奴隸的處境，剝奪了奴隸制的一切實在，這便預備了他們自己的消亡。

所謂的蠻族，其中許多肯定源自色雷斯[129]，因而得到祕傳教派的靈性餵養，這些人到是很認真地看待基督教。結果就是肯定有過某種基督教文明。我們在十一與十二世紀時看到了這種文明露出了曙光。在光芒匯聚之處，羅亞爾河以南的諸國，這裡同時浸潤著基督教與古希臘的靈

127 譯註：歐西里斯，古埃及冥神，會不斷復生。
128 譯註：Dorian invasion，是一個古希臘史學研究上的理論，尚未得到證實。
129 譯註：Thrace，今保加利亞南部地區，古希臘人認為色雷斯人是戰神後裔。該地區先是落入馬其頓，後落入羅馬統治。反叛羅馬的斯巴達克斯就是色雷斯人。

性，至少，如果阿爾比派確實是摩尼教徒，那麼他們就不只是源自於波斯思想，還源自於靈知派、斯多噶派、畢達哥拉斯派以及埃及人的思想。當時所萌發的文明，應該是全然沒染上奴隸制的汙點的。而在當時，手藝應該擁有核心地位。

義大利哲學家馬基維利（Niccolò Machiavelli）所描繪的十二世紀的佛羅倫斯，就是現代行話所說的工會民主體制的典型。在吐魯斯，騎士與工人並肩抵抗法國裔英國貴族西蒙・孟福爾（Simon de Montfort），他們要保護的就是同樣的靈性寶藏，是他們共同享有的。在這段萌芽時期裡建立的各種行會，都是些宗教組織。我們只要看一座羅馬式教堂、聽一段格雷果聖樂的旋律、讀一首吟遊詩人的完美詩篇，或者，更好的是，讀一些禮儀經文，就足以認識到在那個時候，藝術與信仰密不可分，就像在希臘最美好的時期一樣。

但是，只有在教會中清除了精神奴役這種羅馬概念後，一種讓基督之光照亮整個生命的基督教文明才有可能出現。從天主教熙篤會隱修士聖伯納德（Saint Bernard）反對亞伯拉德（Pierre Abélard）的激烈而凱旋的鬥爭中[130]，顯示出還需要許多這樣的努力。在十三世紀初，這個尚待來臨的文明被摧毀了，因為宗教法庭的建立，以及在正統性概念底下被窒息的宗教思想，消滅了這個文明主要的發生地，亦即羅亞爾河以南諸國。

正統性的概念，藉由嚴格區分靈魂中關於善的領域（思想無條件服從外在權威的領域）和關乎所謂世俗事物的領域（理智自由的領域），使得世俗與宗教的相互穿透不再可能，而這本應是基督教文明的本質。若只是每天在彌撒時摻水到酒裡，這純屬徒勞。

十三世紀、十四世紀、十五世紀初，這是中世紀傾頹的時期。一個沒有足夠時間誕生的文明，就這樣逐漸衰敗，死亡，像一顆逐漸乾枯的嫩芽。

約莫十五世紀時，出現了第一次文藝復興，這是前羅馬的文明與十二世紀精神之復甦的微弱預感。在這段時期裡，古希臘、畢達哥拉斯、柏拉圖是某種宗教尊崇的對象，這種尊崇與基督信仰連結於完美的和諧中，但這種精神態度過於短暫。

很快第二次文藝復興便來臨了，但方向卻完全相反。正是這次文藝復興產生出我們稱為現代文明的東西。

我們非常驕傲於現代文明，但我們不是不知道，這個文明有病。而對這個病的診斷，是所有人都同意的。這個文明有病，因為它不確切知道該給身體勞動和身體勞動者什麼樣的地位。許多的聰明智慧就耗費在這個問題上，在摸索中掙扎。我們不知道該從哪開始？從哪出發？有什麼能引路？因此所有的努力都毫無結果。

最好是能沉思〈創世紀〉的故事，將這故事置於它自己的環境，也就是古代思想的環境底下。

當一個人因犯罪而置身於善之外，真正的懲罰是透過痛苦，讓他被重新納入善的完滿當

---

130 譯註：聖伯納德是中世紀第一個神祕主義者，個人靈修的倡導者，反對亞伯拉德的經院理性主義。

中。沒有什麼比懲罰更神奇的。

人身處於服從之外，而神選擇勞動與死亡作為懲罰。因此，勞動與死亡，如果人在自願承受的情況下承受了，那就會將人帶到服從上帝的至善當中。

這是清楚明白的，只要我們像古代一樣，將惰性物質的被動，視為對神的完美服從，又將世界的美，視為這種完美服從所閃耀的光輝。

無論在天上，死亡的神祕意義為何，在塵世，死亡都是顫抖的肉身與思想所構成的存在的轉化，從一個有欲望與恨惡、盼望與恐懼、要與不要的存在，轉化為一小撮惰性物質。對人而言，同意這樣的轉變，是至高無上的徹底服從。這就是為什麼聖保羅說：在受難這件事上，耶穌自己「因所受的苦難學了順從，得以完全[131]。」

身體勞動正是種日復一日的死亡。

勞動，就是將自己的存在，包括靈魂與肉身，都置於惰性物質的流轉當中，成為一小片物質的某個狀態與另一個狀態之間的中介，成為一種工具。勞動者讓自己的身體與靈魂，成為他所操作的工具的延伸。身體的運動與精神的專注，是工具要求他行使的功能，而工具自己則要適應這工作所處理的物質。

死亡與勞動是必然的，無從選擇。宇宙並不會在食物與熱能中將自己交給人，除非人在勞動中將自己交給宇宙。但人可以在反抗或同意的情況下承受死亡與勞動，人可以承受這兩者赤裸的真相，或是裹上謊言的糖衣。
勞動施加於人性的，是暴力。有時候，人們想要揮霍過剩的青春活力，卻無處可行；有時候人們已然耗盡力氣，但意志卻不斷以痛苦的張力為代價，不斷補充身體能量的不足。我們有萬千憂慮、擔心、焦慮、欲望、好奇，使得思慮被拉往他處，因單調令人厭惡，而時間的重負責幾乎無可承受。
人類的思想主宰時間，不斷快速地奔向過去與未來，不論任何間隔都一腳跨過，但勞動者服從於時間，像是從一刻跨向另一刻的惰性物質一樣。勞動特別是透過這點，將暴力施加於人性之上。這就是為什麼勞動者在表達勞動的苦難時，說的是「時間好久」。
當死亡近在眼前，以赤裸的面目顯現的時候，同意接受死亡，是種至高的拔離，在一瞬間拔離每個人稱為「我」的東西。同意接受勞動，這是比較小的暴力。但只要是徹底的同意，它在人的一生中、在每天清晨都會恢復，日復一日，從早到晚，翌日又重新開始，經常會延伸到死亡降臨。每天早上，勞動者同意這天的勞動，也是同意一輩子的勞動。無論他是悲傷還是快樂，憂慮還是渴望消遣，疲累還是充滿精力，他都同意勞動。
僅次於同意接受死亡，同意讓勞動變得對維生而言不可或缺的法律的，是最完美的服從，

131　譯註：〈希伯來書〉，5：8－9。

這是人類應當履行的。

因此，其他的人類活動：發號施令，技術規畫、藝術、科學、哲學等等，在靈性的意義上，都低於身體勞動。

在一個妥善安排的社會生活中，界定身體勞動所應占有的地位並不難。它應該要是這種生活的靈性核心。政治、經濟與技術的組織，思想的生活，應該先於一切其他的【文字到此中斷[132]】

132 全集註：這句不完整的句子，在過去的版本中被刪去。

國家圖書館出版品預行編目 (CIP) 資料

扎根：人類義務宣言緒論 / 西蒙．韋伊 (Simone Weil) 著；卡繆 (Albert Camus) 編；梁家瑜，郭亮廷，周伶芝，楊依陵譯．-- 初版．-- 新北市：臺灣商務印書館股份有限公司，2021.12
面；　公分．-- (Open)

譯自：L'enracinement : prélude à une déclaration des devoirs envers l'être humain.
ISBN 978-957-05-3370-5 平裝）

1. 社會倫理 2. 社會心理學

195　　110016180

扎根
人類義務宣言緒論

人文

L'enracinement: Prélude à une déclaration des devoirs envers l'être humain

作　　者——西蒙・韋伊（Simone Weil）
編　　者——卡繆
譯　　者——梁家瑜、郭亮廷、周伶芝、楊依陵
審　　校——梁家瑜
發 行 人——王春申
選書顧問——林桶法、陳建守
總 編 輯——張曉蕊
責任編輯——陳怡潔、廖雅秦
封面設計——許晉維
內頁排版——薛美惠

行銷組長——張家舜
影音組長——謝宜華
業務組長——王建棠

出版發行——臺灣商務印書館股份有限公司
231023 新北市新店區民權路 108-3 號 5 樓（同門市地址）
電話：（02）8667-3712　傳真：（02）8667-3709
讀者服務專線：0800056196
郵撥：0000165-1
E-mail：ecptw@cptw.com.tw
網路書店網址：www.cptw.com.tw
Facebook：facebook.com.tw/ecptw

局版北市業字第 993 號
初　　版——2021 年 12 月
初版1.3刷——2022 年 12 月
印 刷 廠——沈氏藝術印刷股份有限公司
定　　價——新臺幣 500 元
法律顧問——何一芃律師事務所

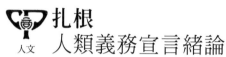